KB153486

중국어 리얼 토킹

Real Talking

시사중국어사

초판발행 2019년 6월 20일
1판 3쇄 2022년 3월 10일

저자 徐协协
책임 편집 최미진, 가석빈, 엄수연, 高霞
펴낸이 엄태상
디자인 권진희
조판 이서영
콘텐츠 제작 김선웅, 김현이, 유일환
마케팅 이승욱, 왕성석, 노원준, 조인선, 조성민
경영기획 마정인, 조성근, 최성훈, 정다운, 김다미, 오희연
물류 정종진, 윤덕현, 양희은, 신승진

펴낸곳 시사중국어사(시사북스)
주소 서울시 종로구 자하문로 300 시사빌딩
주문 및 교재 문의 1588-1582
팩스 0502-989-9592
홈페이지 http://www.sisabooks.com
이메일 book_chinese@sisadream.com
등록일자 1988년 2월 13일
등록번호 제1 - 657호

ISBN 979-11-5720-150-1 (12720)

책 들어가기

2016년 9월부터 한국경제 인터넷신문 칼럼니스트로 활동하기 시작했습니다. 중국문화와 최근 중국사회의 변화를 이해하는 데 도움이 되는 표현들을 재미있게 풀어주는 짧은 글로 말이죠. 중국사회를 대변하는 다양하고 따끈따끈한 표현들을 다루면서 이 내용을 더 많은 분, 특히 중국문화와 중국사회에 관심이 많은 분들께 소개해 드릴 수 있으면 참 좋겠다는 바람에서 이 책을 출간하게 되었습니다.

이 책에 실린 표현은 크게 두 가지 유형으로 나뉩니다. 평소 중국인이 주고 받는 대화 속에서 자주 등장하는 속담과 관용표현, 그리고 최근 중국 네티즌들을 비롯한 중국 젊은 층에서 빈번하게 사용되고 있는 신조어가 그것입니다. 이 책을 통해 독자분들께서 다양하고 생생한 중국어 표현들을 예문과 회화문으로 접하면서 그 표현 속에 담겨있는 중국문화와 중국사회의 흐름을 함께 파악하실 수 있기를 바랍니다.

이 책의 모든 표현들은 두 개의 짧은 예문과 세 마디 정도의 짧은 대화 형식으로 설명해 보았습니다. 이는 평소에 제가 직접 가족, 친구들과 나눈 대화로 꾸미거나, 인터넷 상에서 네티즌들이 흥미롭게 나누었던 이야깃거리를 바탕으로 재구성한 것입니다. 물론 한국사회의 빅이슈나 신조어를 '중국어로 어떻게 말할 수 있을까?' 생각하며 만든 내용들도 적지 않습니다.

'공감', '흥미' 이 두 가지가 바로 이 책의 가장 큰 특징이라고 감히 말씀 드릴 수 있으며, 이 책이 독자분들의 중국어 학습에 있어서 하나의 즐거움이 될 수 있으면 좋겠습니다.

이 책의 출간에 많은 분들의 도움을 받았습니다. 시사중국어학원, 시사중국어사 그리고 한국경제 담당자, 여러분들께 진심으로 감사의 인사를 드립니다.

2019년 6월

저자 徐协协

알찬 구성!

중국어로 진심 리얼 토킹! 할 수 있는 저자 직강 〈중국어 리얼 토킹〉 팟캐스트가 절찬 방송중이에요~! 팟캐스트로 고고~!

표제어와 뜻을 먼저 보세요! 관련 사진 및 삽화도 뜻을 이해하는 데 도움이 돼요!

표제어에 관한 짤막한 설명이 있어요. 표제어 풀이는 기본! 표제어에 얽힌 이야기, 추가로 알아두면 좋을 표현 등 흥미진진한 내용이 가득해요!

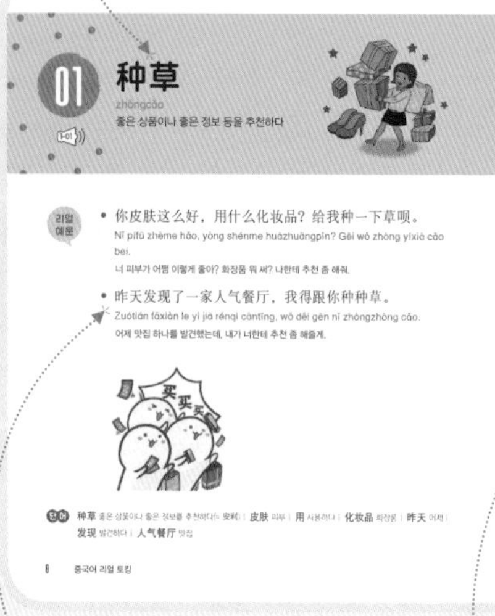

01 种草

zhǒngcǎo

좋은 상품이나 좋은 정보 등을 추천하다

1-01

리얼 예문

- 你皮肤这么好，用什么化妆品？给我种一下草呗。
  Nǐ pífū zhème hǎo, yòng shénme huàzhuāngpǐn? Gěi wǒ zhòng yíxià cǎo bei.
  너 피부가 어쩜 이렇게 좋아? 화장품 뭐 써? 나한테 추천 좀 해줘.
- 昨天发现了一家人气餐厅，我得跟你种种草。
  Zuótiān fāxiàn le yì jiā rénqì cāntīng, wǒ děi gēn nǐ zhòngzhòng cǎo.
  어제 맛집 하나를 발견했는데, 내가 너한테 추천 좀 해줄게.

단어 种草 좋은 상품이나 좋은 정보를 추천하다(= 安利) | 皮肤 피부 | 用 사용하다 | 化妆品 화장품 | 昨天 어제 | 发现 발견하다 | 人气餐厅 맛집

6 중국어 리얼 토킹

'种草'는 좋은 제품이나 정보 등을 남에게 추천하는 행동을 가리키는 표현이에요. '种草'와 같은 뜻으로 '安利 ānlì'란 표현도 사용하지요. 따라서 좋은 제품이나 정보를 다른 사람과 공유하고 싶을 때 '我要种草/安利…(내가 ~를 추천하고 싶네)'라는 문구를 써요.
추가로 '拔草 bácǎo'라는 단어는 원래 '풀을 뽑아 내다'라는 뜻인데, 요즘은 '남이 추천해준 것을 따라서 구입하거나 또는 어떤 정보를 믿고 행동한다'는 의미로도 사용돼요. 즉, 친구가 '种草' 또는 '安利'해서 '拔草'한다고 알아두면 좋겠죠?

리얼 회화

A 同事给我种草了一部新电影。
Tóngshì gěi wǒ zhǒngcǎo le yí bù xīn diànyǐng.

B 那周末一起去拔草呀。
Nà zhōumò yìqǐ qù bácǎo ya.

A 唉，算了吧…这周末得出差…
Āi, suàn le ba… zhè zhōumò děi chūchāi…

추천 받은 제품을 구입하는 행동을 '拔草'라고 해요!

A 회사 동료가 나한테 새로 나온 영화를 하나 추천해줬어.
B 그럼 주말에 같이 보러 가자.
A 휴, 됐어… 이번 주말에 출장 가야 해…

단어 同事 동료 | 拔 뽑다 | 算了 됐다 | 周末 주말 | 得 ~해야 하다 | 出差 출장을 가다

01 쇼핑, 돈에 대해 중국어로 리얼 토킹! 7

익힌 표제어를 직접 쓰고 말해보려면 다양한 예문 맛보기는 필수! 간단한 예문으로 표제어의 쓰임을 확인해보고 잘 익혀두면, 중국 네티즌이 되어 직접 인터넷에서 활용해볼 수도 있겠지요!

이제는 중국인 친구와 직접 말해볼 차례! 회화에서 어떻게 적용되는지 잘 보고 입에 익혀 직접 말해보면 요즘 중국인처럼 말하기 성공!

특정 표현에 대한 다양한 팁은 보너스!!

다양한 주제!

PART 01

쇼핑, 돈에 대해 중국어로 리얼 토킹!

01 种草

zhòngcǎo

좋은 상품이나 좋은 정보 등을 추천하다

리얼 예문

- 你皮肤这么好，用什么化妆品？给我种一下草呗。
  Nǐ pífū zhème hǎo, yòng shénme huàzhuāngpǐn? Gěi wǒ zhòng yíxià cǎo bei.
  너 피부가 어쩜 이렇게 좋아? 화장품 뭐 써? 나한테 추천 좀 해줘.

- 昨天发现了一家人气餐厅，我得跟你种种草。
  Zuótiān fāxiàn le yì jiā rénqì cāntīng, wǒ děi gēn nǐ zhòngzhòng cǎo.
  어제 맛집 하나를 발견했는데, 내가 너한테 추천 좀 해줄게.

단어 **种草** 좋은 상품이나 좋은 정보를 추천하다(= 安利) | **皮肤** 피부 | **用** 사용하다 | **化妆品** 화장품 | **昨天** 어제 | **发现** 발견하다 | **人气餐厅** 맛집

'种草'는 좋은 제품이나 정보 등을 남에게 추천하는 행동을 가리키는 표현이에요. '种草'와 같은 뜻으로 '安利 ānlì'란 표현도 사용하지요. 따라서 좋은 제품이나 정보를 다른 사람과 공유하고 싶을 때 '我要种草/安利…(내가 ~를 추천하고 싶네)'라는 문구를 써요.
추가로 '拔草 bácǎo'라는 단어는 원래 '풀을 뽑아 내다'라는 뜻인데, 요즘은 '남이 추천해준 것을 따라서 구입하거나 또는 어떤 정보를 믿고 행동한다'는 의미로도 사용돼요. 즉, 친구가 '种草' 또는 '安利'해서 '拔草'한다고 알아두면 좋겠죠?

리얼 회화

A 同事给我种草了一部新电影。
Tóngshì gěi wǒ zhòngcǎo le yí bù xīn diànyǐng.

B 那周末一起去拔草呀。
Nà zhōumò yìqǐ qù bácǎo ya.

추천 받은 제품을 구입하는 행동을 '拔草'라고 해요!

A 唉，算了吧…这周末得出差…
Ài, suàn le ba… zhè zhōumò děi chūchāi…

A 회사 동료가 나한테 새로 나온 영화를 하나 추천해줬어.
B 그럼 주말에 같이 보러 가자.
A 휴, 됐어… 이번 주말에 출장 가야 해…

同事 동료 | 拔 뽑다 | 算了 됐다 | 周末 주말 | 得 ~해야 하다 | 出差 출장을 가다

02 吃土

chītǔ

돈이 없어서 손가락을 빨다

1-02

리얼 예문

- 双11后，只能“吃土”了。

  Shuāng shíyī hòu, zhǐnéng “chītǔ” le.

  11월 11일이 지나고 나니 손가락을 빨 수밖에 없네.

- 信用卡透支了，所以天天“吃土”。

  Xìnyòngkǎ tòuzhī le, suǒyǐ tiāntiān “chītǔ”.

  신용카드 한도가 초과돼서 매일 손가락만 빨아야 돼.

‘11월 11일’의 또 다른 명칭으로 11이 2개라는 의미!

단어 双11 11월 11일(중국 광군절 또는 블랙 프라이데이) | 信用卡 신용카드 | 透支 한도 초과

'吃土'란 중국의 '블랙 프라이데이'인 '11월 11일 광군제(光棍节 Guānggùnjié)'로부터 유래된 신조어예요. 매년 11월 11일이 되면 중국 최대 온라인 쇼핑몰인 '淘宝 Táobǎo (타오바오)'에서 빅세일을 진행하는데, 그때 대부분의 중국인이 쇼핑에 많은 돈을 써요. 그날이 지나고 나면 '吃土'라고 하면서 '돈이 부족하다'는 것을 표현하곤 합니다.

리얼 회화

A 这周末一起去吃自助火锅吧！
Zhè zhōumò yìqǐ qù chī zìzhù huǒguō ba!

B 我这个月花太多了，得"吃土"了。
Wǒ zhège yuè huā tài duō le, děi "chītǔ" le.

A 我昨天刚拿了工资，我请你呗！
Wǒ zuótiān gāng ná le gōngzī, wǒ qǐng nǐ bei!

A 이번 주말에 같이 훠궈(중국식 샤브샤브) 뷔페 가자!
B 나 이번 달에 돈을 너무 많이 써서 손가락만 빨아야 해.
A 내가 어제 월급 받았으니 내가 쏠게!

단어 周末 주말 | 自助 뷔페(=自助餐) | 火锅 훠궈(중국식 샤브샤브) | 花 (돈·시간을) 쓰다 | 得…了 ~해야 한다 | 拿工资 월급을 받다 | 请 한턱내다 | 呗 ~하면 되지 뭐[어미조사]

03 剁手

duòshǒu

쇼핑 그만 해

1-03

- 剁手剁手！这个月又花超了。
  Duòshǒu duòshǒu! Zhège yuè yòu huāchāo le.
  쇼핑 좀 그만 해! 이번 달 또 과소비했잖아.

- 这个月工资基本都用来买衣服了，现在不得不剁手了。
  Zhège yuè gōngzī jīběn dōu yònglái mǎi yīfu le, xiànzài bùdébù duòshǒu le.
  이번 달 월급을 거의 다 옷 사는 데에 써서, 이제는 어쩔 수 없이 쇼핑을 중단해야 해.

단어 剁 칼로 자르다 | 这个月 이번 달(* 下个月 다음 달/上个月 지난달) | 花 (돈·시간을) 쓰다 | 超 초과하다 | 工资 월급 | 基本 거의 | 用来… ~의 용도로 쓰다 | 不得不 어쩔 수 없이, 부득이하게

'剁手'의 원래 뜻은 '손을 자르다'인데요, 손을 잘라 버리면 쇼핑을 못하게 되겠죠? 그래서 '剁手'란 극단적인 표현으로 '쇼핑을 그만하겠다'는 것을 나타내요. 특히 '쇼핑중독자 剁手族 duòshǒuzú'나 '충동 구매 冲动购物 chōngdòng gòuwù'를 하는 사람에게 말할 수 있어요.

리얼 회화

A 快递来得特别神速。

Kuàidì lái de tèbié shénsù.

B 你怎么一天到晚都在收快递?

Nǐ zěnme yìtiān dào wǎn dōu zài shōu kuàidì?

A 我现在真的要"剁手"了，不然只能吃土了。

Wǒ xiànzài zhēnde yào "duòshǒu" le, bùrán zhǐnéng chītǔ le.

A 택배가 완전 로켓 배송이야.

B 너 어떻게 하루 종일 택배만 받고 있어?

A 나 이제 진짜 쇼핑 그만 해야겠어. 그렇지 않으면 손가락만 빨게 될 듯.

단어 快递 택배 | 特别 특별히, 유난히 | 神速 매우 신속하다 | 怎么 왜, 어떻게 | 收 받다 | 不然 그렇지 않으면 | 只能 ~할 수밖에 없다 | 吃土 손가락 빨다(흙을 먹다)

有钱就是任性

yǒu qián jiùshì rènxìng

돈 있다고 멋대로 행동하네

리얼 예문

- 她竟然买了全色口红，有钱就是任性。
  Tā jìngrán mǎi le quánsè kǒuhóng, yǒu qián jiùshì rènxìng.
  그녀가 모든 컬러의 립스틱을 사다니, 돈 있으니까 참 멋대로 하는구나.

- 他只要出门就打车，果然有钱就是任性。
  Tā zhǐyào chūmén jiù dǎchē, guǒrán yǒu qián jiùshì rènxìng.
  그는 집을 나서기만 하면 택시를 타네. 역시 돈이 많으니까 멋대로 해.

단어 **任性** 멋대로 행동하다 | **竟然** 뜻밖에 | **全色** 온 컬러, 컬러 전체 | **口红** 립스틱 | **只要…就** ~하기만 하면 | **出门** 집을 나서다, 나가다 | **打车** 택시를 잡다

빈부격차가 점점 심해지는 요즘 사회에서 돈 걱정 없이 흥청망청 쓰는 사람에게 '有钱就是任性！'이라고 말할 수 있어요. '任性 rènxìng'은 '멋대로 행동하다'는 뜻이라 '有钱就是任性'은 '돈 있다고 멋대로 행동하네'의 의미지요. 이 표현을 통해 요즘 중국사람들은 돈을 아끼지 않고 물 쓰듯이 쓰는 소비 습관을 비판한답니다.

리얼 회화

A 你在看视频吗？连无线了吗？

Nǐ zài kàn shìpín ma? Lián wúxiàn le ma?

B 还要登录，太麻烦了！我用流量方便。

Hái yào dēnglù, tài máfan le! Wǒ yòng liúliàng fāngbiàn.

A 果然有钱就是任性。

Guǒrán yǒu qián jiùshì rènxìng.

A 너 동영상 보고 있어? 와이파이 연결했어?

B 로그인 해야 돼서 너무 번거롭더라고! 난 데이터 쓰는 게 편해.

A 역시 돈이 많으니까 멋대로 하는구나.

단어 **视频** 동영상 | **连** 연결하다 | **无线** 와이파이 | **登录** 로그인하다 | **麻烦** 번거롭다 | **流量** 데이터 | **方便** 편리하다 | **果然** 역시

05 烧钱

shāoqián

돈을 물 쓰듯이 쓰다

리얼 예문

- 养孩子太“烧钱”了，怪不得“丁克族”越来越多。
  Yǎng háizi tài “shāoqián” le, guàibude “dīngkèzú” yuèláiyuè duō.
  아이를 키우는 데 돈이 엄청 들어가. 어쩐지 ‘딩크족’이 점점 많아지더라.

- “烧钱”才能缓解压力，别管我！
  “Shāoqián” cái néng huǎnjiě yālì, bié guǎn wǒ!
  돈을 막 써야지 스트레스가 풀려. 그러니까 신경 꺼!

‘딩크족’ 즉 ‘Double Income No Kids’의 앞글자 DINK를 따서 만든 말로, 아이를 원하지 않는 맞벌이 부부를 일컫는 말이에요.

단어 烧 불에 태우다 | 养 키우다, 양육하다 | 怪不得 어쩐지 | 丁克族 딩크족(아이를 낳지 않겠다는 맞벌이 부부를 일컫는 말) | 越来越 할수록, 점점

온라인 쇼핑이 보편화되면서 손가락으로 한두 번만 터치하면 웬만한 것은 다 살 수 있게 되어 나도 모르게 과소비를 할 때가 많아졌죠? '烧 shāo'는 '불에 태우다'라는 뜻인데, 불에 태운 것처럼 돈을 금방 써버린다는 의미로 '烧钱 shāoqián'이란 신조어가 생겨났어요.

리얼 회화

A 快递又来了，是你的吧?

Kuàidì yòu lái le, shì nǐ de ba?

B 当然了，我昨天刚买的化妆品，这么快就来了!

Dāngrán le, wǒ zuótiān gāng mǎi de huàzhuāngpǐn, zhème kuài jiù lái le!

A 看你整天都在"烧钱"，也不省点儿!

Kàn nǐ zhěngtiān dōu zài "shāoqián", yě bù shěng diǎnr!

A 택배가 또 왔네. 네 거 맞지?

B 당연하지. 내가 어제 산 화장품인데, 이렇게 빨리 왔네!

A 너는 온종일 돈을 물 쓰듯이 쓰는구나. 아낄 줄도 모르고!

단어 快递 택배 | 当然 당연하다 | 化妆品 화장품 | 整天 하루 종일, 온종일 | 省 아끼다

06 贫穷限制了我们的想象

píngióng xiànzhì le wǒmen de xiǎngxiàng

부자들의 세상은 우리의 상상 이상이야

리얼 예문

- 他家不仅是别墅，家里甚至还有电梯，贫穷真的限制了我们的想象。

  Tā jiā bùjǐn shì biéshù, jiāli shènzhì háiyǒu diàntī, píngióng zhēnde xiànzhì le wǒmen de xiǎngxiàng.

  그 사람의 집은 별장일 뿐 아니라 집안에 심지어 엘리베이터까지 있어. 부자들의 세상은 정말 이지 우리의 상상 이상이야.

- 他的成年礼物竟然是一套房子。唉，贫穷限制了我们的想象啊。

  Tā de chéngnián lǐwù jìngrán shì yí tào fángzi. Ài, píngióng xiànzhì le wǒmen de xiǎngxiàng a.

  그 사람 성년의 날 선물이 집 한 채래. 아휴, 부자들의 세상은 우리의 상상 이상이야.

단어 贫穷 가난하다 | 限制 제한하다 | 想象 상상/상상하다 | 不仅…还有 ~뿐만 아니라, 그리고 | 别墅 별장 | 甚至 심지어 | 电梯 엘리베이터 | 成年 성년의 날 | 竟然 뜻밖에 | 套 세트, 채[집을 세는 양사] | 房子 집 | 唉 아이고(탄식의 어기)

SNS에서 다른 사람들의 화려한 삶을 보면 자신의 모습과 상반된다고 느껴져 자괴감이 들 때도 있죠. 어쩔 수 없이 몸소 체감하게 되는 빈부격차에 대해서 중국 네티즌은 '贫穷限制了我们的想象'이란 문구를 유행시켰습니다. '평범하거나 가난한 우리는 (부자들의 삶을) 상상할 수도 없다'는 뜻으로 풀이해요.

리얼 회화

A 现在最新的炫富手段，是晒自己宠物的日常。
Xiànzài zuìxīn xuànfù shǒuduàn, shì shài zìjǐ chǒngwù de rìcháng.

B 听说还有人用顶级手提包来装自己的爱狗。
Tīngshuō háiyǒu rén yòng dǐngjí shǒutíbāo lái zhuāng zìjǐ de àigǒu.

A 贫穷完全限制了我们的想象。
Pínqióng wánquán xiànzhì le wǒmen de xiǎngxiàng.

'show'를 뜻하는 '秀'와 비슷한 말로, 원래의 뜻은 '햇빛을 쐬다, 말리다'인데, 최근에는 '인터넷에 올려서 자랑하다'라는 의미로 쓰여요.

A 요즘 부를 자랑하는 최신 수단은 자신의 애완동물의 일상을 자랑하는 거야.

B 값비싼 명품 핸드백에 자기 애완견을 담는 사람도 있대.

A 돈 많은 사람들의 세상은 완전 상상 이상이구나.

단어 **最新** 최신 | **炫富** 부를 자랑하다 | **手段** 수단 | **晒** 인터넷에 올려 자랑하다 | **宠物** 애완동물 | **日常** 일상 | **听说** 듣자 하니 | **顶级** 탑 급, 최고급 | **手提包** 핸드백 | **装** 담다 | **爱狗** 애완견

家里有矿吗?

Jiāli yǒu kuàng ma?

집에 광산이라도 있니?

돈을 물쓰듯이 쓰는 사람을 비판하는 표현

리얼 예문

- 你才上班多久?! 说买车就买车, 你家里有矿吗?

  Nǐ cái shàngbān duōjiǔ?! Shuō mǎichē jiù mǎichē, nǐ jiāli yǒu kuàng ma?

  넌 일 다닌 지 얼마 됐다고, 차를 사겠다더니 진짜 사냐? 집에 광산이라도 있는 거야?

'说…就…'는 즉흥적인 사람이 하는 행동을 표현하는 관용적인 구문이에요~

- 上司让你不高兴了, 就辞职?! 我们家里是有矿吗?

  Shàngsi ràng nǐ bù gāoxìng le, jiù cízhí?! Wǒmen jiāli shì yǒu kuàng ma?

  상사가 네 기분을 망쳤다고 그만둬?! 우리 집에 광산이라도 있는 줄 알아?

단어 矿 광산 | 多久 얼마 동안 | 上司 상사 | 辞职 (회사를) 그만두다

광산이 있으면 그 아래에는 값진 자원들이 풍부하게 있겠죠? 그래서 '**矿山** kuàngshān (광산)'이라는 단어를 '돈이 많다, 부자이다'라는 의미로 써요. 하지만 '**家里有矿吗?** Jiāli yǒu kuàng ma?' 즉 '집에 광산이 있니?'라는 질문은 '집이 정말 부자냐?'는 뜻이 아니라 돈을 물 쓰듯이 쓰는 사람을 비판하는 표현이랍니다.

리얼 회화

A 这个品牌的包又出新款了，我得赶紧买！

Zhège pǐnpái de bāo yòu chū xīnkuǎn le, wǒ děi gǎnjǐn mǎi!

B 你家里是有矿吗？天天买名牌。

Nǐ jiāli shì yǒu kuàng ma? Tiāntiān mǎi míngpái.

A 哼！又没花你的钱，瞎操心！

Hng! Yòu méi huā nǐ de qián, xiā cāoxīn!

A 이 브랜드 가방, 또 신상이 나왔어. 빨리 사야겠다!

B 너희 집에 광산이라도 있는 거야? 맨날 명품을 사고.

A 흥! 네 돈을 쓰는 것도 아닌데 신경 끄시지!

단어 **品牌** 브랜드 | **包** 가방 | **出** 나오다 | **新款** 신상 | **赶紧** 재빠르게 | **天天** 매일매일 | **名牌** 명품 브랜드 | **哼** 흥 | **花钱** 돈을 쓰다 | **瞎操心** 공연히 걱정하다, 쓸데없이 걱정하다

08 坑爹

kēngdiē

(아버지를 욕 먹게 할 정도의) 대형 사기

리얼 예문

- 男朋友给我拍的照片，真的太坑爹了。

  Nánpéngyou gěi wǒ pāi de zhàopiàn, zhēnde tài kēngdiē le.

  남자친구가 찍어준 내 사진들 진짜 너무 사기야.

- 明明说了今天发表最终录取结果，结果什么都没等到，太坑爹了。

  Míngmíng shuō le jīntiān fābiǎo zuìzhōng lùqǔ jiéguǒ, jiéguǒ shénme dōu méi děngdào, tài kēngdiē le.

  분명 오늘 최종 당첨 결과를 발표한다고 해서 기다렸는데 결국 아무것도 없었어. 완전 사기야.

단어 坑 사기 치다 | 爹 아버지(옛날에 아버지를 부르던 말) | 拍照片 사진 찍다 | 明明 분명히 | 发表 발표하다 | 最终 최종 | 录取 뽑다 | 结果 결과

'坑爹 kēngdiē'는 인터넷 유행어예요. '坑 kēng'은 '사기를 치다, 거짓말을 하다'는 뜻이고, '爹 diē'는 '아버지'의 옛말이에요. 하지만 두 글자를 합치면 '아버지에게 사기를 친다'는 의미가 아니라, '아버지를 욕 먹게 할 정도의 대형 사기를 친다'는 것이지요. 매우 황당하거나 큰 사기를 당할 경우 '很坑爹 hěn kēngdiē' 혹은 '太坑爹了 tài kēngdiē le'라고 표현해요.

리얼 회화

A 我在网上买的按摩椅，用了一次就"罢工"了。
Wǒ zài wǎngshàng mǎi de ànmóyǐ, yòng le yí cì jiù "bàgōng" le.

B 这么坑爹？那赶紧找客服投诉呀。
Zhème kēngdiē? Nà gǎnjǐn zhǎo kèfú tóusù ya.

A 都跟他们联系了好多次，不过他们每次都找借口推脱责任…
Dōu gēn tāmen liánxì le hǎo duōcì, búguò tāmen měicì dōu zhǎo jièkǒu tuītuō zérèn…

A 인터넷에서 산 마사지 의자 말야, 한 번 썼는데 '파업'하더라(고장 나더라).

B 완전 사기네? 그럼 빨리 고객센터에다 컴플레인을 걸어야지.

A 벌써 여러 번 연락해봤지. 그런데 그 사람들 매번 핑계 대고 책임 회피만 해…

단어 **网** 인터넷 | **按摩椅** 안마 의자 | **罢工** 파업하다/고장나다 | **赶紧** 빨리 | **客服** 고객센터 | **投诉** 컴플레인을 걸다 | **跟…联系** ~와 연락하다 | **找借口** 핑계를 찾다 | **推脱** 회피하다, 떠넘기다 | **责任** 책임

一分钱一分货

yì fēn qián yì fēn huò

싼 게 비지떡이야

1-09

- 不要贪便宜，一分钱一分货。

  Búyào tān piányi, yì fēn qián yì fēn huò.

  싸다고 너무 좋아하지 마. 싼 게 비지떡이더라.

- 一分钱一分货，名牌确实质量更好。

  Yì fēn qián yì fēn huò, míngpái quèshí zhìliàng gèng hǎo.

  싼 게 비지떡이라더니, 명품이 확실히 품질은 더 좋아.

단어 货 물품, 상품 | 贪 욕심 나다, 탐욕스럽다 | 便宜 싸다 | 名牌 명품 | 确实 확실히 | 质量 품질

'一分钱 yì fēn qián'은 '한 푼의 돈', '一分货 yì fēn huò'는 '한 푼의 물품'이라고 풀이되는데 '가격만큼의 품질'이란 의미예요. 싸다고 샀다가 품질이 나빠 기분도 나쁘고 후회했던 적 다들 많지요? 즉 '一分钱一分货'는 한국어 속담 '싼 게 비지떡이다'와 같은 맥락이라고 보면 돼요.

리얼 회화

A 这泡菜怎么这么贵?
Zhè pàocài zěnme zhème guì?

B 一分钱一分货，这泡菜是我亲手腌制的，绝不含任何防腐剂。
Yì fēn qián yì fēn huò, zhè pàocài shì wǒ qīnshǒu yānzhì de, jué bù hán rènhé fángfǔjì.

A 我看是中秋节前，啥都涨得厉害！
Wǒ kàn shì Zhōngqiūjié qián, shá dōu zhǎng de lìhài!

중국에서는 추석에 '月饼 yuèbǐng(월병)'이란 전통 쿠키를 먹어요!

A 이 김치는 어쩜 이렇게 비싸요?
B 싼 게 비지떡이지요. 이 김치는 제가 직접 담근 거라 방부제 절대 안 들어가요.
A 제가 보기에 추석 전에는 뭐든 가격이 폭등하는 것 같아요!

단어 **泡菜** 김치 | **贵** 비싸다 | **亲手** 직접 손으로 | **腌制** 담그다 | **绝** 절대로, 결코 | **含** 함유하다 | **任何** 어떠한(~라도) | **防腐剂** 방부제 | **中秋节** 추석, 중추절 | **涨** 가격 인상(= 涨价) | **厉害** 심하다

白菜价

báicàijià

거의 공짜야

리얼 예문

- 清仓大甩卖，全部白菜价。

  Qīngcāng dà shuǎimài, quánbù báicàijià.

  재고 정리 빅세일로 모든 품목이 거의 공짜야.

- 我们工资几乎是白菜价。

  Wǒmen gōngzī jīhū shì báicàijià.

  우리 월급 너무 짜.

단어 **白菜** 배추 | **清仓** 재고 정리 | **大甩卖** 빅세일하다 | **全部** 전부 | **工资** 월급 | **几乎** 거의

'白菜价 báicàijià'를 직역하자면 '배추 값'을 말하는데, 한국은 배추가 비교적 비싼 편이지만 중국에는 매우 저렴해서 '白菜价'라는 표현으로 가격이 아주 싼 물건을 가리켜요. '거의 공짜야', '아주 싸', '너무 짜' 등의 의미로 쓰입니다.

리얼 회화

A 你今天怎么提了这么一大包回来?

Nǐ jīntiān zěnme tí le zhème yídàbāo huílái?

B 路过超市，刚好大打折，东西都是白菜价。

Lùguo chāoshì, gānghǎo dà dǎzhé, dōngxi dōushì báicàijià.

A 原来又"冲动购物"了。

Yuánlái yòu "chōngdòng gòuwù" le.

A 너 오늘 어떻게 이렇게 한 보따리 들고 왔어?

B 마트를 지나가는데 마침 빅세일을 하더라고. 물건이 다 거의 공짜였어.

A 또 충동 구매한 거네.

단어 **提** 들다 | **一大包** 한 보따리 | **路过** 지나가다 | **超市** 마트 | **刚好** 마침 | **打折** 할인하다 | **冲动购物** 충동 구매

11 过眼瘾

guò yǎnyǐn

아이쇼핑하다

'눈을 즐기다'의 뜻

리얼 예문

- 我们一起去车展过过眼瘾吧。
  Wǒmen yìqǐ qù chēzhǎn guòguo yǎnyǐn ba.
  우리 같이 모터쇼 가서 눈을 좀 즐겨보자고.

- 这部剧里个个都是高颜值，太过眼瘾了。
  Zhè bù jù li gège dōushì gāo yánzhí, tài guò yǎnyǐn le.
  이 드라마는 모두 너무 잘생기고 예뻐서 눈이 정말 즐거워.

단어 **过瘾** 실컷 하다, 인이 박히다 | **车展** 모터쇼 | **部** 편, 부[드라마나 영화를 세는 양사] | **剧** 드라마 | **个个** 모두 | **高颜值** 외모가 출중하다

'过眼瘾 guò yǎnyǐn'은 '눈을 즐기다'라는 표현인데 '아이쇼핑하다'라는 의미로도 쓰여요. 오프라인에서 구경하며 아이쇼핑하는 것에서부터 온라인으로 화면을 보며 아이쇼핑하는 것까지 모두 '过眼瘾'으로 이야기할 수 있어요. 또한 쇼핑하는 것뿐만 아니라 전시회나 쇼, 영화 등을 보면서 즐기는 것에도 쓸 수 있답니다.

중국 최대 온라인 쇼핑몰로, 안 파는 것이 없다고 할 정도로 다양한 상품을 판매하는 사이트예요.

리얼 회화

A 你怎么又上淘宝了？还没买够吗？
Nǐ zěnme yòu shàng Táobǎo le? Háiméi mǎigòu ma?

B 我没买呀，只是过过眼瘾。
Wǒ méi mǎi ya, zhǐshì guòguo yǎnyǐn.

A 我看你是过了眼瘾，一会儿就该手痒了吧。
Wǒ kàn nǐ shì guò le yǎnyǐn, yíhuìr jiù gāi shǒuyǎng le ba.

A 너 왜 또 타오바오 보고 있는 거야? 아직 덜 샀어?
B 안 샀어, 그냥 아이쇼핑 좀 하는 중이야.
A 내가 보기에 너 아이쇼핑하고 있지만 좀 있다가 손이 간질간질해지겠지.

'痒 yǎng'은 '간지럽다'는 뜻! 즉 '手痒'은 '손이 간지럽다'는 의미로 '쇼핑을 하고 싶어하다'는 것을 가리켜요.

上 (인터넷에) 접속하다 | 还没 아직 ~하지 않았다 | 够 충분하다 | 该…了 반드시 ~일 것이다 | 手痒 손이 간질간질하다/쇼핑하고 싶어하다

12 小资生活

xiǎozī shēnghuó

쁘띠 부르주아의 삶

1-12

리얼 예문

- 你寒假刚去了欧洲，暑假竟然又要去澳洲，生活也太小资了。

  Nǐ hánjià gāng qù le Ōuzhōu, shǔjià jìngrán yòu yào qù Àozhōu, shēnghuó yě tài xiǎozī le.

  너 겨울방학 때 유럽 갔었는데, 여름방학에 또 호주에 가다니 삶이 참 쁘띠 부르주아답다.

- 她天天在网上炫耀她的小资生活。

  Tā tiāntiān zài wǎngshàng xuànyào tā de xiǎozī shēnghuó.

  그녀는 매일매일 인터넷에서 그녀의 쁘띠 부르주아의 삶을 자랑하고 있어.

단어 **小资** 쁘띠 부르주아(경제력이 있고 격조 높은 생활을 추구하는 젊은 층) | **寒假** 겨울방학 | **欧洲** 유럽 | **暑假** 여름방학 | **竟然** 뜻밖에 | **澳洲** 호주 | **天天** 매일 | **网上** 인터넷에서 | **炫耀** 자랑하다, 과시하다

'小资 xiǎozī'는 어느 정도의 경제력을 지니고 있으며, 품위 있고 격조 높은 생활을 추구하는 젊은 층을 말해요. 한때 대표적인 '小资'의 상징은 '스타벅스(星巴克 Xīngbākè)에 가는 것'이었는데 요즘은 분위기 좋은 고급 레스토랑이나 카페, 또는 해외여행 등이 '小资'들의 일상이라고 할 수 있어요.

'网红 wǎnghóng'은 인기 인터넷 방송인 또는 인터넷에서 인기 있는 것을 가리켜요. 자세한 내용은 356쪽에서 확인하세요!

리얼 회화

A 我在脸书上，发现了一个新的网红地儿。
Wǒ zài Liǎnshū shang, fāxiàn le yí ge xīn de wǎnghóng dìr.

B 又？看你上传的照片，太会享受小资生活了。
Yòu? Kàn nǐ shàngchuán de zhàopiàn, tài huì xiǎngshòu xiǎozī shēnghuó le.

'玩 wán'과 같은 의미를 가진 최신 유행어예요!

A 平时拼命工作，周末当然要尽情浪了。
Píngshí pīnmìng gōngzuò, zhōumò dāngrán yào jìnqíng làng le.

A 내가 페이스북에서 새로운 핫 플레이스를 발견했어.

B 또? 네가 올린 사진들 보면 쁘띠 부르주아의 삶을 제대로 누릴 줄 아는 거 같아.

A 평소에 죽도록 열심히 일하는데 주말엔 당연히 실컷 놀아야지.

단어 **脸书** 페이스북(미국의 대표 SNS) | **发现** 발견하다 | **网红地(儿)** (인터넷에서 유명한) 핫 플레이스 | **上传** (인터넷에) 올리다 | **享受** 누리다 | **平时** 평일, 평소 | **拼命** 죽도록 열심히 일하다 | **尽情** 실컷, 마음껏 | **浪** 놀러 다니다(= 玩)

**控

** kòng

** 마니아

리얼 예문

- 我是"颜控"，找男朋友的第一标准是外貌。

  Wǒ shì "yán kòng", zhǎo nánpéngyou de dì yī biāozhǔn shì wàimào.

  나는 '외모 지상주의자'라 남친의 첫 번째 조건은 외모야.

- 她每个月工资都用来买名牌了，典型的"名牌控"。

  Tā měi ge yuè gōngzī dōu yònglái mǎi míngpái le, diǎnxíng de "míngpái kòng".

  그녀는 매달 월급으로 모두 명품을 사는 전형적인 '명품 마니아'이다.

'颜 yán'은 얼굴, 즉 '외모'를 뜻해요.

단어 **控** 마니아, 애호가 | **颜控** 외모만 보는 사람 | **标准** 기준 | **外貌** 외모 | **工资** 월급 | **名牌** 명품 | **典型** 전형적인

'控 kòng'은 '어떤 물건에 집착할 정도로 좋아하는 ** 마니아'란 표현이에요. 예를 들어 아이폰만 쓰는 사람을 '苹果控 Píngguǒ kòng', 모든 종류의 운동화를 좋아하는 사람을 '球鞋控 qiúxié kòng'이라고 불러요! 또 '颜控 yán kòng'이란 단어도 있는데, 여기서 '颜 yán'은 '颜值 yánzhí (외모)'를 줄인 말로, 즉 '颜控'은 외모만 중요시하는 사람을 가리키지요.

여러분도 '控' 앞에 여러 가지 단어를 넣어서 중국 친구들에게 자신을 소개하고 취미에 대해 대화해보세요. 어느새 중국 친구들과 부쩍 친해져 있는 여러분을 발견할 수 있을 거예요!

리얼 회화

A 听说这次三星新出的手机，性价比挺高的！
Tīngshuō zhè cì Sānxīng xīnchū de shǒujī, xìngjiàbǐ tǐng gāo de!

B 好像是，所以你准备换手机？
Hǎoxiàng shì, suǒyǐ nǐ zhǔnbèi huàn shǒujī?

A 我不要，我是"苹果控"。
Wǒ búyào, wǒ shì "Píngguǒ kòng".

'애플(Apple)'의 중국어 이름이에요.

A 이번에 삼성에서 새로 나온 휴대전화, 가성비 대박이라며?

B 그런 것 같더라. 그래서 너 휴대전화를 바꾸려고?

A 난 싫어. 나 '애플 마니아'잖아.

단어 新出 새로 출시하다 | 性价比 가성비 | 好像 ~인 것 같다 | 换 바꾸다 | 手机 휴대전화 | 苹果 애플(회사/제품 브랜드)

14 性价比

xìngjiàbǐ

가성비

- 我觉得米其林餐厅性价比太低。
  Wǒ juéde Mǐqílín cāntīng xìngjiàbǐ tài dī.
  나는 미슐랭 레스토랑은 가성비가 너무 낮다고 생각해.
- 评论说这商品性价比挺高的，所以我也订了一个。
  Pínglùn shuō zhè shāngpǐn xìngjiàbǐ tǐng gāo de, suǒyǐ wǒ yě dìng le yí ge.
  후기에 이 상품의 가성비가 꽤 괜찮다 해서 나도 하나 주문했어.

단어 米其林 미슐랭 | 餐厅 레스토랑 | 低 낮다 | 评论 후기, 평가 | 订 주문하다

가성비는 '가격 대비 성능의 비율'을 줄여 이르는 말로, 점점 더 다양해지는 상품 속에서 한 가지를 선택해야 할 때 그 기준을 가성비에 두는 소비자가 많아져 최근에는 그만큼 이 '가성비'를 중요시하게 되었지요. 중국어로 '가성비'는 '性价比 xìngjiàbǐ'라고 표현해요. 한국어로는 '가성비가 높다' 혹은 '가성비가 낮다'고 하는데 마찬가지로 중국어로도 '性价比高 xìngjiàbǐ gāo', '性价比低 xìngjiàbǐ dī'라고 합니다.

리얼 회화

A 终于盼到春天了，我们去日本看樱花吧。
Zhōngyú pàndào chūntiān le, wǒmen qù Rìběn kàn yīnghuā ba.

B 好呀，我前几天还看到电视购物上，在宣传团游商品呢。
Hǎo ya, wǒ qiánjǐtiān hái kàndào diànshì gòuwù shang, zài xuānchuán tuányóu shāngpǐn ne.

반대로 '자유여행'은 '自由行 zìyóuxíng'!

A 不不，那些旅游商品性价比都太低了，我们自己做攻略去吧。
Bù bù, nàxiē lǚyóu shāngpǐn xìngjiàbǐ dōu tài dī le, wǒmen zìjǐ zuò gōnglüè qù ba.

A 드디어 기다리고 기다리던 봄이 왔네. 우리 벚꽃 보러 일본 가자.
B 좋아. 며칠 전에 홈쇼핑에서 단체여행 상품 홍보하는 거 봤는데.
A 노노. 그런 여행상품들은 가성비가 너무 떨어져. 우리가 계획을 세워서 가자.

단어 **终于** 드디어 | **盼** 목이 빠지도록 기다리다 | **看** 보다, 구경하다 | **樱花** 벚꽃 | **前几天** 며칠 전 | **电视购物** 홈쇼핑 | **宣传** 홍보하다 | **团游** 패키지 여행, 단체여행 | **商品** 상품 | **攻略** 공략, 계획

心动不如行动

xīndòng bùrú xíngdòng

하고 싶은 것은 행동으로 옮겨

리얼 예문

- 心动不如行动，拿起行李箱，去旅行吧！
  Xīndòng bùrú xíngdòng, náqǐ xínglǐxiāng, qù lǚxíng ba!
  하고 싶으면 해야지, 캐리어를 들고 여행 떠나자!

- 心动不如行动，要是喜欢她，就大声说出来！
  Xīndòng bùrú xíngdòng, yàoshi xǐhuan tā, jiù dàshēng shuōchūlái!
  하고 싶은 건 참지 말고, 그녀를 좋아하면 큰 소리로 말해!

단어 心动 가슴이 뛰다 | 不如 차라리 ~가 낫다 | 行动 행동하다 | 拿 들다 | 行李箱 캐리어 | 旅行 여행하다 | 要是…就 만약 ~하면 | 大声 큰 소리

'心动不如行动 xīndòng bùrú xíngdòng'은 '가슴이 뛰는 것보다 차라리 행동으로 옮기는 게 낫다', 즉 '하고 싶은 것을 행동으로 옮기다'라는 뜻의 표현이에요. 여기서 '不如 bùrú'는 '차라리 ~하다'는 접속사이지요.

이 말은 실천의 중요성을 강조한 것으로, 주변에 누군가가 하고 싶은 일이 있는데 용기가 필요해 보일 때 '心动不如行动'이라고 말해주면 상대방에게 힘이 되어줄 수 있을 거예요!

리얼 회화

(正在播出电视购物节目)
(zhèngzài bōchū diànshì gòuwù jiémù)

A 大家赶快拿起电话，欲购从速！
Dàjiā gǎnkuài náqǐ diànhuà, yùgòu cóngsù!

B 没错，千万别错过这千载难逢的机会！
Méicuò, qiānwàn bié cuòguò zhè qiānzǎi nánféng de jīhuì!

A 心动不如行动！机不可失，时不再来啊。
Xīndòng bùrú xíngdòng! Jī bùkě shī, shí búzài lái ā.

(홈쇼핑 프로그램 방영 중)

A 여러분, 어서 전화기를 들어 빨리 주문하세요!

B 맞습니다. 좀처럼 만나기 어려운 소중한 기회를 절대 놓치지 마세요!

A 망설이지 말고 행동으로 옮기세요! 좋은 기회는 한번 놓치면 다시 찾아오지 않아요.

단어 **播出** 방송하다 | **电视购物** 홈쇼핑 | **节目** 프로그램 | **欲** ~할 욕망이 있다 | **购** 구매하다 | **从速** 최대한 빨리 | **千万** 제발, 부디 | **错过** 놓치다 | **千载难逢** 좀처럼 만나기 어렵다 | **机会** 기회 | **机不可失，时不再来** 좋은 기회는 놓치면 다시 오지 않는다

良心不会痛吗?

Liángxīn búhuì tòng ma?

양심에 안 찔려?

1-16

리얼 예문

- 又刷妈妈的卡，你良心不会痛吗?
  Yòu shuā māma de kǎ, nǐ liángxīn búhuì tòng ma?
  또 엄카 쓰고, 너 양심에 안 찔려?
- 在单身狗面前撒狗粮，你良心不会痛吗?
  Zài dānshēngǒu miànqián sǎ gǒuliáng, nǐ liángxīn búhuì tòng ma?
  싱글 앞에서 사랑 과시하기, 너 정말 양심에 안 찔리는 거야?

외로운 싱글을 자칭할 때 쓰는 말로, 남녀에게 모두 쓸 수 있어요.

'개에게 먹이를 준다'는 뜻으로 사랑이 고픈 싱글 앞에서 사랑을 과시한다는 것을 표현하는 말이에요.

단어 **良心** 양심 | **痛** 아프다 | **刷卡** 카드를 긁다 | **单身狗** 싱글 | **面前** ~보는 앞, 얼굴 앞 | **撒狗粮** 개에게 먹이를 주다/사랑을 과시하다

악의적인 행위를 저지르고도 아무렇지 않은 사람에게 주로 쓰였던 '良心不会痛吗? Liángxīn búhuì tòng ma? (양심에 찔리지도 않냐?)'란 표현이 최근에는 그 뜻이 많이 희석되어 더 광범위하게 활용되고 있어요. 본인이나 주변 사람에게 미안한 행동을 할 때 농담으로 '良心不会痛吗?'라고 많이 되묻습니다.

리얼 회화

A 我们叫外卖，吃宵夜吧！
Wǒmen jiào wàimài, chī xiāoyè ba!

B 你这个点吃东西，确定良心不会痛吗?
Nǐ zhège diǎn chī dōngxi, quèdìng liángxīn búhuì tòng ma?

A 要是不吃，不是良心痛不痛，会胃痛！
Yàoshi bù chī, búshì liángxīn tòng bu tòng, huì wèitòng!

A 우리 배달 시켜서 야식 먹자!
B 넌 이 시간에 먹으면 정말 양심에 안 찔려?
A 안 먹으면 양심에 찔리냐 안 찔리냐가 아니라, 위가 찔릴 것 같아!

단어 **叫外卖** 배달을 시키다 | **宵夜** 야식 | **这个点** 이 시간 | **确定** 확실하다/확실히 | **要是** 만약에 | **胃** 위

只许州官放火，不许百姓点灯

zhǐ xǔ zhōuguān fànghuǒ, bù xǔ bǎixìng diǎndēng

내로남불

'내가 하면 로맨스 남이 하면 불륜'의 줄임말

- 经理不上班是事出有因，职工不上班是旷工，难道只许州官放火，不许百姓点灯么？
  Jīnglǐ bú shàngbān shì shìchū yǒuyīn, zhígōng bú shàngbān shì kuànggōng, nándào zhǐ xǔ zhōuguān fànghuǒ, bù xǔ bǎixìng diǎndēng me?
  사장이 출근 안 하는 건 그럴만한 사정이 있는 것이고, 직원이 출근 안 하면 무단결근이네. 도대체 내로남불인 건가?

- 爸爸自己都抽烟，还不让我抽，简直是只许州官放火，不许百姓点灯。
  Bàba zìjǐ dōu chōuyān, hái bú ràng wǒ chōu, jiǎnzhí shì zhǐ xǔ zhōuguān fànghuǒ, bù xǔ bǎixìng diǎndēng.
  아빠는 담배를 피우면서 나한테는 피우지 말라고 하고, 그야말로 내로남불이네요.

단어 **许** 허락하다 | **州官** 관료 | **放火** 불을 지르다 | **百姓** 백성 | **点灯** 불을 켜다 | **经理** 사장 | **上班** 출근하다 | **事出有因** 일이 일어나는 데는 언제나 그 원인이 있다 | **职工** 직원 | **旷工** 무단결근하다 | **难道** 도대체 | **抽烟** 담배를 피우다 | **简直** 그야말로

한국에서도 '내가 하면 로맨스, 남이 하면 불륜'이란 말을 줄인 '내로남불'이라는 표현 많이 쓰지요? 중국에서도 이와 비슷한 뜻을 가진 속담을 오래 전부터 사용해 왔어요. 바로 '只许州官放火，不许百姓点灯'이라는 속담으로 직역하면 '관료들은 불을 질러도 괜찮지만 백성들은 불을 켜는 것조차도 용납이 안 된다'는 뜻이에요.

리얼 회화

(老公和老婆在说话)
(lǎogōng hé lǎopo zài shuōhuà)

A 你是不是又偷偷买了高尔夫球杆?
Nǐ shìbushì yòu tōutōu mǎi le gāo'ěrfū qiúgān?

B 你不是上星期也刚去商场买了新款包吗?
Nǐ búshì shàngxīngqī yě gāng qù shāngchǎng mǎi le xīnkuǎn bāo ma?
为啥"只许州官放火，不许百姓点灯"?
Wèishá "zhǐ xǔ zhōuguān fànghuǒ, bù xǔ bǎixìng diǎndēng"?

A 我那是赶上打折才买的，没花多少钱!
Wǒ nà shì gǎnshang dǎzhé cái mǎi de, méi huā duōshǎo qián!

(아내와 남편의 대화)

A 당신 또 나 몰래 골프채 샀지?

B 당신도 지난주에 백화점 가서 신상 가방 샀잖아? 왜 내로남불이야?

A 나는 그거 마침 할인을 하니까 산 거지. 얼마 안 했거든!

단어 偷偷 몰래 | 高尔夫球杆 골프채 | 商场 백화점 | 新款 신상 | 赶上 마침 ~때이다 | 打折 할인하다

世上没有免费的午餐

shìshàng méiyǒu miǎnfèi de wǔcān

세상에 공짜는 없어

리얼 예문

- 世上没有免费的午餐，我帮你，你请我吃大餐。
  Shìshàng méiyǒu miǎnfèi de wǔcān, wǒ bāng nǐ, nǐ qǐng wǒ chī dàcān.
  세상에 공짜는 없지. 내가 도와주면 네가 맛있는 걸 크게 한턱 쏴.

- 别相信电视购物上说的什么免费，世上哪有免费的午餐？
  Bié xiāngxìn diànshì gòuwù shang shuō de shénme miǎnfèi, shìshàng nǎ yǒu miǎnfèi de wǔcān?
  홈쇼핑에서 무슨 '공짜'라고 하는 말 믿지 마. 세상에 공짜가 어디 있니?

단어 **世上** 세상 | **免费** 무료의 | **午餐** 점심 | **帮** ~를 돕다 | **请…吃大餐** ~에게 크게 한턱 쏘다 | **相信** 믿다 | **电视购物** 홈쇼핑 | **哪有** 어디 있겠냐

'세상에 공짜는 없다'라는 표현은 중국어로는 '世上没有免费的午餐', 즉 '세상에 공짜점심은 없다'라고 해요. 이 표현은 1970년 노벨경제학상을 수상한 경제학자 폴 새뮤얼슨의 '세상에 공짜 점심은 없다(There Ain't No Such Thing As A Free Lunch)'라는 명언에서 나온 말이에요. '공짜점심(A Free Lunch)'이라는 말은 미국 서부의 한 가게에서 나왔는데, 적자를 면치 못하던 한 술집이 손님을 끌기 위해 술을 마시면 다음 날 점심을 공짜로 준다고 광고를 했고, 그 결과는 대박! 하지만 손님들은 점심값이 이미 술값에 포함되어 있었다는 것을 나중에 알게 됐다는 이야기에서 유래된 표현이에요. 즉 '노력 없이 얻을 수 있는 것은 아무것도 없다'라는 말이 되겠지요?

리얼 회화

A 好多手机代理店门口，都写着"免费"，是手机免费吗？

Hǎo duō shǒujī dàilǐdiàn ménkǒu, dōu xiězhe "miǎnfèi", shì shǒujī miǎnfèi ma?

B 别做梦了！世上没有免费的午餐。

Bié zuòmèng le! Shìshàng méiyǒu miǎnfèi de wǔcān.

A 那为什么写"免费"啊？差点儿上当。

Nà wèishénme xiě "miǎnfèi" a? Chàdiǎnr shàngdàng.

A 많은 휴대전화 대리점 입구에 모두 '공짜'라고 쓰여있는데 휴대전화가 공짜인 거야?

B 꿈도 꾸지 마! 세상에 공짜가 어디 있어?

A 그럼 왜 '공짜'라고 쓴 거야? 하마터면 사기 당할 뻔 했네.

단어 **手机** 휴대전화 | **代理店** 대리점 | **门口** 입구 | **做梦** 꿈꾸다 | **差点儿** 하마터면 | **上当** 속다, 사기 당하다

19 回头客

huítóukè

단골손님

- 这家店主要做回头客的生意。

  Zhè jiā diàn zhǔyào zuò huítóukè de shēngyì.

  이 가게는 주로 단골손님들이 와.

- 这菜的味道太坑爹了，估计没啥回头客。

  Zhè cài de wèidào tài kēngdiē le, gūjì méishá huítóukè.

  이 요리는 맛이 너무 사기라서 단골은 아마 없을 걸.

'(아버지를 욕 먹게 할 정도의) 대형 사기'라는 뜻이에요. 자세한 내용은 22쪽에서 다시 확인하세요!

단어 **回头** 다시 고개를 돌리다 | **客** 손님 | **家** 집[가게나 회사를 세는 양사] | **主要** 주로 | **做生意** 장사하다, 사업하다 | **菜** 요리 | **味道** 맛 | **估计** 아마도 | **没啥** 그다지 없다

'回头 huítóu'의 원래 뜻은 '고개를 다시 돌리다, 돌아서다'는 것이에요. 그래서 다시 찾아오는 단골손님을 '回头客 huítóukè'라고 부르지요. 때로는 '老客人 lǎokèrén', 즉 '오래된 손님'이라고 하기도 해요. 이와 같이 '오래된 친구'는 '老朋友 lǎopéngyou', '학교 동창'은 '老同学 lǎotóngxué'라고 부릅니다.

리얼 회화

A 这家咖啡厅位置挺偏的，不过客人倒挺多的嘛！

Zhè jiā kāfēitīng wèizhì tǐng piān de, búguò kèrén dào tǐng duō de ma!

B 老板特别热情，很会做生意，大部分是回头客。

Lǎobǎn tèbié rèqíng, hěn huì zuò shēngyì, dàbùfen shì huítóukè.

A 不用说就知道，你肯定也是其中一个老客人吧？

Búyòng shuō jiù zhīdào, nǐ kěndìng yě shì qízhōng yí ge lǎokèrén ba?

A 이 카페는 위치가 정말 외졌는데 오히려 손님들은 꽤 많네!

B 사장님이 너무 친절하고 장사를 잘하셔서 대부분 단골손님이야.

A 말 안 해도 알겠네. 너도 당연히 그중 한 명이겠지?

단어 咖啡厅 카페 | 位置 위치 | 挺…的 꽤, 매우 | 偏 외지다 | 倒 오히려 | 老板 사장 | 热情 친절하다/열정적이다 | 大部分 대부분 | 不用 ~할 필요가 없다 | 肯定 반드시, 꼭 | 其中 그중에

20 山寨

shānzhài

짝퉁

1-20

리얼 예문

- 马云说过，“山寨”也应该有市场。
  Mǎyún shuōguo, “shānzhài” yě yīnggāi yǒu shìchǎng.
  마윈이 짝퉁도 시장이 있어야 한다고 말한 적이 있다.

- 这当然是“山寨”的了，谁买得起真的啊?
  Zhè dāngrán shì “shānzhài” de le, shéi mǎideqǐ zhēnde ā?
  이거 당연히 짝퉁이지. 누가 진품을 살 수 있겠어?

반대로 돈이 없어서 못 사는 것은 ‘买不起 mǎibuqǐ’라고 해요.

단어 山寨 짝퉁 | 市场 시장 | …得起 (돈이 있어서) ~할 수 있다

'중국에 가면 짝퉁시장에 꼭 가봐'라는 말 자주 듣죠? 그만큼 중국의 짝퉁 제품이 다양하고 품질도 좋다(?)는 의미인데요, 심지어 '짝퉁 제품'이란 뜻의 '山寨 shānzhài'라는 신조어까지 생겨났네요. '山寨'라는 단어는 원래 '울타리가 있는 산간 마을', '산적들의 소굴'이라는 뜻이었으나 최근에 의미가 변하였어요. 이제 '이건 짝퉁이야.'라는 말은 '这个是山寨的。'라고 말하면 돼요.

리얼 회화

A "麦当劳"改名为"金拱门"了，你听说了吗?
"Màidāngláo" gǎimíng wéi "Jīngǒngmén" le, nǐ tīngshuō le ma?

B 这名字也太土了，感觉像"山寨"。
Zhè míngzi yě tài tǔ le, gǎnjué xiàng "shānzhài".

A 所以被网友各种吐槽。有的网友说，不如把"必胜客"改成"红帽子"…
Suǒyǐ bèi wǎngyǒu gèzhǒng tǔcáo. Yǒude wǎngyǒu shuō, bùrú bǎ "Bìshèngkè" gǎichéng "hóng màozi"…

인터넷 유행어로 '비꼬다'는 의미예요.

A '맥도날드'의 중국어 명칭을 '찐공먼'으로 바꿨다던데, 들었어?

B 이 이름 너무 촌스러워 짝퉁인 것 같아.

A 그래서 네티즌들이 엄청 비꼬았잖아. 어떤 네티즌은 '피자헛'을 아예 '빨간 모자'로 바꾸라고 비웃던데.

단어 **麦当劳** '맥도날드'의 예전 중국어 명칭 | **改名** 개명하다 | **金拱门** '맥도날드'의 현재 중국어 명칭 | **土** 촌스럽다 | **感觉** ~라고 여기다 | **像** ~처럼/~인 것 같다 | **各种** 각종, 다양한 | **网友** 네티즌 | **吐槽** 조롱하다, 비꼬다 | **必胜客** '피자헛'의 중국어 명칭 | **帽子** 모자

纸包不住火

zhǐ bāobúzhù huǒ

세상에 비밀이란 것은 없어

- 纸包不住火，你还是实话实说吧。
  Zhǐ bāobúzhù huǒ, nǐ háishi shíhuà shíshuō ba.
  세상에 비밀은 없어. 너 그냥 사실대로 말해.
- 纸包不住火，他隐婚的消息还是被曝光了。
  Zhǐ bāobúzhù huǒ, tā yǐnhūn de xiāoxi háishi bèi bàoguāng le.
  세상에 비밀은 없지. 결국 그가 결혼한 사실을 감췄다는 것이 밝혀졌다.

'隐婚 yǐnhūn'은 몰래 결혼을 하거나 결혼을 하고도 그 사실을 숨기고 총각·처녀 행세를 하는 것을 가리켜요.

단어 纸 종이 | 包 감싸다 | 还是 그래도 ~하는 것이 낫다 | 实话实说 사실대로 말하다 | 隐婚 몰래 결혼하다 | 消息 소식 | 被 ~당하다[피동태] | 曝光 폭로하다, 밝히다

'包 bāo'는 '감싸다'라는 뜻인데 '纸包不住火 zhǐ bāobúzhù huǒ'를 풀이하면 '종이가 불을 감싸주지 못한다'는 말이에요. 즉 '비밀을 감추려고 애쓰다가 결국 들켜버리고 마는 법이다'라는 의미로 '세상에 비밀은 없다'는 뜻이 됩니다. 자주 쓰는 말이므로 잘 알아두세요!

리얼 회화

A 你跟你老婆坦白了吗？说你在投资比特币。
Nǐ gēn nǐ lǎopo tǎnbái le ma? Shuō nǐ zài tóuzī bǐtèbì.

B 最近比特币价格一直在下降，我哪敢说啊？
Zuìjìn bǐtèbì jiàgé yìzhí zài xiàjiàng, wǒ nǎ gǎn shuō a?

A 纸包不住火啊，早晚有一天会被发现的。
Zhǐ bāobúzhù huǒ a, zǎowǎn yǒu yìtiān huì bèi fāxiàn de.

A 아내에게 사실대로 털어놨어? 비트코인에 투자하고 있다고 말야.
B 요즘 비트코인 값이 계속 떨어지고 있는데 어떻게 감히 말을 하겠어?
A 세상에 비밀은 없는 법이야. 조만간 들통날텐데.

단어 **老婆** 아내 | **坦白** 진실을 고백하다 | **投资** 투자하다 | **比特币** 비트코인 | **价格** 가격 | **下降** 하락하다 | **哪敢** 어떻게 감히 ~하겠어? | **早晚** 조만간

22 叫外卖

jiào wàimài

배달 시켜 먹다

1-22

리얼 예문

- 大半夜了，还叫外卖，难怪越来越胖！
  Dàbànyè le, hái jiào wàimài, nánguài yuèláiyuè pàng!
  한밤중인데 배달을 시키다니 어쩐지 점점 살이 찌더라!

- 下雨天，还是叫外卖方便。
  Xiàyǔtiān, háishi jiào wàimài fāngbiàn.
  비 오는 날에는 그래도 배달 시키는 것이 편하지.

단어 **叫** 부르다 | **外卖** 배달 | **大半夜** 한밤중 | **难怪** 어쩐지 | **越来越** ~할수록 | **胖** 뚱뚱하다 | **还是** 그래도 ~하는 것이 낫다 | **方便** 편리하다

'배달 음식'은 중국어로 '外卖 wàimài', 즉 '외부에서 파는 것'이라고 해요. 요즘 중국의 배달 문화가 빠르게 발전해서 한국에서처럼 다양한 배달 어플을 이용해 각종 음식을 편하게 시켜 먹을 수 있어요. 심지어 강의실에 앉아서 스타벅스 커피 한 잔까지도 배달시켜 마실 수 있다고 하니 대단하지요? 여러 어플 중 특히 '美团 Měituán', '饿了么 È le me' 등의 어플이 대표적이에요.

리얼 회화

A 今天中午做什么吃呢?
Jīntiān zhōngwǔ zuò shénme chī ne?

B 哎呀，难得周末，下馆子去吧。
Āiya, nándé zhōumò, xià guǎnzi qù ba.

A 懒得动，还是叫外卖吧!
Lǎnde dòng, háishi jiào wàimài ba!

A 오늘 점심 뭐 만들어 먹을까?
B 에구, 모처럼 주말인데, 외식하자.
A 나가기 귀찮네, 그냥 시켜 먹자!

단어 中午 점심 | 哎呀 아이고 | 难得 모처럼, 겨우 | 下馆子 외식하다 | 懒得 ~하기 귀찮다 | 动 움직이다

23 太low了

tài low le

너무 후졌어, 너무 뒤떨어졌어

- 你连漫威电影都没看过，也太low了。
  Nǐ lián Mànwēi diànyǐng dōu méi kànguo, yě tài low le.
  넌 마블 영화도 본 적 없고, 너무 떨어진다.

미국의 '마블 영화'를 가리키는 중국어 이름

- 现在谁还去银行转账啊，不都用手机吗？你也太low了。
  Xiànzài shéi hái qù yínháng zhuǎnzhàng a, bù dōu yòng shǒujī ma? Nǐ yě tài low le.
  요즘 시대에 누가 은행 가서 계좌이체를 해, 다 휴대전화로 하지. 너 너무 뒤떨어지는거 아냐?

'돈을 보낸다(이체한다)'는 말은 '发钱 fāqián', '送钱 sòngqián'이 아닌 '打钱 dǎqián', '转账 zhuǎnzhàng'이라고 표현해요.

단어 连…都 ~조차도 | 漫威电影 마블 영화 | 没…过 ~한 적이 없다 | 银行 은행 | 转账 계좌이체/계좌이체하다 | 手机 휴대전화

'太 low 了'는 요즘 중국의 젊은 층이 자주 쓰는 신조어예요. 중국인들은 평소 영어를 많이 사용하지 않는데, 최근에 네티즌들이나 젊은이들은 쉬운 영어 단어를 자주 빌려 쓰기도 해요. 'low'는 '낮다, 등급이 떨어진다'는 의미를 가지고 있는 영어 단어인데 '급이 떨어진다, 격조가 떨어진다' 또는 '시내에 뒤떨어진다' 등 다양한 뜻으로 파생되어 광범하게 사용되기도 하지요.
단, 이 표현은 친구 사이에서 농담으로만 써야지, 윗사람에게 사용해서는 안 돼요!

리얼 회화

A 我来买单，我这儿有零钱。
Wǒ lái mǎidān, wǒ zhèr yǒu língqián.

B 你也太low了，现在谁还用现金呀？都是扫码结账呀。
Nǐ yě tài low le, xiànzài shéi hái yòng xiànjīn ya? Dōushì sǎomǎ jiézhàng ya.

A 唉…看来是我太落后了。
Ài… kànlái shì wǒ tài luòhòu le.

A 내가 계산할게. 나 여기 잔돈이 있어.
B 너 너무 뒤떨어지잖아. 요즘 누가 현금 쓰냐? 다 QR코드 찍어서 계산하지.
A 아이고… 보아하니 내가 너무 유행에 뒤쳐지는 것 같네.

단어 **买单** 계산하다 | **零钱** 잔돈 | **现金** 현금 | **扫码** QR코드를 찍다 | **结账** 계산하다 | **唉** (한숨을 쉬며) 아이고 | **看来** 보아하니 | **落后** ~에서 멀리 떨어지게 되다

24 马后炮

mǎhòupào

뒷북만 치는 사람/뒷북만 치다

1-24

리얼 예문

- 你不知道他是马后炮吗？有事最好别找他。

  Nǐ bù zhīdào tā shì mǎhòupào ma? Yǒushì zuìhǎo bié zhǎo tā.

  그 사람 뒷북만 치는 사람인 거 너 몰라? 무슨 일이 있어도 그 사람은 찾아가지 마.

- 你别马后炮了，事情都解决了。

  Nǐ bié mǎhòupào le, shìqíng dōu jiějué le.

  너 뒷북 좀 그만 쳐. 일 다 해결됐거든.

단어 最好 ~하는 것이 가장 좋다 | 别 ~하지 마라 | 找 찾다 | 解决 해결하다

'马后炮 mǎhòupào'는 장기에서 '말이 뜬 후의 포'란 말에서 유래된 속담이에요. 상황이 종료되고 나서야 해결책을 내놓거나 도와주겠다고 하는 사람에게 '马后炮(뒷북만 치는 사람)'란 표현을 써요. 또한 가식적으로 도와주는 척하는 행동에도 '马后炮(뒷북만 치다)'라고 하지요.

리얼 회화

A 我昨晚打算请同事吃饭，结果一刷卡，发现余额不足…

Wǒ zuówǎn dǎsuàn qǐng tóngshì chīfàn, jiéguǒ yì shuākǎ, fāxiàn yú'é bùzú…

B 那你咋没告诉我？我可以先给你打钱嘛！

Nà nǐ zǎ méi gàosu wǒ? Wǒ kěyǐ xiān gěi nǐ dǎqián ma!

A 你得了吧！每次都是马后炮。

Nǐ déle ba! Měicì dōushì mǎhòupào.

A 어제 저녁에 동료들한테 밥 사려고 했는데 카드를 긁으려 했더니 잔액 부족이래…

B 그럼 왜 나한테 얘기 안 했어? 내가 먼저 이체해줄 수 있는데!

A 됐거든! 매번 뒷북만 치면서.

단어 **昨晚** 어젯밤 | **打算** ~할 계획이다 | **请…吃饭** ~에게 밥을 사주다 | **同事** 동료 | **结果** 결국 | **一…(就)** ~하자마자 | **刷卡** 카드를 긁다 | **余额** 잔액 | **不足** 부족하다 | **咋** 왜 | **打钱** 돈을 부치다, 이체하다 | **得了吧** 됐다, 됐거든 | **每次** 매번

PART 02

연애, 가정에 대해 중국어로 리얼 토킹!

秀恩爱

xiù ēn'ài

(남녀 사이에서) 사랑을 과시하다

- 别在我这个单身狗面前秀恩爱!

  Bié zài wǒ zhège dānshēngǒu miànqián xiù ēn'ài!

  나 같은 싱글 앞에서 애정 과시 좀 하지 마!

- 天天秀恩爱，你也不腻啊!

  Tiāntiān xiù ēn'ài, nǐ yě bú nì a!

  매일매일 사랑을 과시하는데, 넌 질리지도 않냐?

단어 恩爱 (연인·부부 사이에서) 서로 깊이 사랑하다 | 单身狗 (씁쓸한 어감으로) 싱글을 부르는 별명 | 面前 ~보는 앞 | 腻 질리다

'秀 xiù'는 영어 단어 'show'로부터 나온 것으로 '보여주다'라는 뜻이에요. 특히 SNS에서 과시하는 행동을 동사 '秀'를 써서 '秀 * *'라고 해요. 연인 간의 열렬한 사랑을 과시하는 것은 '秀恩爱 xiù ēn'ài', 귀여운 아이를 자랑하는 행동은 '秀孩子 xiù háizi', 남편 자랑은 '秀老公 xiù lǎogōng'이라고 해요. 자랑하거나 보여주고 싶은 것을 '秀' 뒤에 넣어 이야기해보면서 이 표현을 입에 익혀보세요.

리얼 회화

A 你最近新交了男朋友吧?
Nǐ zuìjìn xīn jiāo le nánpéngyou ba?

B 你怎么知道的呀?
Nǐ zěnme zhīdào de ya?

A 看你整天在脸书上秀恩爱啊!
Kàn nǐ zhěngtiān zài Liǎnshū shang xiù ēn'ài a!

A 너 최근에 새로 남친 사귀었지?

B 너 어떻게 알았어?

A 보니까 종일 페이스북에서 알콩달콩하던데 뭘!

단어 交男朋友 남자친구를 사귀다 | 整天 하루 종일, 매일 | 脸书 페이스북

撒狗粮

sǎ gǒuliáng

커플이 (싱글들 앞에서) 알콩달콩한 모습을 보여주다

리얼 예문

- 看情侣们撒狗粮，羡慕嫉妒恨啊！
  Kàn qínglǚmen sǎ gǒuliáng, xiànmù jídù hèn a!
  커플들의 알콩달콩한 모습을 보면 너무 부럽고 질투 나!

질투가 날 정도로 매우 부럽다고 할 때 쓰는 말이에요.

- 他们的婚礼太浪漫，撒了一地狗粮。
  Tāmen de hūnlǐ tài làngmàn, sǎ le yídì gǒuliáng.
  그들의 결혼식은 너무 로맨틱하고 너무 알콩달콩해 보였어.

단어 **撒** 뿌리다 | **狗粮** 개 사료/알콩달콩한 사랑 | **单身狗** 싱글(안타까운 마음으로 '싱글'을 '외로운 개'에 비유한 표현) | **情侣** 커플 | **羡慕** 부럽다 | **嫉妒** 질투 나다 | **恨** 원망스럽다 | **婚礼** 결혼식 | **浪漫** 로맨틱하다 | **一地** 온 바닥, 곳곳에

커플끼리 사랑과 행복을 나눌 때 혼자 외로이 지내야 하는 싱글의 처량한 처지를 한탄하려고 '单身狗 dānshēngǒu'라는 신조어가 생겨났고, 또 싱글 앞에서 사랑을 과시하는 행동을 '单身狗에게 먹이를 준다'는 뜻으로 '撒狗粮 sǎ gǒuliáng'이라고 표현해요. '撒'는 '~를 뿌리다', '狗粮'은 '개 사료'를 뜻하는 말로 여기서는 '커플들의 알콩달콩한 사랑'이라는 뜻이 있어요! 즉, 싱글들 앞에서 커플들의 알콩달콩한 모습을 보여준다는 의미지요.

리얼 회화

A 昨天于晓光上了热搜。
Zuótiān Yú Xiǎoguāng shàng le rèsōu.

B 我也看见了，他每天和秋瓷炫撒狗粮。
Wǒ yě kànjiàn le, tā měitiān hé Qiū Cíxuàn sǎ gǒuliáng.

A 就是，让我们这些单身狗怎么办呢?
Jiùshì, ràng wǒmen zhèxiē dānshēngǒu zěnmebàn ne?

A 어제 위샤오광이 실시간 검색에 올랐던데.

B 나도 봤어. 그는 맨날 치우쯔셴이랑 알콩달콩한 모습만 보여주잖아.

A 그러니까 우리 같은 싱글들은 어쩌란 거야?

단어 于晓光 우샤오광, 우효광(인명, 중국의 연예인) | 热搜 실시간 검색 | 秋瓷炫 추자현, 치우쯔셴(인명, 한국의 연예인)

暖男

nuǎnnán

훈남

2-03

리얼 예문

- 现在暖男最有市场。
  Xiànzài nuǎnnán zuì yǒu shìchǎng.
  요즘 훈남이 대세야.

'인기가 많다, 대세이다'라는 뜻!

- 朴宝剑看着就是暖男。
  Piáo Bǎojiàn kànzhe jiùshì nuǎnnán.
  박보검은 딱 봐도 훈남이지.

단어 暖男 훈남, 매너남 | 有市场 인기 많다/대세 | 朴宝剑 박보검(인명, 한국의 연예인)

훈남은 보는 사람으로 하여금 흐뭇하고 따뜻한 기분을 느끼게 하는 성품을 지닌 훈훈한 남자를 이르는 말이지요? 중국어로는 '暖男 nuǎnnán'이라고 해요. '暖 nuǎn'은 '따뜻하다, 온화하다'라는 뜻인데, 한국어 '훈남'의 뜻과도 어느 정도 상통하지요?

리얼 회화

'微信(위챗)'의 모먼트로, 페이스북의 타임라인과 비슷해요!

A 你朋友圈照片里那个男的是谁呀?新交男朋友了?

Nǐ péngyouquān zhàopiàn li nàge nánde shì shéi ya? Xīn jiāo nánpéngyou le?

B 说什么呢!是我亲哥。

Shuō shénme ne! Shì wǒ qīngē.

A 看着是枚"暖男",有女朋友吗?

Kànzhe shì méi "nuǎnnán", yǒu nǚpéngyou ma?

A 너 위챗 모멘트 사진 속의 그 남자는 누구야? 새로 사귄 남친이야?

B 뭐래! 우리 친오빠야.

A 훈남인 것 같은데, 여친 있어?

단어 朋友圈 중국 최대 SNS '微信(위챗)'의 모먼트 | 照片 사진 | 交 사귀다 | 亲哥 친오빠, 친형 | 枚 개, 매['个'와 용법이 비슷하며 최근에는 사람을 세는 양사로도 쓰임]

04 闷骚男

mēnsāonán

무뚝뚝한 남자

리얼 예문

- 他很闷骚，不过心里其实特别在意他女朋友。
  Tā hěn mēnsāo, búguò xīnli qíshí tèbié zàiyì tā nǚpéngyou.
  그는 아주 무뚝뚝하지만 마음으로는 사실 그의 여친을 아주 애지중지한다.

- 我受不了闷骚男，根本不懂浪漫。
  Wǒ shòubùliǎo mēnsāonán, gēnběn bùdǒng làngmàn.
  나는 무뚝뚝한 남자는 못 참아. 낭만을 전혀 모르잖아.

'~할 수 없다'는 뜻의 가능보어로 반대 의미 '…得了'는 '~할 수 있다'는 뜻으로 쓰여요.

단어 **闷骚** 무뚝뚝하다 | **心里** 마음 속 | **其实** 사실 | **在意** 신경 쓰다, 애지중지하다 | **受** 참다 | **…不了** ~할 수 없다[가능보어] | **根本** 전혀 | **不懂** 이해할 수 없다 | **浪漫** 낭만, 로맨스

'闷骚 mēnsāo'는 영어 표현 'man show'로부터 나왔어요. '겉으로는 속마음을 드러내지는 않지만 내면은 알고 보면 매우 다정하다'라는 의미예요. 그래서 무뚝뚝한 남자를 '闷骚男 mēnsāonán'이라고 불러요. 요즘 '츤데레'라는 말 한국에서 많이 쓰죠? 쌀쌀맞고 인정이 없어 보이나, 알고 보면 실제로는 따뜻하고 다정한 사람을 이르는 말인데, 이 '闷骚男'이라는 표현을 '츤데레'라고도 쓸 수 있겠어요!

리얼 회화

'七夕'는 음력 7월 7일로 중국의 '밸런타인데이'를 가리켜요.

A 大家都在朋友圈晒七夕礼物，你老公呢？
Dàjiā dōu zài péngyouquān shài qīxī lǐwù, nǐ lǎogōng ne?

B 像他那样的闷骚男，哪有什么浪漫细胞？
Xiàng tā nàyàng de mēnsāonán, nǎ yǒu shénme làngmàn xìbāo?

A 无所谓啦，平时对你好就好了。
Wúsuǒwèi la, píngshí duì nǐ hǎo jiù hǎo le.

A 다들 위챗 모멘트에서 밸런타인데이 선물을 자랑하던데, 네 남편은?
B 그 사람처럼 무뚝뚝한 남자가 어디 무슨 로맨스 세포가 있겠어?
A 괜찮아. 평소에 너한테 잘해주면 됐지 뭐.

단어 **大家** 모두 | **朋友圈** 위챗 모멘트 | **晒** 자랑하다, 과시하다 | **七夕** 칠석, 7월 7일(중국의 밸런타인데이를 가리키는 말) | **老公** 남편 | **细胞** 세포 | **无所谓** 상관없다 | **平时** 평소 | **对…好** ~에게 잘해주다

05 妈宝男

mābǎonán

마마보이

리얼 예문

- 你啥时候才能懂事，不做“妈宝男”！
  Nǐ sháshíhou cáinéng dǒngshì, bú zuò “mābǎonán”!
  너 언제 철 들고 마마보이에서 벗어날거니!

- “妈宝男”最无语。
  “Mābǎonán” zuì wúyǔ.
  마마보이가 제일 답 없어.

단어 啥时候 언제 | 懂事 철들다 | 无语 어이없다, 답 없다

'妈宝男 māPbǎonán'은 '엄마에게 보물 같은 아들'이라고 직역할 수 있지만 전세계 대부분의 여성들이 결혼상대를 택할 때 가장 피하고 싶어 하는 신랑감인 바로 '마마보이'를 가리키기도 하지요!

리얼 회화

A 你怎么突然跟他分手了?

Nǐ zěnme tūrán gēn tā fēnshǒu le?

B 我发现他完全是个妈宝男。

Wǒ fāxiàn tā wánquán shì ge mābǎonán.

A 没事儿! 旧的不去, 新的不来嘛!

Méi shìr! Jiù de búqù, xīn de bùlái ma!

A 너 왜 갑자기 걔랑 헤어졌어?

B 알고 보니 걔 완전 마마보이더라고.

A 괜찮아! 헌 차 가면, 새 차가 온다잖아!

단어 突然 갑자기 | 跟…分手 ~와 헤어지다 | 完全 완전 | 没事儿 괜찮다 | 旧 낡다, 오래되다

脱单

tuōdān

솔로 탈출

리얼 예문

- 真不知道啥时候能脱单。

  Zhēn bù zhīdào sháshíhou néng tuōdān.

  언제 솔로를 탈출할 수 있을지 정말 모르겠다.

- 圣诞节前，一定要脱单！

  Shèngdànjié qián, yídìng yào tuōdān!

  크리스마스 전에 반드시 솔로를 탈출하겠어!

단어 脱单 솔로 탈출(= 摆脱单身) | 啥时候 언제 | 圣诞节 크리스마스 | 一定 반드시

'脱单 tuōdān'은 '摆脱单身 bǎituō dānshēn', 즉 '솔로에서 벗어나다'라는 표현의 줄임말이에요. 아직 솔로인 분들! '我不叫单身狗，我终于脱单了！(나를 솔로라 부르지 마세요~ 나 드디어 솔로 탈출했다고요!)'라고 말하는 그 순간까지 '加油！(화이팅!)'하세요~!

리얼 회화

A 我终于脱单了！
Wǒ zhōngyú tuōdān le!

> 학교의 퀸카는 '校花 xiàohuā', 킹카는 '校草 xiàocǎo'라고 해요!

B 你不会是真的追到我们校花了吧？
Nǐ búhuì shì zhēnde zhuīdào wǒmen xiàohuā le ba?

A 那你看，我是谁呀！
Nà nǐ kàn, wǒ shì shéi ya!

A 나 드디어 솔로 탈출했어!
B 너 설마 우리 학교 퀸카랑 사귀는 거 아니지?
A 맞아~ 내가 누군데!

厉害 대단하다 | 追 쫓아다니다 | 校花 학교 퀸카

撩妹

liáomèi

여심을 훔치다

- 跟我们分享一下你的"撩妹绝技"呗！

  Gēn wǒmen fēnxiǎng yíxià nǐ de "liáomèi juéjì" bei!

  여심을 훔칠 수 있는 네 필살기를 우리에게도 좀 알려줘!

- 你就别到处撩妹了，你女朋友该吃醋了。

  Nǐ jiù bié dàochù liáomèi le, nǐ nǚpéngyou gāi chīcù le.

  너 여기저기 여심 흔들고 다니지 마. 네 여친이 질투하겠어.

단어 撩 살짝 건드리다 | 分享 나누다, 공유하다 | 绝技 필살기 | 到处 여기저기 | 吃醋 질투하다

'살짝 건드리다'라는 뜻의 '撩 liáo'라는 단어에서 '여심을 흔들다'라는 신조어 '撩妹 liáomèi'가 생겨났어요. 이 신조어는 한국 드라마 《태양의 후예(太阳的后裔 Tàiyáng de hòuyì)》에서 나왔는데, 극 중 유시진 역의 배우 송중기가 본인의 매력을 한껏 발산하여 강모연 역의 배우 송혜교의 마음을 훔쳤다는 데에서 '여심을 훔쳤다'는 말이 생겼다고 하네요.

리얼 회화

A 今天有空不？我们约饭呗。

Jīntiān yǒukòng bù? Wǒmen yuēfàn bei.

B 天天跟你黏在一起的男闺蜜呢？

Tiāntiān gēn nǐ niánzài yìqǐ de nánguīmì ne?

A 他呀，最近忙着撩妹，哪有空理我呀？

Tā ya, zuìjìn mángzhe liáomèi, nǎ yǒu kòng lǐ wǒ ya?

'闺蜜 guīmì'는 원래 여자 끼리의 절친 사이를 가리키는 호칭인데, 여기서 '男闺蜜(남사친)', '女闺蜜(여사친)'이라는 말이 생겨났어요. 자세한 내용은 296쪽 확인!

A 오늘 시간 있어? 우리 같이 밥 먹자.

B 맨날 너랑 같이 붙어 다니던 남사친은?

A 걔? 요즘 여자애들한테 잘 보이려고 하느라 바쁜데 나랑 놀 시간이 있겠냐?

단어 **有空** 시간이 있다 | **约** 약속/약속하다 | **约饭** 같이 밥 먹을 약속을 잡다 | **黏** 달라붙다 | **男闺蜜** 남사친(남자 사람 친구) | **忙着** ~하느라 바쁘다 | **理** 아랑곳하다

08 装矜持

zhuāng jīnchí

내숭을 떨다

리얼 예문

- 第一次见面，还是要保持矜持。
  Dì yī cì jiànmiàn, háishi yào bǎochí jīnchí.
  첫 만남에서는 그래도 얌전해야 돼.

- 她每次去联谊的时候，都装矜持。
  Tā měicì qù liányì de shíhou, dōu zhuāng jīnchí.
  그녀는 매번 미팅 나갈 때마다 내숭을 떨어.

단어 **装** ~인 척하다 | **矜持** 얌전하다/긴장되다 | **第一次** 처음 | **见面** 만나다 | **保持** 유지하다, 지키다 | **每次** 매번 | **联谊** (남녀 간의) 미팅 | **…的时候** ~일 때

'矜持 jīnchí'는 긍정적인 의미와 부정적인 의미, 두 가지 의미를 다 가지고 있어요. 긍정적 의미로 쓰일 때는 '조심스럽다, 신중하다'는 뜻이고, 부정적 의미로 쓰일 때는 '긴장되다, 경직되다'라는 뜻이에요. '装矜持 zhuāng jīnchí'란 '얌전한 척 하다', 더 나아가 '내숭을 떨다'라는 의미랍니다. 좀 더 과감하게, 한국어의 낮은말 '호박씨를 까다'라는 말과도 상통하겠죠?

A 你要是对他有意思，就去表白呗。
Nǐ yàoshi duì tā yǒuyìsi, jiù qù biǎobái bei.

B 再怎么说我也是女孩子，怎么好意思?
Zài zěnme shuō wǒ yěshì nǚháizi, zěnme hǎoyìsi?

A 再装矜持，他可能就是别人的了！
Zài zhuāng jīnchí, tā kěnéng jiùshì biérén de le!

A 너 그 남자한테 관심 있으면 가서 고백하면 되지.
B 아무리 그래도 나는 여자인데 부끄럽게 어떻게 그래?
A 계속 내숭 떨다가 그 남자는 다른 사람의 남자가 돼 버릴지도!

단어 **要是…就** 만약 ~하면 | **对…有意思** ~에게 관심이나 호감이 있다 | **表白** (사랑) 고백을 하다 | **再怎么说** 아무래도 | **好意思** 부끄러운 줄 모르고, 뻔뻔스럽게 | **可能** 아마도 | **别人** 다른 사람

拉黑

lāhēi

차단하다

리얼 예문

- 我本来想给她发电子请帖，结果发现被她拉黑了。
  Wǒ běnlái xiǎng gěi tā fā diànzǐ qǐngtiě, jiéguǒ fāxiàn bèi tā lāhēi le.
  원래 그녀에게 모바일 청첩장을 보내려고 했는데, 그녀가 날 차단한 걸 알게 됐어.

- 明明下班了，上司还一直联系，真心想拉黑他…
  Míngmíng xiàbān le, shàngsi hái yìzhí liánxì, zhēnxīn xiǎng lāhēi tā…
  분명 퇴근했는데 상사가 아직도 계속 연락을 하네. 진심 차단하고 싶다…

단어 **拉黑** 차단하다 | **给…发** ~에게 보내다 | **电子请帖** 모바일 청첩장 | **明明** 분명히 | **下班** 퇴근하다 | **上司** 상사 | **联系** 연락하다 | **真心** 진심/진심으로

한동안 한국을 떠들썩하게 했던 '블랙리스트(black list)'를 중국어로는 '**黑名单** hēi míngdān'이라고 표현해요. 여기서 '**黑** hēi'는 주로 부정적 의미로 많이 쓰이는 단어로, '나쁘다, 악독하다'는 의미 외에 '은밀한, 비밀의, 비공개적인'의 뜻도 있어요. SNS를 사용하면서 누군가의 연락을 받고 싶지 않거나 그 사람에게 자신의 SNS를 공개하고 싶지 않아 차단할 때가 있죠? 바로 이 '차단하다'를 중국어로 '**拉黑** lāhēi' 혹은 '**屏蔽** píngbì (막아 버리다)'라고 말해요.

리얼 회화

A 真是无语…我前男友已经有新欢了。

Zhēnshì wúyǔ… wǒ qián nányǒu yǐjīng yǒu xīnhuān le.

B 你怎么知道？你没拉黑他？

Nǐ zěnme zhīdào? Nǐ méi lāhēi tā?

A 哼！我还没来得及，就看见他秀恩爱的头像了。

Hng! Wǒ háiméi láidejí, jiù kànjiàn tā xiù ēn'ài de tóuxiàng le.

A 참 기가 막혀… 내 전 남친 말야, 벌써 새 여친이 생겼더라.

B 너 어떻게 알았어? 그 사람 차단 안 했어?

A 흥! 난 아직 못 했는데, 벌써 걔는 (새 여친이랑) 알콩달콩한 프로필 사진을 올렸더라고.

단어 **无语** 기가 막히다 | **新欢** 새 애인 | **来得及** 시간이 없다/늦지 않다 | **秀恩爱** 서로의 사랑을 과시하다 | **头像** 프로필 사진

10 高富帅

gāofùshuài

엄친아

2-10

리얼 예문

- 李胜基是典型的“高富帅”。

  Lǐ Shèngjī shì diǎnxíng de “gāofùshuài”.

  이승기는 대표적인 엄친아지.

- “高富帅”的眼光应该会很高吧?

  “Gāofùshuài” de yǎnguāng yīnggāi huì hěn gāo ba?

  엄친아는 눈이 당연히 높겠지?

단어 **李胜基** 이승기(인명, 한국의 연예인) | **典型** 대표적, 전형적 | **眼光** 안목, 보는 눈

'高富帅 gāofùshuài'는 '키가 크고 부자이며 잘생겼다'는 뜻으로 해석되는 표현인데, 한국에서 흔히 말하는 '엄친아'란 의미예요. 한국어에서의 '엄친아'는 '엄마 친구 아들'에서 온 말로 바로 능력이나 외모, 성격, 집안 등 거의 모든 면에서 완벽한 남자를 빗대어 이르는 말이니 중국어로 '高富帅'가 딱 맞는 표현이라고 할 수 있겠네요. 비슷하게 '엄친딸'은 '白富美 báifùměi (피부가 하얗고 부자이며 아름다운 여자)'라고 불러요.

리얼 회화

A 我给你介绍个对象，怎么样?
Wǒ gěi nǐ jièshào ge duìxiàng, zěnmeyàng?

B 算了吧…现在一个人挺好的。
Suànle ba… xiànzài yí ge rén tǐng hǎo de.

A 绝对是"高富帅"，以后别后悔啊!
Juéduì shì "gāofùshuài", yǐhòu bié hòuhuǐ a!

A 소개팅 해줄까? 어때?

B 됐어… 지금은 혼자가 좋아.

A 완전 엄친아인데, 나중에 후회나 하지 마!

단어 给…介绍 ~에게 소개하다 | 对象 배우자, 사귀는 상대 | 算了 됐다 | 绝对 절대적, 완전 | 以后 앞으로, 나중에 | 后悔 후회하다

照骗

zhàopiàn

사기 샷

2-11

사진과 실물이 전혀 다르다는 뜻

리얼 예문

- 她的头像完全是“照骗”。
  Tā de tóuxiàng wánquán shì “zhàopiàn”.
  그녀의 프로필 사진은 완전 사기 샷이야.

- 这大长腿简直是“照骗”。
  Zhè dà chángtuǐ jiǎnzhí shì “zhàopiàn”.
  이 긴 다리 정말이지 사기 샷이 따로 없네.

키가 크고 다리가 긴 한국 오빠에게 ‘长腿欧巴 chángtuǐ ōubā’라는 애칭을 써요.

단어 骗 속이다 | 头像 프로필 사진 | 长腿 긴 다리 | 简直 정말로, 그야말로

'사진'을 중국어로 '照片 zhàopiàn'이라고 하지요. 요즘은 사진을 찍고 나서 사진 속 모습을 더욱 예쁘고 멋있게 보이게 하기 위해 다양한 어플과 포토샵을 많이 활용하죠? 그런 어플을 이용해 지나치게 사진을 수정하다 보면 실물과 전혀 다를 때도 있어 주변사람을 당황하게 만들기도 하지요. 이로써 '사진은 사기다'라는 농담에서 원래 사진을 뜻하는 '照片'과 발음이 같은 '照骗 zhàopiàn'이란 신조어가 탄생했어요. 사진과 실물이 전혀 다르다는 뜻으로 '사기 샷'이라고 말할 때 써요.

리얼 회화

A 你上周相亲怎么样了?

Nǐ shàngzhōu xiāngqīn zěnmeyàng le?

B 别跟我提了！简直就是"照骗"，本人和照片也太不一样了！

Bié gēn wǒ tí le! Jiǎnzhí jiùshì "zhàopiàn", běnrén hé zhàopiàn yě tài bù yíyàng le!

A 是…是吗？哎呀，你也不能太以貌取人啊。

Shì… shì ma? Āiya, nǐ yě bùnéng tài yǐmàoqǔrén a.

A 너 지난주 선본 거 어땠어?

B 말도 마! 완전 사기 샷이었어! 실제 사람과 사진이 너무 다르더라고!

A 어… 그래? 에이, 그래도 너무 외모로만 사람을 평가하면 안 되지.

단어 相亲 선을 보다 | 提 언급하다 | 以貌取人 외모로 사람을 평가하다

12 吃货情侣

chīhuò qínglǚ

먹보 커플

리얼 예문

- 作为资深吃货情侣，可以给大家推荐各种美食。

  Zuòwéi zīshēn chīhuò qínglǚ, kěyǐ gěi dàjiā tuījiàn gèzhǒng měishí.

  전문적인 먹보 커플로서 여러분께 다양한 맛있는 음식을 추천해드릴 수 있어요.

- 吃货情侣的体重直线上升。

  Chīhuò qínglǚ de tǐzhòng zhíxiàn shàngshēng.

  먹보 커플의 몸무게가 끊임없이 올라가네.

단어 **吃货** 먹보 | **情侣** 커플 | **作为** ~로서 | **资深** 경력이 풍부하다, 전문적이다 | **给…推荐** ~에게 추천하다 | **各种** 각종, 다양한 | **美食** 미식 | **体重** 몸무게 | **直线** 직선의 | **上升** 오르다

먹는 걸 좋아하고 또 맛있게, 많이 먹는 사람들 주변에 꼭 있죠? 그런 사람들이 옆에서 맛있게 먹는 모습을 보면 덩달아 맛있게 먹게 되는데요, 음식을 맛있게 그리고 많이 먹는 '먹보'를 중국어로 '**吃货** chīhuò'라고 해요. 요즘 핫한 맛집을 찾아 다니면서 먹는 데이트를 즐기는 커플들이 많은데 그래서 그들을 '**吃货情侣** chīhuò qínglǚ'라고 불러요.

리얼 회화

A 你和男朋友约会都干什么呢?
Nǐ hé nánpéngyou yuēhuì dōu gàn shénme ne?

B 我们最近忙着找各大潮餐厅。
Wǒmen zuìjìn mángzhe zhǎo gèdà cháo cāntīng.

'潮 cháo'는 '유행을 잘 따르다', '핫하다'는 뜻!

A 你们简直是天造地设的"吃货情侣"。
Nǐmen jiǎnzhí shì tiānzào dìshè de "chīhuò qínglǚ".

A 너 남친이랑 데이트 할 때 뭐 해?

B 우리야 요즘 핫한 맛집 찾아 다니느라 바쁘지.

A 너희 둘은 정말 찰떡궁합의 먹보 커플이야.

단어 **约会** 데이트 | **忙着** ~하느라 바빠하다 | **潮餐厅** (핫한) 맛집 | **天造地设** 천생연분, 찰떡궁합

甩手掌柜

shuǎishǒu zhǎngguì

손 놓고 놀고 있네

리얼 예문

- 爸爸一回家就是“甩手掌柜”，根本不做家务。

  Bàba yì huíjiā jiùshì “shuǎishǒu zhǎngguì”, gēnběn bú zuò jiāwù.

  아빠는 집에 오면 손 놓고 아무것도 안 하는데, 집안일을 전혀 안 한다.

- 我们家财政大权都在老婆手上，我完全是“甩手掌柜”。

  Wǒmen jiā cáizhèng dàquán dōu zài lǎopo shǒushang, wǒ wánquán shì “shuǎishǒu zhǎngguì”.

  우리 집 경제권은 모두 아내가 쥐고 있어서 나는 완전히 손 놓고 아무것도 모른다.

단어 甩手 손을 놔 버리다 | 掌柜 사장(옛말) | 回家 귀가하다 | 家务 집안일 | 财政大权 재정 권력, 경제권 | 老婆 아내 | 在…手上 ~손에 (쥐고) 있다

'甩手 shuǎishǒu'는 '손을 놔 버리다'라는 뜻이고, '掌柜 zhǎngguì'는 옛말로 '사장'이란 뜻이에요. 즉 '甩手掌柜'는 '손 놓고 놀기만 하는 사장'을 의미하는데, 자신과 관련 있는 일인데도 전혀 관심이 없고 몸도 마음도 편하게 있기만 좋아하는 사람을 일컫기도 하고, 또 자신은 손 하나 꼼짝하지 않고 남에게만 시키는 사람이나 회사에서 직책만 있고 아무 일도 하지 않는 사람에게도 쓸 수 있어요.

또 최근에는 힘든 일은 각종 전자제품에 맡기고 마음 편히 쉬라는 의미로 광고에 활용되기도 해요!

리얼 회화

A 老公，帮我往锅里倒点儿酱油，我腾不出手。

Lǎogōng, bāng wǒ wǎng guō li dào diǎnr jiàngyóu, wǒ téngbuchū shǒu.

B 等会儿等会儿…现在是足球比赛最关键的时刻！

Děnghuìr děnghuìr… xiànzài shì zúqiú bǐsài zuì guānjiàn de shíkè!

A 我都忙得团团转了，你还在那儿做"甩手掌柜"？！

'정신 없이 바쁘다'는 뜻!

Wǒ dōu máng de tuántuánzhuàn le, nǐ hái zài nàr zuò "shuǎishǒu zhǎngguì"?!

A 여보, 냄비에 간장 좀 넣어줘, 나 지금 손이 없어서 그래.

B 잠깐, 잠깐만… 지금이 축구경기의 가장 결정적인 순간이라고!

A 난 눈코 뜰 새 없이 바빠 죽겠는데, 당신은 거기서 손 놓고 놀고 있는 거야?!

단어 老公 여보, 남편 | 倒 넣다, 쏟다 | 酱油 간장 | 腾出 비우다 | 足球比赛 축구경기 | 关键 관건/중요하다 | 时刻 시점, 순간 | 团团转 이리 뛰고 저리 뛰다, 쩔쩔매다

袖手旁观

xiùshǒu pángguān

팔짱 끼고 구경만 하다

- 你的事我怎么能袖手旁观?

  Nǐ de shì wǒ zěnme néng xiùshǒu pángguān?

  네 일인데 내가 어떻게 팔짱 끼고 구경만 할 수 있겠어?

- 现代社会，大多数人对别人的事都会袖手旁观。

  Xiàndài shèhuì, dàduōshù rén duì biérén de shì dōu huì xiùshǒu pángguān.

  현대사회의 대다수 사람들이 남의 일에는 신경을 안 쓴다.

단어 袖手 팔짱 끼다 | 旁观 방관하다, 관여하지 않다 | 事 일 | 现代 현대 | 社会 사회 | 大多数 대다수

'袖 xiù'란 옷의 '소매'를 가리키는 단어로 '袖手 xiùshǒu'라고 하면 '팔짱을 끼다'라는 뜻이고, '旁观 pángguān'은 '방관하다'라는 뜻이에요. 즉 '袖手旁观 xiùshǒu pángguān'이라고 하면 부정적인 의미로 어떤 일에도 팔짱 끼고 구경만 한다는 뜻으로 한국어에서의 '수수방관하다'라는 말과 같은 의미라고 보면 돼요. 또한 넓게는 남의 일에 신경 쓰지 않는다는 의미로도 쓸 수 있어요.

리얼 회화

A 儿子打电话来说没有生活费了。

Érzi dǎ diànhuà lái shuō méiyǒu shēnghuófèi le.

B 这么快又花完了？这次别给他打钱了！

Zhème kuài yòu huāwán le? Zhècì bié gěi tā dǎqián le!

A 再怎么也只有一个宝贝儿子，怎么能袖手旁观？

Zài zěnme yě zhǐyǒu yí ge bǎobèi érzi, zěnme néng xiùshǒu pángguān?

A 아들한테 전화가 왔는데 생활비가 없다네.

B 이렇게 빨리 또 다 써버렸어? 이번에 돈 부쳐주지 말아야겠어!

A 아무리 그래도 하나뿐인 귀한 아들인데 어떻게 팔짱 끼고 구경만 할 수 있겠어?

단어 儿子 아들 | 打电话 전화를 하다 | 生活费 생활비 | 花 (돈·시간을) 쓰다 | 给…打钱 ~에게 돈을 이체하다 | 再怎么…也 아무리 ~해도 | 宝贝 귀하다

15 女儿奴

nǚ'érnú

딸 바보

2-15

리얼 예문

- 那个"女儿奴"一下班就冲回家看他宝贝女儿去了。
  Nàge "nǚ'érnú" yí xiàbān jiù chōng huíjiā kàn tā bǎobèi nǚ'ér qù le.
  그 딸 바보는 퇴근하자마자 귀한 따님을 보러 집으로 날아갔어.

- 我老公完全是"女儿奴"，对女儿百依百顺。
  Wǒ lǎogōng wánquán shì "nǚ'érnú", duì nǚ'ér bǎiyī bǎishùn.
  내 남편은 완전 딸 바보라 딸이 원하는 대로 다 해줘.

단어 **奴** 노예 | **一…就** ~하자마자 | **下班** 퇴근하다 | **冲** 뛰쳐가다 | **宝贝** 보배(자식이나 연인에 대한 애칭) | **老公** 남편 | **百依百顺** 원하는 대로 무조건 맞춰주다

과거의 '남아선호사상'이라는 말이 무색하게 요즘에는 딸을 더 소중히 여기고 아끼는 가정이 급격히 증가했지요. 특히 남성이 육아에 참여하는 비중이 높아짐으로써 딸 바보인 아빠들도 많아져서, 중국어에서도 '女儿奴 nǚ'érnú'라는 신조어가 생겼어요. '奴 nú'는 '노예'란 뜻인데 여기서는 '딸의 노예', 즉 '딸을 위해서 뭐든지 한다'는 의미에서 붙여졌답니다.

리얼 회화

A 我最近好想找个人结婚呀。
Wǒ zuìjìn hǎoxiǎng zhǎo ge rén jiéhūn ya.

B 你这个"不婚主义"，怎么突然改主意了?
Nǐ zhège "bùhūn zhǔyì", zěnme tūrán gǎi zhǔyi le?

A 我上司是"女儿奴"，整天给我们看他女儿的照片，可爱死了！
Wǒ shàngsi shì "nǚ'érnú", zhěngtiān gěi wǒmen kàn tā nǚ'ér de zhàopiàn, kě'ài sǐle!

A 나 요즘 정말 결혼하고 싶어졌어.
B 너 독신주의 아니었어? 왜 갑자기 마음이 바뀌었어?
A 우리 상사가 완전 딸 바보라 맨날 우리한테 딸내미 사진을 보여주는데 진짜 귀엽더라고!

단어 不婚主义 독신주의 | 突然 갑자기 | 改 바꾸다, 수정하다 | 主意 아이디어, 의견 | 上司 상사 | 可爱 귀엽다

催婚

cuīhūn

빨리 결혼하라고 재촉하다

- 自从表妹结婚后，我就更被催婚了。

  Zìcóng biǎomèi jiéhūn hòu, wǒ jiù gèng bèi cuīhūn le.

  사촌 여동생이 결혼한 뒤로부터 빨리 결혼하라는 재촉이 더 심해졌어.

- 催婚也没用啊，结婚又不是一个人就可以的！

  Cuīhūn yě méi yòng a, jiéhūn yòu búshì yí ge rén jiù kěyǐ de!

  빨리 결혼하라고 재촉해도 소용이 없어. 결혼은 혼자서 할 수 있는 게 아니니까!

 催 재촉하다 | 婚 혼인(= 结婚) | 表妹 사촌 여동생 | 厉害 대단하다, 심하다 | 没用 쓸모 없다

명절마다 잔소리 폭탄 많이 맞지요? 우스갯소리로 중·고등학생이 되면 공부는 잘 하냐 잔소리, 대학 들어가면 취직은 어쩔 거냐 잔소리, 취직하면 결혼은 언제 하냐 잔소리, 결혼하면 아이는 언제 갖느냐 잔소리, 아이를 낳으면 둘째는 언제 갖느냐 잔소리, 잔소리가 잔소리를 낳는다는 이야기가 있는데요.
직장을 다니고 있는 싱글들은 부모님으로부터 '결혼은 언제 하냐', '빨리 결혼해라'라는 말을 수없이 듣게 될 거예요. 이런 곤란한 상황을 중국어로 '被催婚 bèi cuīhūn'이라고 말할 수 있어요. '催 cuī'는 '재촉하다'의 뜻으로 '被催婚'은 '결혼하라는 재촉을 당한다'는 의미이죠.

리얼 회화

A 这次长假快被我妈唠叨死了。
Zhè cì chángjià kuài bèi wǒmā láodao sǐle.

B 你不说都能猜到了，肯定是被催婚了！
Nǐ bù shuō dōu néng cāidào le, kěndìng shì bèi cuīhūn le!

A 可不是，天天被催，简直压力山大。
Kěbúshì, tiāntiān bèi cuī, jiǎnzhí yālì shāndà.

A 이번 연휴 때 엄마 잔소리에 시달려 죽을 뻔 했어.
B 말 안 해도 짐작이 간다. 분명 빨리 결혼하라고 재촉하셨겠지!
A 그렇고 말고, 맨날 재촉하셔서 난 진짜 스트레스가 산처럼 쌓였어.

단어 **长假** 긴 휴가, 연휴 | **唠叨** 잔소리/잔소리하다 | **猜** 추측하다 | **肯定** 반드시, 분명히 | **简直** 정말로 | **压力山大** 스트레스가 태산처럼 쌓이다

17 女人心，海底针

nǚrén xīn, hǎidǐ zhēn

여자의 속마음은 아무도 몰라

리얼 예문

- 她动不动就莫名其妙地发火，怪不得说“女人心，海底针”。

  Tā dòngbudòng jiù mòmíngqímiào de fāhuǒ, guàibude shuō “nǚrén xīn, hǎidǐ zhēn”.

  그녀가 자꾸 이유 없이 화를 내네. 어쩐지 여자의 속마음은 아무도 모른다더니.

- “女人心，海底针”，真搞不懂…

  “Nǚrén xīn, hǎidǐ zhēn”, zhēn gǎobùdǒng…

  여자의 속마음은 아무도 모른다더니, 참 알 수가 없네…

단어 **海底** 심해 | **针** 바늘 | **动不动** 걸핏하면, 자꾸 | **莫名其妙** 아무런 이유 없다 | **怪不得** 어쩐지 | **搞不懂** 이해불가/알 수 없다

'海底针 hǎidǐ zhēn'은 '심해 속의 바늘'이란 뜻으로, '女人心，海底针 nǚrén xīn, hǎidǐ zhēn'은 바다의 깊이를 알 수 없듯이 여자의 마음도 그만큼 이해하기 어렵다는 것을 표현한 말이에요. 한국어의 '여자의 마음은 갈대와 같다'는 말과 같다고 생각하면 될 거 같네요~!

리얼 회화

A 马上就是结婚纪念日了，头都大了。
Mǎshàng jiùshì jiéhūn jìniànrì le, tóu dōu dà le.

B 同感！我老婆也每次吐槽我送的礼物。
Tónggǎn! Wǒ lǎopo yě měicì tǔcáo wǒ sòng de lǐwù.

'비꼬다'라는 뜻으로 인터넷에서 자주 쓰여요!

A 所以说女人心，海底针啊。
Suǒyǐ shuō nǚrén xīn, hǎidǐ zhēn a.

A 곧 결혼기념일인데 골치 아파 죽겠네.
B 동감! 내 아내도 매번 내가 준 선물을 비꼬더라고.
A 그래서 여자의 속마음은 아무도 모른다는 거야.

단어 **纪念日** 기념일 | **头大** 머리 아프다, 골치 아프다 | **同感** 동감, 공감/동감하다, 공감하다 | **吐槽** 비웃다, 불만하다 | **送** 선물하다

死鸭子嘴硬

sǐ yāzi zuǐyìng

끝까지 우기기는, 끝까지 부인하기는

'사실을 부인하려고 억지를 부리다'의 뜻

리얼 예문

- 你考试作弊，你们班主任都跟我说了，还死鸭子嘴硬。
  Nǐ kǎoshì zuòbì, nǐmen bānzhǔrèn dōu gēn wǒ shuō le, hái sǐ yāzi zuǐyìng.
  네가 시험에서 커닝했다고 너희 담임선생님이 벌써 나한테 다 얘기했는데 아직도 인정 안 하고 버티는 거야?

- 你明明就喜欢她，还死鸭子嘴硬！
  Nǐ míngmíng jiù xǐhuan tā, hái sǐ yāzi zuǐyìng!
  너 분명 그 여자애 좋아하면서 끝까지 우기기는!

단어 **鸭子** 오리 | **嘴硬** 고집이 세다 | **考试** 시험/시험을 치르다 | **作弊** 커닝하다 | **班主任** 담임선생님 | **跟…说** ~에게 말하다 | **明明** 분명히

'死鸭子嘴硬 sǐ yāzi zuǐyìng'은 '죽은 오리의 입이 딱딱하다'라고 직역되는데요, '嘴硬 zuǐyìng' 에는 '억지 부리다, 고집이 세다'는 뜻이 있어서 '死鸭子嘴硬'이라는 말은 끝까지 사실을 부인하고 자기 주장만 하는 사람에게 '끝까지 우겨봐라'하면서 비꼬는 표현이에요.

리얼 회화

A 你昨天是不是去酒吧了?

Nǐ zuótiān shìbushì qù jiǔbā le?

B 我…我哪有…我都跟你说了，昨天在家陪爸妈了。

Wǒ… wǒ nǎ yǒu… wǒ dōu gēn nǐ shuō le, zuótiān zài jiā péi bàmā le.

A 你就少死鸭子嘴硬了，我朋友在酒吧都看到你了。

Nǐ jiù shǎo sǐ yāzi zuǐyìng le, wǒ péngyou zài jiǔbā dōu kàndào nǐ le.

A 너 어제 클럽 갔었지?

B 내… 내가 그럴리가… 말했잖아. 어제 집에서 부모님이랑 같이 있었다고.

A 너 끝까지 잡아떼는데, 내 친구가 클럽에서 널 봤다잖아.

단어 酒吧 클럽, 술집 | 哪有 그럴리가 | 陪 ~를 모시다, ~와 같이 있어주다

19 翻脸比翻书还快

fānliǎn bǐ fānshū hái kuài

태도(낯빛)가 금방 바뀌네

'금방 삐치다'의 뜻

리얼 예문

- 我的上司总是翻脸比翻书还快。
  Wǒ de shàngsi zǒngshì fānliǎn bǐ fānshū hái kuài.
  내 상사는 늘 태도나 기분이 갑자기 바껴.
- 翻脸比翻书还快的人最难相处了。
  Fānliǎn bǐ fānshū hái kuài de rén zuì nán xiāngchǔ le.
  이랬다 저랬다 하는 사람이 어울리기가 제일 어렵지.

단어 比 ~보다[비교문] | 翻书 책을 넘기다 | 快 빠르다 | 上司 상사 | 总是 항상 | 相处 서로 어울리다

'翻 fān'은 '뒤집히다, 넘기다'라는 뜻으로, '翻书 fānshū'는 '책(장)을 넘긴다'는 말이지요. '낯빛이 변하는 게 책장 넘기는 것보다 더 빠르다'고 하여 책장 넘기는 데 1초도 안 걸리 듯이 기분의 기복이 아주 심한 '기분파'들에게 '翻脸比翻书还快 fānliǎn bǐ fānshū hái kuài', 즉 '낯빛이 금방 바뀌다', '이랬다 저랬다 하다', '금방 삐치다'란 표현을 사용할 수 있어요.

리얼 회화

A 今天你怎么宅在家里，没去约会啊?

Jīntiān nǐ zěnme zháizài jiāli, méi qù yuēhuì a?

B 女朋友怪我"双11"，没送她礼物，跟我翻脸了。

Nǚpéngyou guài wǒ "shuāng shíyī", méi sòng tā lǐwù, gēn wǒ fānliǎn le.

> 11월 11일은 중국의 '싱글데이'예요. 이 날에는 중국 최대 온라인 쇼핑몰 '淘宝(타오바오)'에서 싱글들의 외로움을 달래기 위해 빅세일을 진행해요.

A 昨天你俩不是还好好儿的吗? 真是翻脸比翻书还快。

Zuótiān nǐ liǎ búshì hái hǎohāor de ma? Zhēnshì fānliǎn bǐ fānshū hái kuài.

A 너 오늘 왜 집에만 틀어박혀 있어? 데이트 안 가?

B 광군제에 여자친구가 선물 안 줬다고 삐쳤어.

A 어제까지만 해도 둘이 오붓했잖아? 정말 금방 삐치네.

단어 宅 집에 틀어박혀 있다 | 约会 데이트 | 怪 탓하다, 비난하다 | 双11 11월 11일 | 跟…翻脸 ~와 얼굴을 붉히다, 삐치다 | 俩 두 사람

玩儿暧昧

wánr àimèi

썸 타다

- 他是玩儿暧昧的高手。
  Tā shì wánr àimèi de gāoshǒu.
  그는 썸 타기 고수야.

- 傻子才不知道你们俩在玩儿暧昧。
  Shǎzi cái bù zhīdào nǐmen liǎ zài wánr àimèi.
  바보가 아닌 이상은 너희 둘이 썸 타고 있다는 걸 다 알지.

暧昧 애매모호하다/썸 | 高手 고수, 프로 | 傻子 바보 | 俩 두 사람

'暧昧 àimèi'는 '애매모호하다'는 뜻으로 남녀사이의 애매모호한 기류를 가리키는 말인데, 요즘 잘 쓰는 한국어 표현으로는 '썸'이라고 하면 정확한 표현이 될 수 있을 거 같아요. 썸 탄다는 것! 생각만 해도 왠지 놀이처럼 즐겁고 신나며 가슴도 두근두근하죠? 그래서인지 '썸을 타다'라는 중국어 표현에도 '놀다'인 '玩儿 wánr'이란 단어가 사용되었네요!

리얼 회화

A 最近心情看着挺好的呀！恋爱了？

Zuìjìn xīnqíng kànzhe tǐng hǎo de ya! Liàn'ài le?

B 还没有，现在是暧昧期，最有意思了。

Hái méiyǒu, xiànzài shì àimèi qī, zuì yǒuyìsi le.

A 你也不要只玩儿暧昧，小心对方腻了！

Nǐ yě búyào zhǐ wánr àimèi, xiǎoxīn duìfāng nì le!

A 요즘 기분 좋아 보이네! 연애 중이야?

B 아직, 지금은 썸 타는 중인데 완전 재미있네.

A 너 그냥 썸만 타지 마. 상대방이 질릴지도!

단어 心情 기분 | 挺…的 꽤 | 恋爱 연애하다 | …期 ~기간 | 小心 조심하다 | 对方 상대방 | 腻 질리다

丁克族

dīngkèzú

딩크족

2-21

리얼 예문

- 我们也是迫不得已，做了“丁克族”啊。
  Wǒmen yěshì pòbùdéyǐ, zuò le “dīngkèzú” a.
  우리도 어쩔 수 없이 '딩크족'이 된 거야.

- “丁克族”最害怕的就是老年的孤独。
  “Dīngkèzú” zuì hàipà de jiùshì lǎonián de gūdú.
  '딩크족'은 노후의 외로움을 가장 두려워한다.

단어 丁克 딩크 | …族 ~족 | 迫不得已 어쩔 수 없다 | 害怕 두려워하다 | 老年 노후, 노년 | 孤独 외로움/외롭다

'딩크족'은 결혼해서 정상적인 부부생활을 하는 맞벌이 부부로, 수입은 두 배(Double Income)이지만 아이는 갖지 않는다(No Kids)는 의식을 가진 새로운 가족형태를 뜻하는 말이에요. 'Double Income No Kids'의 앞 글자를 따서 'DINK'라고 하는데, 이 'DINK'와 발음이 비슷해서 만들어진 말이 바로 '丁克 dīngkè'이지요. '丁克族 dīngkèzú'는 대부분 경제적인 문제로 아이를 잘 키우지 못할까 걱정해 아이를 낳지 않는데, 이러한 '丁克族'의 증가세로 '저출산' 문제가 불거져 나라마다 큰 고민이라고 하네요.

리얼 회화

A 你结婚这么多年了，准备什么时候要孩子啊?
Nǐ jiéhūn zhème duō nián le, zhǔnbèi shénme shíhou yào háizi a?

B 经济越来越不景气，根本养不起孩子。
Jīngjì yuèláiyuè bù jǐngqì, gēnběn yǎngbùqǐ háizi.

A 怪不得最近"丁克族"越来越多了。
Guàibude zuìjìn "dīngkèzú" yuèláiyuè duō le.

A 너 결혼한 지 오래됐는데 아이는 언제 가지려고?
B 경제가 점점 어려워지니 아예 아이를 키울 수가 없어.
A 어쩐지 요즘 '딩크족'이 점점 많아지더라.

단어 **准备** 준비하다, 계획하다 | **孩子** 아이 | **经济** 경제 | **越来越** 점점 | **不景气** 불경기 | **根本** 전혀 | **养** 키우다 | **…不起** ~할 수 없다 | **怪不得** 어쩐지

裸婚

luǒhūn

벌거숭이 상태의 맨손으로 결혼하다,
조건 없이 사랑만으로 결혼하다

2-22

- 我可没有裸婚的勇气。

  Wǒ kě méiyǒu luǒhūn de yǒngqì.

  나는 조건 안 따지고 결혼할 용기가 안 나.

- 他们在很穷的时候，裸婚了；但又在富裕的时候，离婚了。

  Tāmen zài hěn qióng de shíhou, luǒhūn le; dàn yòu zài fùyù de shíhou, líhūn le.

  그들은 가난할 때 아무런 조건 없이 결혼했는데 부유할 때 이혼했어.

단어 裸 벌거숭이 | 勇气 용기 | 穷 가난하다 | 富裕 부유하다 | 离婚 이혼하다

'裸 luǒ'는 '나체'란 뜻으로, '裸婚 luǒhūn'은 '서로 경제적으로 부유하지 못하나 오직 서로의 사랑만으로 맺은 혼인'을 가리키는 말이에요. 사랑은 참 소중하지만 결혼은 현실이지요. 그래서 요즘에는 '裸婚'을 할 수 있는 확률이 낮아졌다고 해요.

2011년 '裸婚'을 주제로 삼아 제작된 중국 드라마《裸婚时代 Luǒhūn Shídài》에서 '裸婚'의 문제점을 다뤄 많은 중국의 젊은 층이 크게 공감했어요.

A 他们都交往了7年了，结果还是分手了。
Tāmen dōu jiāowǎng le qī nián le, jiéguǒ háishi fēnshǒu le.

B 我听说是因为男方经济条件不好，所以女方父母反对。
Wǒ tīngshuō shì yīnwèi nánfāng jīngjì tiáojiàn bù hǎo, suǒyǐ nǚfāng fùmǔ fǎnduì.

A 现在估计敢裸婚的人越来越少了吧。
Xiànzài gūjì gǎn luǒhūn de rén yuèláiyuè shǎo le ba.

A 그들은 이미 7년이나 사귀었는데 결국에 헤어졌어.
B 내가 듣기로는 남자 쪽 경제력이 안 좋아서 여자 쪽 부모님이 반대하신 거래.
A 요새 사랑만으로 결혼하는 사람은 점점 없어지나봐.

단어 **交往** 사귀다 | **结果** 결국 | **分手** 헤어지다 | **…方** ~측 | **条件** 조건 | **反对** 반대하다 | **估计** 아마도/예측하다 | **敢** 감히 | **越来越** 갈수록

23 基因强大

jīyīn qiángdà

유전자가 막강해, 유전자 무시 못하지

2-23

리얼 예문

- 他们一家三代都是学霸，果然是基因强大。
  Tāmen yìjiā sāndài dōushì xuébà, guǒrán shì jīyīn qiángdà.
  그들 집안은 3대가 모두 공부를 엄청 잘하는데 역시 유전자는 무시 못하는 거야.

공부를 엄청 잘하는 사람을 부르는 별명으로, 즉 '공부의 신'을 일컫는 말이에요!

- 看了她父母的照片，才知道基因有多强大。
  Kàn le tā fùmǔ de zhàopiàn, cái zhīdào jīyīn yǒu duō qiángdà.
  그녀 부모님의 사진을 보고 나서야 유전자의 힘이 얼마나 강한지 알았지.

단어 **基因** 유전자 | **强大** 막강하다 | **…代** ~세대 | **学霸** 공부를 잘하는 사람 | **果然** 역시 | **父母** 부모 | **照片** 사진

'유전자'를 중국어로 '基因 jīyīn'이라고 해요. 자녀가 부모를 많이 닮은 경우 '基因强大 jīyīn qiángdà'라고 하며, '유전자가 막강하다', '유전자를 무시하지 못한다'라는 뜻으로도 쓰여요!

리얼 회화

A 他不怎么帅，没想到女儿却颜值逆天了。
Tā bù zěnme shuài, méi xiǎngdào nǚ'ér què yánzhí nìtiān le.

B 是他太太基因强大吧。
Shì tā tàitai jīyīn qiángdà ba.

A 应该是吧，听说女儿和太太是一个模子刻出来的。
Yīnggāi shì ba, tīngshuō nǚ'ér hé tàitai shì yí ge múzi kèchūlái de.

반칙일 정도로 외모가 출중하다는 표현이에요. 매우 예쁘다는 말!

한 틀에서 나왔다고 하여 아이와 부모의 외모나 성격 등등이 '판박이다', '붕어빵이다'라는 말이에요~

A 그는 그다지 잘생기지 않았는데 딸은 엄청 예쁘네.

B 그 사람 와이프의 유전자가 강한 거겠지.

A 그렇겠지. 딸이랑 엄마가 완전 붕어빵이래.

단어 **不怎么** 그다지 | **帅** 잘생겼다 | **没想到** 뜻밖에 | **颜值** 외모 | **逆天** (반칙일 정도로) 매우 뛰어나다 | **太太** 아내 | **模子** 판, 틀 | **刻** 조각을 새기다

24 脚踩两只船

jiǎocǎi liǎng zhī chuán

양다리 걸치다

2-24

리얼 예문

- 脚踩两只船，会“翻船”的！
  Jiǎocǎi liǎng zhī chuán, huì “fānchuán” de!
  양다리 걸치다가 뒤집어질 거야(망할 거야)!

- 她脚踩两只船，被男朋友发现了。
  Tā jiǎocǎi liǎng zhī chuán, bèi nánpéngyou fāxiàn le.
  그녀가 양다리 걸치다가 남친에게 들키고 말았어.

단어 **脚** 발 | **踩** 밟다 | **只** 척[배를 세는 양사] | **船** 배 | **翻船** 배가 뒤집어지다/망하다

연인끼리의 금기 중 하나인 '양다리'는 중국어로 '两只(条)船 liǎng zhī(tiáo) chuán (배 두 척)'이라고 표현해요. '양다리를 걸친다'는 것은 '발(脚 jiǎo)'과 '밟다'는 뜻의 단어 '踩 cǎi'를 붙여 '脚踩两只船 jiǎocǎi liǎng zhī chuán (두 척의 배를 동시에 밟다)'이라고 말하면 돼요.

리얼 회화

A 你最近和学妹打得火热啊！
Nǐ zuìjìn hé xuémèi dǎ de huǒrè a!

B 瞎说啥…我们也就吃过几次饭而已。
Xiāshuō shá… wǒmen yě jiù chīguo jǐ cì fàn éryǐ.

A 我是提醒你别脚踩两只船，小心你女朋友闹。
Wǒ shì tíxǐng nǐ bié jiǎocǎi liǎng zhī chuán, xiǎoxīn nǐ nǚpéngyou nào.

A 너 요즘 여자 후배랑 엄청 친하게 지내던데!
B 뭔 소리야… 우린 그냥 밥 몇 번 먹었을 뿐이야.
A 난 양다리 걸치지 말라고 알려준 것 뿐이야. 네 여친이 난리 칠까 봐.

단어 最近 요즘 | 学妹 (학교의) 여자 후배 | 打得火热 매우 친숙해지다, 교제가 뜨거워지다 | 瞎 마구 | 啥 무엇 | 而已 ~일 뿐이다 | 提醒 일깨우다 | 小心 조심하다 | 闹 난리 치다, 소란을 피우다

25 里外不是人

lǐwài búshì rén

(가운데에 끼어서) 양쪽의 욕을 다 듣네

2-25

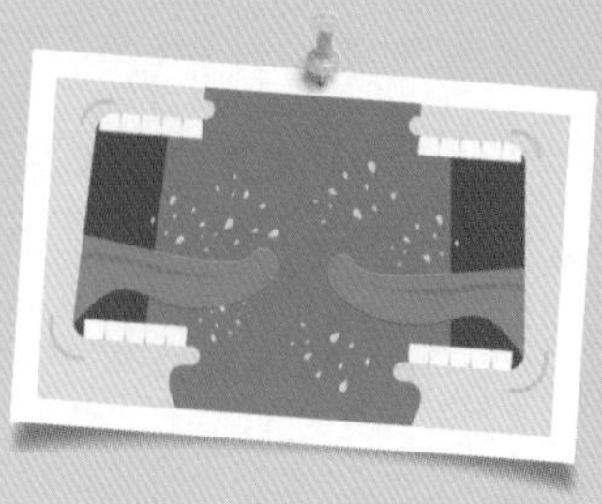

리얼 예문

- 我帮谁都里外不是人，干脆不管了。
  Wǒ bāng shéi dōu lǐwài búshì rén, gāncuì bùguǎn le.
  누구를 돕든 다 욕을 먹을 거 같으니 아예 상관 안 할래.

- 你别掺和他们的事儿了，免得里外不是人。
  Nǐ bié chānhuo tāmen de shìr le, miǎnde lǐwài búshì rén.
  너 걔네들 일에 끼어들지 마. 안 그러면 양쪽에서 다 욕 먹어.

단어 **干脆** 아예 | **管** 상관하다 | **掺和** 끼어들다 | **免得** ~하지 않도록

'里外不是人 lǐwài búshì rén'은 두 사람의 싸움에 애매하게 끼어 있는 사람에게 사용되는 표현으로 '양측에게 다 욕을 듣는다'는 의미예요. 특히 굉장히 어려운 고부 간의 갈등에서는 남편이 누구의 편을 들든 상황을 악화시킬 수밖에 없는데, 이러한 '샌드위치(三明治 sānmíngzhì)' 같은 남편에게 '里外不是人'이란 표현이 적합하겠네요.

리얼 회화

A 你的脸怎么这么憔悴啊?

Nǐ de liǎn zěnme zhème qiáocuì a?

B 别提了，昨晚我妈和我老婆吵得不可开交，弄得我一夜没睡。

Bié tí le, zuówǎn wǒmā hé wǒ lǎopo chǎo de bùkě kāijiāo, nòng de wǒ yíyè méi shuì.

A 夹在老妈和老婆之间，肯定会里外不是人啊。

Jiázài lǎomā hé lǎopo zhījiān, kěndìng huì lǐwài búshì rén a.

A 너 얼굴이 왜 이렇게 초췌해?

B 말도 마. 어젯밤에 우리 엄마랑 와이프가 대판 싸워서 난 한숨도 못 잤어.

A 엄마랑 아내 사이에 끼어 있으면 당연히 양측에게 모두 욕을 먹을 수밖에 없지.

단어 脸 얼굴 | 憔悴 초췌하다 | 提 언급하다 | 老婆 아내 | 吵 싸우다 | …得不可开交 매우 심각하게 ~하다, 정신 없이 ~하다 | 弄 ~하게 만들다 | 夹 둘 사이에 처하다(끼어 있다) | 肯定 틀림없이, 반드시

26 鸡毛蒜皮

jīmáo suànpí

보잘것없는 (일), 사소한 (일)

2-26

리얼 예문

- 实习生一开始难免要做一些鸡毛蒜皮的事。
  Shíxíshēng yì kāishǐ nánmiǎn yào zuò yìxiē jīmáo suànpí de shì.
  인턴은 처음에는 사소한 업무들을 피하기 어렵지.

- 为了鸡毛蒜皮的事，值得这么动怒吗?
  Wèile jīmáo suànpí de shì, zhídé zhème dòngnù ma?
  사소한 일인데, 이렇게까지 화낼 만한가요?

단어 鸡毛 닭털 | 蒜皮 마늘 껍질 | 实习生 인턴 | 一开始 처음 | 难免 피하기 어렵다 | 为了 ~를 위해서 | 值得 ~할 가치가 있다 | 动怒 분노하다

'鸡毛 jīmáo'는 '닭털', '蒜皮 suànpí'는 '마늘 껍질'이란 뜻이에요. 닭털이나 마늘 껍질은 아주 작고 가벼운 물건이라 '鸡毛蒜皮 jīmáo suànpí'라는 단어로 '사소하고 별것 아니다' 또는 '사소하고 별것 아닌 일'을 표현해요.

리얼 회화

A 你们俩怎么动不动就翻脸?
Nǐmen liǎ zěnme dòngbudòng jiù fānliǎn?

B 还不都是些鸡毛蒜皮的事。
Hái bù dōushì xiē jīmáo suànpí de shì.

A 我看你们是越吵感情越深。
Wǒ kàn nǐmen shì yuè chǎo gǎnqíng yuè shēn.

A 너희 둘은 왜 걸핏하면 서로 얼굴을 붉히는 거야?
B 다 사소한 일들이지 뭐.
A 내가 보기에 너희는 싸우면서 미운 정이 드는 것 같아.

단어 **俩** 두 사람 | **怎么** 어찌, 왜 | **动不动** 걸핏하면 | **翻脸** 얼굴을 붉히다 | **不都是…** 다 ~하다, 다 ~이다 | **越…越…** ~할수록 ~하다 | **吵** 싸우다 | **感情** 정 | **深** 깊다

PART 03

연예인, 외모에 대해 중국어로 리얼 토킹!

01 地下恋

dìxiàliàn

비밀 연애

리얼 예문

- 地下恋要是突然被曝光，那就尴尬了。
  Dìxiàliàn yàoshi tūrán bèi bàoguāng, nà jiù gāngà le.
  비밀 연애가 만약 갑자기 밝혀지면, 꽤 곤란할 텐데.

- 你们就别搞什么地下恋了，大家都是明眼人。
  Nǐmen jiù bié gǎo shénme dìxiàliàn le, dàjiā dōushì míngyǎnrén.
  너희들 비밀 연애 그만해. 다들 눈치챘거든.

단어 **地下** 지하 | **恋** 연애 | **要是…就** 만약 ~라면 | **突然** 갑자기 | **曝光** 밝혀지다, 드러나다 | **尴尬** 곤란하다, 난처하다 | **搞** ~를 하다 | **明眼人** 상황을 잘 아는 사람, 눈썰미가 있는 사람

연예인뿐 아니라 보통 사람들도 본인의 연애 사실을 알리기 싫을 때가 있죠? 이런 걸 '비밀 연애'라고 하는데, 비밀 연애는 중국어로 '地下恋 dìxiàliàn'이라고 해요. '지하'를 뜻하는 '地下 dìxià'와 '연애'를 뜻하는 '恋 liàn'의 합성어지요. 지하에서 하는 연애? 바로 비밀 연애겠지요? 연애의 기미가 빤히 보이는데 아니라고 발뺌하는 친구에게 한번 써보세요. 친구가 깜짝 놀랄 수도 있어요!

리얼 회화

A 最近好多明星都大方公开恋情，不藏着了。
Zuìjìn hǎoduō míngxīng dōu dàfāng gōngkāi liànqíng, bù cángzhe le.

B 粉丝们都很理智，所以没必要搞地下恋。
Fěnsīmen dōu hěn lǐzhì, suǒyǐ méi bìyào gǎo dìxiàliàn.

A 就是啊，现在已经不流行"神秘主义"了。
Jiùshì a, xiànzài yǐjīng bù liúxíng "shénmì zhǔyì" le.

A 요즘 많은 스타들이 당당하게 연애 사실을 밝히고, 숨기지 않더라.
B 팬들이 다 아주 이성적이라서 비밀 연애를 할 필요가 없어.
A 그러니까. 이제는 이미 신비주의가 유행이 아니지.

영어 단어 'fan'의 발음과 비슷하게 만든 단어예요!

단어 **最近** 요즘 | **明星** 연예인 | **大方** 당당하다, 대범하다 | **公开** 공개하다 | **恋情** 연애 사실 | **藏** 숨기다 | **粉丝** 팬 | **理智** 이성적이다 | **没必要** 필요가 없다 | **流行** 유행이다 | **神秘主义** 신비주의

明星架子

míngxīng jiàzi

연예인 병

3-02

리얼 예문

- 他总是摆明星架子，所以越来越不受欢迎。
  Tā zǒngshì bǎi míngxīng jiàzi, suǒyǐ yuèláiyuè bú shòu huānyíng.
  그는 늘 연예인 병이 심했어. 그래서 점점 인기가 떨어진 거지.

- 她完全没有明星架子，和粉丝亲密互动。
  Tā wánquán méiyǒu míngxīng jiàzi, hé fěnsī qīnmì hùdòng.
  그녀는 연예인 병이라고는 전혀 없고, 팬들과 친밀하게 소통해.

단어 **明星** 연예인 | **架子** 거치대, 받침대/허세, 교만 | **总是** 항상 | **摆架子** 잘난 척하다 | **越来越…** ~할수록 | **受欢迎** 환영을 받다 | **完全** 완전히 | **亲密** 친밀하다 | **互动** 서로 소통하다

'架子 jiàzi'의 원래 뜻은 '거치대, 받침대'인데 사람에게 '架子'라고 하면 '허세, 교만' 등의 의미가 돼요. 따라서 '연예인'을 뜻하는 '明星 míngxīng'과 '架子'를 합하여 '明星架子 míngxīng jiàzi (연예인 병)'라는 표현을 만들어냈고, 연예인이라고 허세를 부리며 연예인임을 과시하는 병에 걸렸다고 말한답니다.
또한, 자기의 신분이나 지위를 과시하고 잘난 척하면서 다른 사람과 거리를 두는 행동을 '摆架子 bǎi jiàzi' 즉 '거드름 피우다, 잘난 척하다'의 뜻으로 써요.

리얼 회화

A 影帝周润发说要捐出自己的全部财产。
Yǐngdì Zhōu Rùnfā shuō yào juānchū zìjǐ de quánbù cáichǎn.

B 对，他平时就是出了名的节俭。
Duì, tā píngshí jiùshì chū le míng de jiéjiǎn.

A 而且他从来没有明星架子，人缘特别好。
Érqiě tā cónglái méiyǒu míngxīng jiàzi, rényuán tèbié hǎo.

A 영화계의 거장 저우룬파가 자신의 전 재산을 기부하겠다고 하네.
B 맞아. 그는 평소에도 검소하기로 유명했어.
A 그리고 그는 연예인 병도 전혀 없고, 인간관계가 엄청 좋아.

단어 **影帝** 영화계의 황제(거장) | **周润发** 저우룬파, 주윤발(인명, 홍콩의 영화배우) | **捐** 기부하다 | **财产** 재산 | **出名…** ~로 유명하다 | **节俭** 검소하다 | **从来** 전혀 | **人缘** 인간관계

人生开挂

rénshēng kāiguà

인생 대운 터졌다

리얼 예문

- 很多父母都觉得孩子只有考上名牌大学，人生才能开挂。

  Hěn duō fùmǔ dōu juéde háizi zhǐyǒu kǎoshàng míngpái dàxué, rénshēng cáinéng kāiguà.

  많은 부모가 자식이 명문대에 들어가야만 인생 대운이 터질 수 있다고 생각한다.

- 我真希望能中彩票，从此人生开挂。

  Wǒ zhēn xīwàng néng zhòng cǎipiào, cóngcǐ rénshēng kāiguà.

  복권 당첨되면 진짜 좋겠다. 그래서 인생 대운 좀 터지게.

단어 **人生** 인생 | **开挂** 큰 승리를 거두다 | **父母** 부모 | **觉得** ~라고 생각하다 | **孩子** 아이, 자식 | **考上** ~에 합격하다 | **名牌大学** 명문대학 | **只有…才** ~해야만 ~한다 | **希望** 희망하다, 바라다 | **中** 당첨되다 | **彩票** 복권 | **从此** 그 후

'开挂 kāiguà'는 온라인 게임에서 나온 표현이에요. '게임에서 큰 승리을 거뒀다'는 의미였는데 네티즌들이 '人生开挂 rénshēng kāiguà'라는 유행어를 만들어 '팔자가 활짝 폈다', '인생 대운이 터졌다'는 뜻으로 쓰게 되었어요.
이 표현을 잘 알이두고 취직한 친구나 결혼을 앞둔 친구 등 가까운 사람들에게 좋은 일이 생겼을 때 말해주면 듣는 사람은 기분이 정말 좋아질 최고의 찬사가 될 거예요! 또 좋은 일이 생길 것이란 기원의 의미를 담아 말해도 좋겠죠?

리얼 회화

A 他最近人气爆棚。
Tā zuìjìn rénqì bàopéng.

B 可不是，自从参加选秀节目后，人生就开挂了。
Kěbúshì, zìcóng cānjiā xuǎnxiù jiémù hòu, rénshēng jiù kāiguà le.

A 电视果然能让平民变巨星。
Diànshì guǒrán néng ràng píngmín biàn jùxīng.

A 그 사람 요즘 완전 인기 폭발이던데.

B 그러니까. 오디션 프로그램에 참가하고 나서 바로 인생 대운이 터졌어.

A TV야말로 보통 사람을 톱스타로 만들어줄 수 있지.

단어 人气 인기 | 爆棚 폭발하다 | 自从… ~로부터 | 参加 참가하다 | 选秀节目 오디션 프로그램 | 电视 TV | 果然 역시 | 平民 일반인, 보통 사람 | 变 ~로 변하다 | 巨星 톱스타

04 漫撕男

mànsīnán

만찢남

3-04

'만화책을 찢고 나온 남자'의 줄임말

리얼 예문

- 我们的校草简直就是“漫撕男”。
  Wǒmen de xiàocǎo jiǎnzhí jiùshì “mànsīnán”.
  우리 학교의 킹카는 완전 '만찢남'이야.

  킹카는 '校花 xiàohuā'라고 해요!

- 我不太喜欢“漫撕男”，太帅了，没有安全感。
  Wǒ bútài xǐhuān “mànsīnán”, tài shuài le, méiyǒu ānquángǎn.
  난 '만찢남' 별로 안 좋아해. 너무 잘생기면 내가 불안하거든.

단어 漫 만화(= 漫画) | 撕 찢다(= 撕掉) | 男 남자(= 男人) | 校草 학교의 킹카 | 帅 잘생겼다 | 安全感 편안한 마음

'만찢남'이라는 말은 '만화책을 찢고 나온 남자'의 줄임말이지요? 만화 주인공만큼 잘생긴 남자에 대한 애칭이기도 한데요. 중국어 표현은 '漫撕男 mànsīnán'으로, '만화책'인 '漫画 mànhuà'의 '漫'에, '찢다'라는 동사 '撕掉 sīdiào'의 '撕'와 '남자'의 '男 nán'을 붙여 만든 합성어예요.

리얼 회화

A 那部剧里的男主角简直就是"漫撕男"。

Nà bù jù li de nánzhǔjué jiǎnzhí jiùshì "mànsīnán".

B 可不是嘛，俘获了一片少女心。

Kěbúshì ma, fúhuò le yí piàn shàonǚxīn.

A 你说现实中咋就没那种人呢?!

Nǐ shuō xiànshí zhōng zǎ jiù méi nà zhǒng rén ne?!

A 그 드라마의 남자 주인공은 완전 '만찢남'이야.

B 누가 아니래. 수많은 소녀들의 마음을 훔쳤지.

A 현실에는 왜 그런 사람이 없을까?!

단어 **部** 편[드라마나 영화를 세는 양사] | **男主角** 남자 주인공 | **简直** 그야말로 | **就是** 바로 ~이다 | **可不是** 누가 아니래 | **俘获** 가로채다, 빼앗다 | **一片** (기분·분위기 등에 써서) 가득 차거나 넘쳐나는 것을 나타내는 수량사 | **少女心** 소녀의 마음 | **现实** 현실 | **咋** 왜, 어찌

玛丽苏

mǎlìsū

Mary Sue / 비현실적인 여자 주인공

3-05

소설이나 드라마에 나오는 지나치게 완벽하거나 완벽하지 않음에도 극 중의 모든 남자의 사랑을 받는 여주인공을 가리킴

- 到底是什么样的作家才能写出这么玛丽苏的电视剧啊?
  Dàodǐ shì shénme yàng de zuòjiā cáinéng xiěchū zhème mǎlìsū de diànshìjù a?
  대체 어떤 작가이어야만 이런 비현실적인 드라마를 써낼 수 있을까?

- 你少整天陷入玛丽苏电视剧里，幻想自己是女主角了!
  Nǐ shǎo zhěngtiān xiànrù mǎlìsū diànshìjù li, huànxiǎng zìjǐ shì nǚzhǔjué le!
  너 맨날 비현실적인 드라마에 푹 빠져 자신을 드라마의 여주인공으로 착각하지 마!

단어 **到底** 도대체 | **作家** 작가 | **写出** 써내다 | **电视剧** 드라마 | **少…了** 더 이상 ~하지 마라 | **整天** 하루 종일 | **陷入** ~에 푹 빠지다 | **幻想** 환상하다, 착각하다 | **女主角** 여자 주인공

'玛丽苏 mǎlìsū (Mary Sue)'라는 표현은 원래 한 소설 속 여자 주인공의 이름이었는데, 사람들의 사랑을 한몸에 받은 캐릭터였지요. 그래서 중국 네티즌들이 이 주인공의 이름을 빌려 드라마나 영화 등에 등장한 지나치게 완벽하거나 완벽하지 않음에도 극 중 모든 남자의 사랑을 받은 여자 주인공을 지칭하게 되었어요. '玛丽苏'라고 지칭하면서 비현실적인 인물이란 것 또한 강조하려는 의지인 것이지요. 대표적인 예는 《꽃보다 남자(流星花园 Liúxīng Huāyuán)》의 여자 주인공 산차이(杉菜 Shān Cài)와 《보보경심(步步惊心 Bùbù Jīngxīn)》의 여자 주인공 장샤오(张晓 Zhāng Xiǎo) 같은 경우를 말해요!

리얼 회화

'乔妹 Qiáomèi'는 중국인 팬들이 부르는 '송혜교'의 애칭이에요.

A 你追了乔妹的新剧《男朋友》吗?
Nǐ zhuī le Qiáomèi de xīnjù《Nánpéngyou》ma?

B 我看了一点儿，男主角简直是男版玛丽苏。
Wǒ kàn le yìdiǎnr, nánzhǔjué jiǎnzhí shì nánbǎn mǎlìsū.

A 电视剧嘛，别太较真了。
Diànshìjù ma, bié tài jiàozhēn le.

A 송혜교의 신작인 《남자친구》 봐?

B 조금 봤는데 남자 주인공은 완전 남자 버전의 Mary Sue더구만.

A 드라마잖아. 너무 따지지 마.

단어 追 쫓아다니다/본방사수하다 | 乔妹 송혜교(한국의 배우)의 중국어 애칭 | 新剧 새로운 드라마 | 男朋友 남자친구 | 一点儿 조금 | 男主角 남자 주인공 | 简直 그야말로 | 男版 남자 버전 | 较真 따지다

上辈子拯救了地球吧!

Shàng bèizi zhěngjiù le dìqiú ba!

전생에 나라를 구했나봐!

리얼 예문

- 哇！竟然中了彩票一等奖，上辈子肯定拯救了地球吧！
  Wà! Jìngrán zhòng le cǎipiào yīděngjiǎng, shàng bèizi kěndìng zhěngjiù le dìqiú ba!
  와우! 복권 1등에 당첨되다니, 전생에 진짜 나라를 구한 게 분명해!
- 别人是上辈子拯救了地球，我是毁了地球么?!
  Biérén shì shàng bèizi zhěngjiù le dìqiú, wǒ shì huǐ le dìqiú me?!
  다른 사람은 전생에 나라를 구했다던데, 나는 지구를 말아먹었나?!

단어 辈子 생애 | 拯救 구하다 | 地球 지구 | 竟然 뜻밖에 | 彩票 복권 | 中彩票 복권에 당첨되다 | 一等奖 일등 | 别人 다른 사람 | 毁 망치다

남 부러울 정도로 복이 많은 사람에게 한국어로는 '전생에 나라를 구했나봐!'라고 말하죠? 중국어에도 같은 맥락의 표현이 있어요. 바로 '上辈子拯救了地球(宇宙)! Shàng bèizi zhěngjiù le dìqiú(yǔzhòu)!'라고 해요. 한국어 표현에서의 '나라' 대신 '지구(地球)'나 '우주(宇宙)'를 쓴다는 게 다른 점이네요.

한국의 가수 '비(Rain)'의 중국어 이름은 그냥 '雨'예요.

리얼 회화

A 今天头条，金泰熙和雨的孩子出生了。
Jīntiān tóutiáo, Jīn Tàixī hé Yǔ de háizi chūshēng le.

B 哇！肯定又是一个颜值爆表的星二代。
Wà! Kěndìng yòu shì yí ge yánzhí bàobiǎo de xīng'èrdài.

A 那孩子肯定上辈子拯救了地球，这么有福。
Nà háizi kěndìng shàng bèizi zhěngjiù le dìqiú, zhème yǒu fú.

A 오늘 헤드라인에 김태희와 비의 아기가 태어났다고 나왔네.
B 와우! 또 엄청 예쁜 스타2세겠네.
A 그 아이는 전생에 나라를 구한 게 분명해. 복 터졌다.

단어 **头条** 헤드라인 | **金泰熙** 김태희(인명, 한국의 연예인) | **雨** 비(인명, 한국의 연예인) | **出生** 태어나다 | **颜值** 외모 | **爆表** 수준이 매우 높다 | **星二代** 스타의 2세 | **福** 복

07 也是醉了

yě shì zuì le

어이없어, 기막히네, 노답이야

리얼 예문

- 这么大热天，居然要去爱宝乐园，你也是醉了。
  Zhème dàrètiān, jūrán yào qù Àibǎo Lèyuán, nǐ yě shì zuì le.
  이 찜통 같이 더운 날에 에버랜드에 가겠다니 너도 참 기가 막힌다.

- 明明手机在手上，还到处找，我也是醉了。
  Míngmíng shǒujī zài shǒu shang, hái dàochù zhǎo, wǒ yě shì zuì le.
  휴대전화가 분명 손에 있는데 여기저기 찾다니, 나도 참 노답이야.

단어 **醉** 취하다 | **大热天** 심하게 더운 날 | **居然** 뜻밖에 | **爱宝乐园** 에버랜드(한국의 놀이동산) | **明明** 분명히 | **到处** 곳곳

'也是醉了 yě shì zuì le'는 원래 '취했다'는 뜻인데 요즘 인터넷에서는 누군가의 말이나 행동이 어이없다고 여길 때 쓰는 표현이 되었어요. 그러나 이 표현에는 상대방을 비꼬는 뉘앙스가 있어 친구 사이에서만 가볍게 쓰는 것이 좋아요. 물론 자신의 행동이나 말이 기가 막힐 때 스스로에게 '我也是醉了(나도 참 노답임)'라고 말할 수도 있지요.

리얼 회화

A 宋慧乔和宋仲基结婚了。
Sòng Huìqiáo hé Sòng Zhòngjī jiéhūn le.

B 郁闷！我本来超喜欢宋仲基。
Yùmèn! Wǒ běnlái chāo xǐhuan Sòng Zhòngjī.

A 你郁闷啥呀？也是醉了。
Nǐ yùmèn shá ya? Yě shì zuì le.

A 송혜교와 송중기가 결혼했어.
B 우울하다! 나 원래부터 송중기 엄청 좋아했는데.
A 네가 뭐가 우울해? 참 노답이다.

단어 宋慧乔 송혜교(인명, 한국의 연예인) | 宋仲基 송중기(인명, 한국의 연예인) | 郁闷 우울하다 | 本来 원래 | 超 매우, 엄청('超级'의 줄임말) | 啥 무엇

黄牛票

huángniúpiào

암표

3-08

리얼 예문

- 那些黄牛们是怎么得到票的呢?
  Nàxiē huángniúmen shì zěnme dédào piào de ne?
  저 암표꾼들은 어디서 표를 얻은 거지?

- 黄牛票也有假的，最好别买。
  Huángniúpiào yě yǒu jiǎ de, zuìhǎo bié mǎi.
  암표에도 가짜가 있으니 되도록 사지 마.

단어 **黄牛** 황소/암표상 | **得到** 얻다 | **假** 가짜

중국어로 '黄牛票 huángniúpiào (황소 표)'는 '암표'라는 뜻이에요. 중국도 한국처럼 유명인의 콘서트, 공연 등의 입장권은 판매가 시작되자마자 매진되고, 이후 중고거래사이트에서 고액으로 판매하는 암표를 쉽게 찾아볼 수 있지요. 또 한국과는 다르게 중국에서는 기차표도 암표가 성행하는데, 이에 중국 정부는 기차 암표 거래를 막고자 1인 1표 실명제까지 도입했다고 하네요. 잠깐! 암표상은 '黄牛 huángniú'라고 해요~!

BTS의 중국어 이름은 '防弹少年团 Fángdàn Shàoniántuán'이에요!

리얼 회화

A BTS演唱会门票已经被炒到天价了！
BTS yǎnchànghuì ménpiào yǐjīng bèi chǎodào tiānjià le!

B 所以现在只能考虑买黄牛票了。
Suǒyǐ xiànzài zhǐnéng kǎolǜ mǎi huángniúpiào le.

A 我们是铁粉，就算是黄牛票也不能错过。
Wǒmen shì tiěfěn, jiùsuàn shì huángniúpiào yě bùnéng cuòguò.

A BTS 콘서트의 입장권이 벌써 몇 배로 뛰었는지 몰라!
B 그래서 지금은 암표를 살까 고민할 수밖에 없어.
A 우리는 진정한 팬이니, 암표라도 절대 놓치지 말자고.

'铁粉 tiěfěn'은 철처럼 마음이 흔들리지 않는 광팬을 말해요!

단어 **BTS** 방탄소년단(防弹少年团, 한국의 아이돌 그룹 이름) | **演唱会** 콘서트 | **门票** 입장권 | **炒** 대대적으로 띄우다(= 炒作) | **天价** 어처구니 없이 비싼 가격 | **考虑** 고려하다, 고민하다 | **铁粉** (확실하고 굳건한) 광팬 | **就算…也** 설령 ~라 하더라도 | **错过** 놓치다

09 带货王

dàihuòwáng

제품을 유행시키는 달인

3-09

'완판녀', '완판남'을 의미함

리얼 예문

- 很多网红都是带货王。
  Hěn duō wǎnghóng dōushì dàihuòwáng.
  많은 인기 BJ들은 모두 제품을 유행하게 만드는 달인이지.

- 很多国际大牌都想找GD这个带货王代言。
  Hěn duō guójì dàpái dōu xiǎng zhǎo GD zhège dàihuòwáng dàiyán.
  수많은 세계적인 명품 브랜드들이 완판남 GD를 CF모델로 섭외하고 싶어 해.

단어 **带** 리드하다, 인도하다 | **货** 물품 | **王** ~달인, ~왕 | **网红** 인기 BJ | **国际** 국제 | **大牌** 명품 브랜드 | **代言** CF모델로 섭외하다

'带货王 dàihuòwáng'은 어떤 제품이든 대중의 눈길을 끌어 핫한 아이템으로 만들 수 있는 판매의 달인을 가리켜요. 특히 연예인을 비롯한 유명인사들이 사용하는 제품은 대중에게 한번 알려지면 곧바로 핫한 아이템이 되는데, 이때도 '带货王'을 사용할 수 있어요. 한국어의 '완판녀', '완판남'이 바로 이 '带货王'과 비슷하다고 보면 될 거 같네요!

리얼 회화

A 自从范冰冰开始做美妆博主后，好多化妆品都被抢空了。
Zìcóng Fàn Bīngbīng kāishǐ zuò měizhuāng bózhǔ hòu, hǎoduō huàzhuāngpǐn dōu bèi qiǎngkōng le.

B 她不愧是带货王，我也跟着买了好几个呢。
Tā búkuì shì dàihuòwáng, wǒ yě gēnzhe mǎi le hǎo jǐ ge ne.

A 谁让她那么美呢？说什么都对呗。
Shéi ràng tā nàme měi ne? Shuō shénme dōu duì bei.

A 판빙빙이 메이크업 블로그를 시작하고 나서 수많은 화장품들이 완판됐어.

B 역시 그녀는 완판녀야. 나도 (그녀를) 따라서 여러 개 샀잖아.

A 그녀가 예쁘잖아? 예쁘면 다지.

단어 范冰冰 판빙빙(인명, 중국의 연예인) | 美妆 메이크업 | 博主 블로그 주인, 블로그 소유자 | 好多 수많다 | 化妆品 화장품 | 抢空 모두 빼앗기다, 완판하다 | 不愧 역시 | 跟 ~를 따르다 | 对 옳다, 맞다

리얼 예문

- 吃瓜群众不理解防弹少年团为啥这么火。
  Chīguā qúnzhòng bù lǐjiě Fángdàn Shàoniántuán wèishá zhème huǒ.
  팬이 아닌 사람들은 방탄소년단이 왜 이렇게나 인기가 많은지 모르지.

- 两边球迷疯狂为自己国家队打call，像我们这样的吃瓜群众毫无压力。
  Liǎng biān qiúmí fēngkuáng wèi zìjǐ guójiāduì dǎ call, xiàng wǒmen zhèyàng de chīguā qúnzhòng háowú yālì.
  양측의 축구팬들이 자기의 국가팀을 열렬하게 응원하는데, 우리 같은 구경꾼은 아무런 부담이 없네.

'为…打call'은 '为…加油'와 같은 표현으로, '~를 응원하다'라는 뜻이에요~

단어 **吃瓜** 수박을 먹다 | **群众** 군중, 대중 | **理解** 이해하다 | **防弹少年团** 방탄소년단(한국 아이돌 그룹) | **为啥** 왜(= 为什么) | **火** 핫하다, 인기 많다 | **球迷** 축구팬 | **疯狂** 미치다, 열광하다 | **毫无** 조금의 ~도 없다 | **压力** 스트레스

'吃瓜群众 chīguā qúnzhòng'은 수박을 먹으면서(吃瓜 chīguā) 보기만 하는 구경꾼(눈팅족)을 일컫는 말인데요, 특히 인터넷상에서 어떤 토론 주제에 대해 아무런 의견도 내지 않고 가만히 지켜보기만 하는 사람을 가리키는 표현이에요. '수박을 먹으면서' 구경만 한다는 말이 참 재미있게 느껴지는네요, 덕분에 쉽게 입게 착! 붙는 말이 될 수 있겠네요!

리얼 회화

A 鹿晗和"国民女儿"关晓彤交往的新闻，刷爆朋友圈了。
Lùhán hé "guómín nǚ'ér" Guān Xiǎotóng jiāowǎng de xīnwén, shuābào péngyouquān le.

B 看到了，而且听说两边的粉丝炸开锅了。
Kàndào le, érqiě tīngshuō liǎng biān de fěnsī zhàkāiguō le.

A 还是我们这样的吃瓜群众看热闹轻松。
Háishi wǒmen zhèyàng de chīguā qúnzhòng kàn rènao qīngsōng.

A 루한하고 '국민 딸' 관샤오통이 사귄다는 뉴스가 SNS에서 도배됐어.
B 봤어. 그리고 양쪽 팬들이 난리 났다며.
A 역시 우리 같은 이런 구경꾼들은 그저 구경만 하는 게 제일 마음 편하네.

단어 **鹿晗** 루한(인명, 중국의 연예인) | **国民** 국민 | **关晓彤** 관샤오통(인명, 중국의 연예인) | **交往** 사귀다 | **新闻** 뉴스 | **刷爆** (SNS에서) 폭풍처럼 도배하다 | **朋友圈** 중국의 대표 SNS인 '微信(위챗)'의 타임라인 | **粉丝** 팬 | **炸开锅** 난리 나다 | **看热闹** (싸움·상황 등을) 구경하다 | **轻松** 편하다

可以靠外貌，非得靠才华

kěyǐ kào wàimào, fēiděi kào cáihuá

외모로도 충분한데 굳이 재능으로 성공하다,
외모면 외모, 재능이면 재능, 빠지는 게 없다

리얼 예문

- 她是圈内有名的美女作家，明明可以靠外貌，人家非得靠才华。

  Tā shì quānnèi yǒumíng de měinǚ zuòjiā, míngmíng kěyǐ kào wàimào, rénjiā fēiděi kào cáihuá.

  그녀는 업계에서도 유명한 미녀 작가야. 외모도 충분히 예쁜데 재능까지 뛰어나잖아.

- 人家是明明可以靠外貌，非得靠才华，我靠啥呢？

  Rénjia shì míngmíng kěyǐ kào wàimào, fēiděi kào cáihuá, wǒ kào shá ne?

  다른 사람들은 외모로도 충분하나 굳이 재능으로 성공한다고 하는데, 나는 무엇으로?

단어 靠 ~에 의지하다, ~에 기대다 | 外貌 외모 | 非得 반드시 ~해야 하다 | 才华 재능 | 圈内 업계 내 | 有名 유명하다 | 作家 작가 | 人家 다른 사람 | 啥 무엇(= 什么)

신이 불공평할 때가 있다고 느낄 때, 누구나 다 있죠? 중국 네티즌들은 외모에 재능까지 다 갖춘 사람에게 '明明可以靠外貌，非得靠才华 míngmíng kěyǐ kào wàimào, fēiděi kào cáihuá'라고 표현하면서 부러움을 나타내고 있는데요, 여기서 '靠 kào'는 '의지하다, 기대다'란 뜻이에요. 직역하면 '분명 외모에만 의지해도 되는데 굳이 재능에도 의지하려 한다', 즉 '외모면 외모, 재능이면 재능, 어느 하나 빠지는 게 없다'는 뜻이랍니다.

리얼 회화

'좋다, 뛰어나다'는 의미의 단어로, SNS의 '좋아요'도 '赞'으로 표현한다는 것 알아두세요.
하나 더! '点赞'은 '좋아요를 누른다'는 뜻이에요.

A 他的演技越来越赞了！
Tā de yǎnjì yuèláiyuè zàn le!

B 加上模特出身，颜值也超高。
Jiāshang mótè chūshēn, yánzhí yě chāogāo.

A 人家明明可以靠外貌，还非得靠才华。
Rénjia míngmíng kěyǐ kào wàimào, hái fēiděi kào cáihuá.

A 그의 연기가 점점 눈에 띄네!
B 게다가 모델 출신이어서 외모도 뛰어나고 말야.
A 분명히 외모로도 충분히 성공할 수 있었을 텐데 굳이 재능으로 성공하겠다네.

단어 **演技** 연기 | **赞** 좋다, 뛰어나다 | **加上** 게다가 | **模特** 모델 | **出身** 출신 | **颜值** 외모 | **超** 매우

12 低调

dīdiào

관심을 받으려고 하지 않고
항상 겸손하게 행동하다

3-12

리얼 예문

- 越是大咖，越低调。
  Yuè shì dàkā, yuè dīdiào.
  톱스타일수록 더 겸손하더라.

영어 단어 'cast'와 발음이 비슷한 한자 '咖 kā'를 써서 '大咖 dàkā'는 '톱스타'를 의미해요!

- 今天要穿得低调点儿，别抢了主人公的风头。
  Jīntiān yào chuān de dīdiào diǎnr, bié qiǎng le zhǔréngōng de fēngtou.
  오늘 좀 소박하게 입어. 주인공 가리지 말고.

단어 **低调** 겸손하게 행동하다 | **大咖** 톱스타 | **抢风头** 잘난 체하다, 눈에 띄다 | **主人公** 주인공

남의 관심을 받으려고 하지 않고, 늘 자세를 낮춰 겸손하게 묵묵히 행동하는 사람이나 그런 행동을 '低调 dīdiào'라는 단어로 표현해요. '低调'의 반대말은 '高调 gāodiào'로 늘 대중의 주목과 관심을 받으려고 하는 사람이나 그런 행동에 쓰여요. 낮은말이지만 요즘 한국에서 자주 쓰이는 '관종'이라는 말이라고도 할 수 있겠네요!

리얼 회화

A 看你的头像一直是姜东元的照片，这么喜欢他？
Kàn nǐ de tóuxiàng yìzhí shì Jiāng Dōngyuán de zhàopiàn, zhème xǐhuan tā?

B 他长得帅，演技也很赞，而且我还喜欢他的低调。
Tā zhǎng de shuài, yǎnjì yě hěn zàn, érqiě wǒ hái xǐhuan tā de dīdiào.

A 那确实…低调到都找不到他的什么新闻。
Nà quèshí… dīdiàodào dōu zhǎobudào tā de shénme xīnwén.

A 네 프사를 보니 계속 강동원 사진이더라. 그가 그렇게 좋아?
B 그는 잘생겼지, 연기도 잘하지. 그리고 항상 겸손한 모습이 좋아.
A 그렇긴 하지… 너무 관심 받지 않으려고 해서 그런지 관련 기사도 별로 없더라.

단어 头像 프로필 사진 | 一直 계속, 항상 | 姜东元 강동원(인명, 한국의 연예인) | 帅 멋지다 | 演技 연기 | 赞 뛰어나다 | 确实 확실하다 | 新闻 기사, 뉴스

13

耍大牌

shuǎ dàpái

프리마돈나처럼 행동하네, 잘난 척하네

3-13

리얼 예문

- 一旦耍大牌，就会引起大众的反感。
  Yídàn shuǎ dàpái, jiù huì yǐnqǐ dàzhòng de fǎngǎn.
  프리마돈나처럼 잘난 척하면 대중의 반감을 일으킬 수 있지.

한국어의 '일단'과 같은 뜻으로 보면 안 돼요. '만약'이라는 뜻이에요!

- 他因为耍大牌，最近被封杀了。
  Tā yīnwèi shuǎ dàpái, zuìjìn bèi fēngshā le.
  그 사람 프리마돈나처럼 행동했다가 최근에 활동 금지를 당했어.

단어 耍 놀리다, 농락하다 | 大牌 톱스타 | 一旦…就 만약 ~하면 | 引起 불러일으키다 | 大众 대중 | 反感 반감 | 封杀 금지하다

'耍大牌 shuǎ dàpái'란 표현은 주로 연예인에게 많이 사용되는데요, '大牌 dàpái'는 '톱스타'란 뜻으로, '耍大牌'는 '톱스타 노릇하다', 즉 행동이 무례하고 잘난 척 한다는 의미예요. 물론 연예인 뿐만 아니라 누군가가 잘난 척하고 남을 무시하는 행동을 했다면 그에게 '耍大牌'라고 말할 수 있어요.

리얼 회화

A 听说他昨天在电影节颁奖礼上耍大牌了。

Tīngshuō tā zuótiān zài diànyǐngjié bānjiǎnglǐ shang shuǎ dàpái le.

B 怪不得他的名字今天一直在热搜榜上呢。

Guàibude tā de míngzi jīntiān yìzhí zài rèsōubǎng shang ne.

A 要是没有这样的负面新闻，他其实人气还挺高的，可惜了…

Yàoshi méiyǒu zhèyàng de fùmiàn xīnwén, tā qíshí rénqì hái tǐng gāo de, kěxī le…

A 그가 어제 영화제 시상식에서 잘난 척을 했다더라.

B 어쩐지 그의 이름이 하루종일 실시간 검색어 순위에 올라가 있더라니.

A 이런 부정적인 뉴스가 없었더라면, 사실 그는 인기가 꽤 많았을 텐데 안타깝네…

단어 **电影节** 영화제 | **颁奖礼** 시상식 | **怪不得** 어쩐지 | **热搜** 실시간 검색어 | **榜** 명단, 랭킹, 순위표 | **要是** 만약 | **负面** 부정적인 | **新闻** 뉴스 | **人气** 인기 | **挺…的** 꽤 | **可惜** 안타깝다, 아쉽다

霸屏

bàpíng

스크린을 독차지하다,
(SNS에) 같은 내용으로 도배하다

리얼 예문

- 电视都被亲子节目霸屏了。
  Diànshì dōu bèi qīnzǐ jiémù bàpíng le.
  육아 프로그램이 TV를 전부 차지해버렸어.

- 微博都被黑她的帖子霸屏了。
  Wēibó dōu bèi hēi tā de tiězi bàpíng le.
  웨이보에 그녀를 디스한 글로 모두 도배되었어.

'黑 hēi'는 '디스하다, 비판하다'는 뜻으로 안티팬은 '黑粉 hēifěn'이라고 해요!

중국판 트위터를 가리켜요. 요즘 중국인들은 모두 이 웨이보를 한다고 볼 수 있어요!

단어 霸屏 스크린 화면을 독점하다/도배하다 | 亲子节目 육아 프로그램 | 黑 ~를 비판하다, 디스하다 | 帖子 게시글

'霸 bà'는 '강제로 차지하다', '屏 píng'은 '스크린, 화면'이란 뜻으로 '霸屏 bàpíng'은 '스크린이나 화면을 독차지한다'는 의미예요. 즉 스크린이나 TV에서 한동안 같은 배우나 비슷한 주제의 프로그램, 드라마 등이 나올 때 '霸屏'이라는 표현을 사용하지요.
그리고 요즘에는 '(SNS에서) 같은 내용으로 도배를 한다'는 것도 '霸屏'라고 표현할 수 있어요.

리얼 회화

A 最近电影院都被她霸屏了。
Zuìjìn diànyǐngyuàn dōu bèi tā bàpíng le.

B 为啥啊?
Wèishá a?

A 新上映的四部电影，居然都是她主演的。
Xīn shàngyìng de sì bù diànyǐng, jūrán dōushì tā zhǔyǎn de.

A 요즘 영화 스크린을 그녀가 전부 차지했어.
B 왜?
A 새로 상영하는 영화 네 편이 다 뜻밖에도 그녀가 주연한 것이더라고.

단어 电影院 영화관 | 为啥 왜 | 上映 상영하다 | 电影 영화 | 居然 뜻밖에 | 主演 주연/주연하다

戴"有色眼镜"

dài "yǒusè yǎnjìng"

색안경을 끼다

- 对残疾人不要戴"有色眼镜"。

  Duì cánjírén búyào dài "yǒusè yǎnjìng".

  장애인을 색안경 끼고 보면 안 돼.

- 我们不能对所有富二代，富三代都戴"有色眼镜"，他们中也有很多"努力派"。

  Wǒmen bùnéng duì suǒyǒu fù'èrdài, fùsāndài dōu dài "yǒusè yǎnjìng", tāmen zhōng yě yǒu hěn duō "nǔlìpài".

  우리는 모든 재벌2세, 3세들을 색안경 끼고 보면 안 돼. 그들 중에도 '노력파'가 많으니까.

단어 戴 ~를 지니다, 착용하다 | 眼镜 안경 | 残疾人 장애인 | 富二代 재벌2세 | 富三代 재벌3세 | 努力派 노력파

'有色眼镜 yǒusè yǎnjìng'은 '색이 있다'는 뜻의 '有色 yǒusè'와 '안경(眼镜 yǎnjìng)'을 합성한 '색안경'이란 단어예요. '(안경을) 끼다'라고 할 때에는 '戴 dài'라는 동사를 쓰는데, 색안경도 마찬가지로 표현해요. 한국어로도 '색안경을 끼다'라는 말은 개인의 주관이나 선입견에 얽매여 부정적으로 보는 태도를 비유적으로 이르는 말이지요? 중국어에서도 이와 같은 의미로 쓰여요.

리얼 회화

A 听说他准备出道当演员了。

Tīngshuō tā zhǔnbèi chūdào dāng yǎnyuán le.

B 他姐姐那么有名，想出道很容易啊。

Tā jiějie nàme yǒumíng, xiǎng chūdào hěn róngyì a.

A 也许他是靠自己的实力呢！你别总戴"有色眼镜"看别人。

Yěxǔ tā shì kào zìjǐ de shílì ne! Nǐ bié zǒng dài "yǒusè yǎnjìng" kàn biérén.

A 그가 배우로 데뷔하려고 한대.

B 그의 누나가 그렇게나 유명한데 데뷔하려면 쉽겠지.

A 그는 자기의 실력으로 하는 것일 수도 있잖아! 너 자꾸 색안경 끼고 사람을 보지 마.

단어 出道 데뷔하다 | 有名 유명하다 | 容易 쉽다 | 也许 아마도 | 靠 ~에 의지하다 | 实力 실력

16 选秀节目

xuǎnxiù jiémù

오디션 프로그램

3-16

리얼 예문

- 最近的人气歌手都是“选秀”出身。

  Zuìjìn de rénqì gēshǒu dōushì “xuǎnxiù” chūshēn.

  요즘 대세 가수는 모두 오디션 출신이야.

- 很多观众怀疑选秀节目造假。

  Hěn duō guānzhòng huáiyí xuǎnxiù jiémù zàojiǎ.

  많은 시청자가 오디션 프로그램이 조작됐다고 의심하고 있지.

단어 **选秀** 오디션 | **节目** (TV) 프로그램 | **人气** 인기, 대세 | **歌手** 가수 | **出身** ~출신이다 | **观众** 시청자, 관람객 | **怀疑** 의심하다 | **造假** 조작하다

요즘 신조어에서 '秀 xiù'라는 한자가 굉장히 자주 등장하는데요, 바로 영어 단어 'show'를 가리키는 단어예요. 예를 들어 'show를 보러 간다'고 하면 중국어로는 '去看秀 qùkàn xiù'라고 할 수 있어요. 또한 무언가를 자랑할 때도 '秀'라고 표현해요. 요즘 대세인 '오디션 프로그램'을 '选秀 xuǎnxiù'라고 하는데 '무대에서 show할 사람을 선발한다'는 의미에서 나온 표현이랍니다.

리얼 회화

A 你不要总换台，看得我头都晕了。
Nǐ búyào zǒng huàntái, kàn de wǒ tóu dōu yūn le.

B 都是各种选秀节目，千篇一律，没劲儿。
Dōushì gèzhǒng xuǎnxiù jiémù, qiānpiān yílǜ, méijìnr.

A 那你就别霸占着遥控器了，给我！
Nà nǐ jiù bié bàzhànzhe yáokòngqì le, gěi wǒ!

A 너 자꾸 채널 돌리지 마, 내 머리가 다 어지럽네.
B 다 오디션 프로그램밖에 없어. 천편일률적이라 진짜 너무 재미없잖아.
A 그렇다고 리모컨 독차지하고 있지 말고 나한테 줘!

단어 换台 채널을 돌리다 | 头晕 머리가 어지럽다 | 各种 각종 | 千篇一律 천편일률적이다 | 劲儿 재미, 흥미 | 霸占 (강제적으로) 점령하다, 차지하다 | 遥控器 리모컨

"十八线"明星

"shíbā xiàn" míngxīng

무명 연예인

리얼 예문

- 这部剧里都是"十八线"演员，没看点。

  Zhè bù jù li dōushì "shíbā xiàn" yǎnyuán, méi kàndiǎn.

  이 드라마는 다 무명 배우들이라 볼 게 없어.

- "十八线"明星一般只能跑龙套。

  "Shíbā xiàn" míngxīng yìbān zhǐnéng pǎolóngtào.

  무명 연예인은 보통 조연으로만 출연할 수 있더라.

단어 **线** 선 | **明星** 연예인, 스타 | **剧** 드라마 | **演员** 배우 | **看点** 볼만한 포인트 | **跑龙套** 조연으로 출연하다

한국어의 '일류 스타', '이류 스타'라는 표현처럼 중국어에도 '一线明星 yīxiàn míngxīng', '二线明星 èr xiàn míngxīng'이라는 표현이 있어요. '…线明星'이란 표현에서 앞의 숫자가 커질수록 인지도가 낮아진다는 의미가 돼요. 그래서 가장 인기 많은 스타를 '一线明星'이라고 부르고, 무명이라고 불릴 정도로 인지도가 낮은 연예인에게는 '十八(18)线明星 shíbā xiàn míngxīng'이라고 하곤 해요.

리얼 회화

A 他最近动不动就上韩国热搜榜，在中国他也很有名吧？
Tā zuìjìn dòngbudòng jiù shàng Hánguó rèsōubǎng, zài Zhōngguó tā yě hěn yǒumíng ba?

B 哪儿啊，他完全是"十八线"明星，我连名字都没听过。
Nǎr a, tā wánquán shì "shíbā xiàn" míngxīng, wǒ lián míngzi dōu méi tīngguo.

A 真的呀？他最近在韩国可是人气王，看来是咸鱼翻身了嘛。
Zhēnde ya? Tā zuìjìn zài Hánguó kěshì rénqìwáng, kànlái shì xiányú fānshēn le ma.

A 그는 요즘 걸핏하면 한국의 실시간 검색어 순위에 올라가던데, 중국에서도 유명하지?
B 무슨~ 그 사람 완전 무명이야. 난 이름조차도 못 들어봤거든.
A 진짜야? 그 사람 요즘 한국에서는 완전 대세남이야. 보아하니 인생 역전한 것 같네.

단어 **热搜榜** 실시간 검색어 순위 | **人气王** 인기왕, 스타, 인싸 | **咸鱼翻身** 절망에서 다시 기회를 가지게 되다

花瓶

huāpíng

외모는 아름답지만 실력이 부족하다 혹은 그런 사람

리얼 예문

- 现在好多偶像明星都只是花瓶，没实力。

  Xiànzài hǎoduō ǒuxiàng míngxīng dōu zhǐshì huāpíng, méi shílì.

  지금 많은 아이돌들이 그냥 외모만 출중하지 실력은 없어.

- 以前大家都觉得她只是花瓶，这部戏证明了她的实力。

  Yǐqián dàjiā dōu juéde tā zhǐshì huāpíng, zhè bù xì zhèngmíng le tā de shílì.

  예전에 모두들 그녀가 실력이 없다고 생각했는데, 이 작품에서 그녀의 실력을 증명했지.

단어 **花瓶** 꽃병/외모는 아름다우나 실력은 부족한 사람 | **偶像** 아이돌(= 偶像明星) | **实力** 실력 | **戏** 드라마, 영화 | **证明** 증명하다

'花瓶 huāpíng'은 '꽃병'을 가리키는 중국어인데, 꽃병은 외관은 아름답지만 안은 비어 있지요? 그래서 외모는 출중한데 실력이 부족한 사람 또는 그런 상태를 '花瓶'에 비유해 표현해요.

리얼 회화

A 那部电影怎么样啊?
Nà bù diànyǐng zěnmeyàng a?

B 算了吧，花瓶演技看得可尴尬了。
Suànle ba, huāpíng yǎnjì kàn de kě gāngà le.

A 果然还是靠炒作博眼球了。
Guǒrán háishi kào chǎozuò bóyǎnqiú le.

'꽃병 연기'가 무슨 말일까요? 바로 '발연기'를 뜻하는 표현이에요!

'博取 bóqǔ (얻다)' + '眼球 yǎnqiú (눈길)'가 합쳐진 말로 '사람들의 눈길을 끌다, 주목을 받다'는 뜻! 요새 흔히 말하는 '관종'들이 하는 행동을 가리키는 표현이기도 해요.

A 그 영화 어땠어?
B 말하기도 싫다. 발연기로 보는 내내 어색했어.
A 역시 과한 홍보로 사람들의 눈길을 끌었던 거였네.

단어 算了 됐다 | 演技 연기 | 尴尬 어색하다 | 果然 역시 | 炒作 지나치게 홍보하다 | 博眼球 눈길을 끌다, 주목을 받다

19 拿绯闻炒作

ná fēiwén chǎozuò

스캔들(루머)로 눈길을 끌다, 스캔들로 홍보하려 하다

3-19

리얼 예문

- 拿绯闻炒作，是很多电影制片方常用的手段。
  Ná fēiwén chǎozuò, shì hěn duō diànyǐng zhìpiànfāng cháng yòng de shǒuduàn.
  스캔들을 가지고 홍보하는 것은 많은 영화 제작사가 자주 쓰는 수단이다.

- 他其实没什么实力，就知道拿绯闻炒作。
  Tā qíshí méi shénme shílì, jiù zhīdào ná fēiwén chǎozuò.
  그는 사실 별 실력도 없는데 스캔들로 관심 끄는 것만 아나 봐.

단어 拿…炒作 ~를 가지고 과하게 홍보하다 | 绯闻 스캔들, 루머 | 制片方 제작사 | 手段 수단 | 其实 사실 | 实力 실력

인기 있는 연예인들의 열애설만큼 대중의 뜨거운 관심을 끌 수 있는 뉴스거리는 아마 없을 거예요. 이러한 대중의 심리를 이용해 일부러 가짜 열애설을 퍼뜨리는 경우도 적지 않다고 해요. 이는 중국에서도 마찬가지인데 언제나 빅 이슈를 만드는 '스캔들'은 중국어로 '绯闻 fēiwén'이라고 한답니다.

리얼 회화

A 今天热搜第一名一直是他们俩，是不是真交往？
Jīntiān rèsōu dì yī míng yìzhí shì tāmen liǎ, shìbushì zhēn jiāowǎng?

B 我估计是为了他们主演的新电影，故意拿绯闻炒作的吧？
Wǒ gūjì shì wèile tāmen zhǔyǎn de xīn diànyǐng, gùyì ná fēiwén chǎozuò de ba?

A 说的也是，没有比绯闻更有噱头了的。
Shuō de yěshì, méiyǒu bǐ fēiwén gèng yǒu xuétóu de le.

A 오늘 실시간 검색어 1위가 계속 그들 둘이던데 진짜 사귀는 걸까?
B 내 생각엔 그들이 주연한 새 영화를 위해서 일부러 루머를 퍼뜨려 눈길을 끄는 것일지도?
A 하긴. 스캔들보다 더 좋은 홍보 수단은 없잖아.

단어 **热搜** 실시간 검색어 | **第一名** 1위 | **交往** 사귀다 | **估计** 예측하다 | **是为了…** ~하기 위해서이다 | **主演** 주연/주연(으로 출연)하다 | **故意** 일부러 | **噱头** 홍보 효과

圈粉

quānfěn

입덕/입덕하다

리얼 예문

- 看了《请客吃饭的姐姐》后，很多小姑娘被丁海寅圈粉了。

  Kàn le 《Qǐngkè chīfàn de jiějie》 hòu, hěn duō xiǎo gūniang bèi Dīng Hǎiyín quānfěn le.

  《밥 잘 사주는 누나》를 보고 나서 수많은 젊은 여자들이 정해인에게 입덕했어.

- 在真人秀节目中，她的直率圈粉无数。

  Zài zhēnrénxiù jiémù zhōng, tā de zhíshuài quānfěn wúshù.

  리얼리티 쇼에서 그녀의 솔직함에 더 많은 팬이 생겼다.

요즘 유행하는 '리얼리티 프로그램'을 가리키는 말이에요.

단어 圈粉 입덕하다, 팬이 되다 | 请客 밥을 사주다, 대접하다 | 小姑娘 젊은 여자 | 真人秀节目 리얼리티 프로그램 | 直率 솔직함/솔직하다 | 无数 셀 수 없이 많다

'圈粉 quānfěn'은 '입덕하다'라는 의미예요. 한국어의 '입덕'이라는 말은 아시다시피 어떤 분야나 사람을 열성적으로 좋아하기 시작한다는 뜻이지요. 여기서 '粉'은 '粉丝 fěnsī', 즉 '팬'이고, '圈'은 '자기의 영역으로 만들다'는 뜻으로, '圈粉'은 '자기의 팬으로 만들다'라는 의미로 해석할 수 있어요. 보통 '被…圈粉了(~의 팬이 되었다)'라는 관용구를 많이 사용해요.

리얼 회화

A 昨天头条是她为慈善机构捐了巨款。
Zuótiān tóutiáo shì tā wèi císhàn jīgòu juān le jùkuǎn.

B 她因此圈粉无数呀。
Tā yīncǐ quānfěn wúshù ya.

A 但愿这样的行为不是作秀。
Dànyuàn zhèyàng de xíngwéi búshì zuòxiù.

A 어제 톱뉴스는 그녀가 자선기관에 거액을 기부했다는 거야.
B 그걸로 그녀의 팬이 된 사람이 엄청 많아.
A 제발 이런 행동이 쇼가 아니기를 바랄 뿐이야.

단어 头条 톱뉴스 | 慈善 자선사업 | 机构 기관 | 捐款 기부하다 | 巨款 거액의 돈 | 因此 ~때문에 | 但愿 오직 ~만 바라다 | 作秀 쇼를 하다

21 刷脸时代

shuāliǎn shídài

외모지상주의 시대

3-21

리얼 예문

- 刷脸时代，越来越多的人选择了整容。
  Shuāliǎn shídài, yuèláiyuè duō de rén xuǎnzé le zhěngróng.
  외모지상주의 시대에 갈수록 많은 사람들이 성형을 택했어.

- 刷脸时代，竟然还出现了“就业整容手术”。
  Shuāliǎn shídài, jìngrán hái chūxiàn le “jiùyè zhěngróng shǒushù”.
  외모지상주의 시대에 결국 ‘취업 성형 수술’까지 나왔네.

단어 **刷脸** 외모로 승부하다 | **时代** 시대 | **选择** 택하다 | **整容** 성형 | **竟然** 뜻밖에 | **出现** 나타나다 | **就业** 취업 | **手术** 수술/수술하다

'刷 shuā'는 '긁다'는 뜻이에요. '刷卡 shuākǎ'는 '카드를 긁다'로, 가장 흔히 사용되는 표현이지요. 이 말에서 파생된 '刷脸 shuāliǎn'은 '출중한 외모로 승부한다'는 뜻이에요. 고등학교 졸업과 동시에 성형외과를 찾고, 소개팅 주선과 동시에 프사가 공유되어 셀카 어플 없이는 사진도 못 찍으며, 취업을 하려고 해도 이력서의 사진으로 가장 먼저 평가 받는 시대라 취업성형까지 해야 하는 요즘, 외모지상주의가 더욱더 심각해지는 이런 현대 사회를 '刷脸时代 shuāliǎn shídài'라고 해도 과언이 아닐 것 같네요!

리얼 회화

A 最近热播的那部电视剧，我实在看不下去了。
Zuìjìn rèbō de nà bù diànshìjù, wǒ shízài kàn bu xiàqù le.

B 咋了？网上评分挺高的呀。
Zǎ le? Wǎngshàng píngfēn tǐng gāo de ya.

A 果然是刷脸时代，演员们除了颜值也就没什么了。
Guǒrán shì shuāliǎn shídài, yǎnyuánmen chúle yánzhí yě jiù méi shénme le.

A 요즘 하고 있는 그 드라마, 난 도무지 못 보겠더라.
B 왜? 인터넷 평점은 꽤 높은데.
A 역시 외모만 보는 시대라 배우들 얼굴 빼고는 아무것도 없더라고.

단어 **热播** 방영하고 있다 | **电视剧** 드라마 | **实在** 정말로 | **…不下去了** 더 이상 ~ 못 하겠다 | **咋** 왜 | **网** 인터넷 | **评分** 평점 | **演员** 배우 | **除了** ~를 제외하고 | **颜值** 출중한 외모 | **没什么** 별 것 없다

素颜

sùyán

쌩얼, 민낯

리얼 예문

- 她从来没让男朋友看过她素颜的样子。
  Tā cónglái méi ràng nánpéngyou kànguo tā sùyán de yàngzi.
  그녀는 지금껏 남친에게 쌩얼을 보여준 적이 없어.

- 明明化了妆，还硬说自己是素颜。
  Míngmíng huà le zhuāng, hái yìngshuō zìjǐ shì sùyán.
  분명 화장했으면서 꼭 자기는 쌩얼이라고 억지를 부리더라.

단어 **素颜** 쌩얼 | **从来没…过** 전혀 ~한 적이 없다 | **明明** 분명히 | **化妆** 화장하다 | **硬说** 억지로 말하다

한국에서의 화장은 남에 대한 예의이고 필수라고 생각하지만 중국에서의 화장은 선택이에요. 그래서 '쌩얼'의 중국어 표현인 '素颜 sùyán'을 한 여성을 중국에서 쉽게 찾을 수 있지요. '素 sù'는 '소박하다, 수수하다'는 뜻이고, '颜 yán'은 '외모, 얼굴'을 가리켜요. 그리고 모든 여자의 로망인 쌩얼이 예쁜 사람은 '素颜美女 sùyán měinǚ'라고 부릅니다.

리얼 회화

A 哟！今天咋素颜来了？
Yō! Jīntiān zǎ sùyán lái le?

B 每天带妆，我觉得偶尔也得给皮肤放个假。
Měitiān dài zhuāng, wǒ juéde ǒu'ěr yě děi gěi pífū fàng ge jià.

A 没错，不然皮肤很快就老化了。
Méicuò, bùrán pífū hěn kuài jiù lǎohuà le.

A 앗! 오늘 왜 쌩얼로 왔어?
B 맨날 화장을 하니까 가끔 피부에게도 좀 휴가를 줘야 할 거 같아서.
A 맞아. 안 그러면 피부가 금방 노화돼.

단어 哟 아이고, 어머 | 咋 왜(= 怎么) | 带妆 화장을 한 채로 있다 | 偶尔 가끔 | 皮肤 피부 | 放假 휴가를 보내다 | 没错 틀림없다, 맞다 | 不然 그렇지 않으면 | 老化 노화되다

23 裸妆

luǒzhuāng

투명 화장

- 我想学化裸妆，你有推荐的教学视频吗？

  Wǒ xiǎng xué huà luǒzhuāng, nǐ yǒu tuījiàn de jiàoxué shìpín ma?

  나 투명 화장하는 거 배우고 싶은데, 가르쳐주는 동영상 추천해줄 거 있어?

- 化裸妆其实比浓妆更难。

  Huà luǒzhuāng qíshí bǐ nóngzhuāng gèng nán.

  투명 화장이 사실 진한 화장보다 더 어려워.

단어 **裸妆** 투명 화장 | **浓妆** 진한 화장 | **推荐** 추천하다 | **教学** 교육/가르치다 | **视频** 동영상

요즘의 화장 트랜드는 한 듯 안 한 듯한 투명 화장이라고 하지요? 투명 화장은 중국어로 '裸妆 luǒzhuāng'이라고 하는데 '裸 luǒ'는 '나체', '전체를 드러내다'라는 뜻이에요. '裸妆'의 반대말은 '浓妆 nóngzhuāng'으로 '진한 화장'이라는 뜻입니다.

리얼 회화

A 你今天怎么素颜呀？太阳打西边出来了。
Nǐ jīntiān zěnme sùyán ya? Tàiyáng dǎ xībian chūlái le.

B 谁说是素颜？这是最新流行的裸妆。
Shéi shuō shì sùyán? Zhè shì zuìxīn liúxíng de luǒzhuāng.

A 你前几天不是还爱浓妆吗？这么快口味就变了。
Nǐ qiánjǐtiān búshì hái ài nóngzhuāng ma? Zhème kuài kǒuwèi jiù biàn le.

A 너 오늘 왜 쌩얼이야? 해가 서쪽에서 뜨겠네.
B 누가 쌩얼이래? 이게 요즘 가장 핫한 투명 화장이거든.
A 너 며칠 전까지만 해도 진한 화장 좋아하지 않았어? 이렇게 금세 취향이 바뀌네.

단어 **素颜** 쌩얼 | **太阳** 태양, 해 | **西边** 서쪽 | **流行** 유행하다 | **前几天** 며칠 전 | **口味** 입맛, 취향

24 孔雀女

kǒngquè nǚ

공주병 환자

리얼 예문

- 像她这样的“孔雀女”，以后的男朋友该受罪了。
  Xiàng tā zhèyàng de “kǒngquè nǚ”, yǐhòu de nánpéngyou gāi shòuzuì le.
  그녀처럼 이런 공주병 환자의 미래 남친은 고생 좀 하겠어.

- “孔雀女”们常常自以为是。
  “Kǒngquè nǚ”men chángcháng zìyǐwéishì.
  공주병 환자들은 늘 자기중심적이야.

단어 **孔雀** 공작 | **以后** 앞으로 | **男朋友** 남자친구 | **该…了** ~해야겠다 | **受罪** 고생하다/괴롭힘을 당하다 | **常常** 늘 | **自以为是** 자기중심적이다, 자기밖에 모르다

한국어에서의 '공주병'이라는 단어와 비슷한 맥락의 말이 중국어에도 있어요. 바로 '孔雀女 kǒngquè nǚ'라는 말인데요, 여기서 '孔雀 kǒngquè'는 '공작'을 가리키는 단어예요. '孔雀'는 화려하고 예쁘지만 차갑고 교만한 이미지로 보여, 유약하고 남에게 자주 의지하는 자기중심적인 여자를 지칭해요. 한국에서와 마찬가지로 이 '孔雀女'라는 단어는 부정적 느낌을 가진 말로 사용되니 주의해야 해요!

리얼 회화

A 我在朋友圈看到"孔雀女"这个词，是什么意思呀？

Wǒ zài péngyouquān kàndào "kǒngquè nǚ" zhège cí, shì shénme yìsi ya?

B 就是衣来伸手，饭来张口的娇娇女。

Jiùshì yī lái shēnshǒu, fàn lái zhāngkǒu de jiāojiāonǚ.

A 那肯定可难伺候了。

Nà kěndìng kě nán cìhòu le.

A 나 위챗 타임라인에서 '孔雀女'란 단어를 봤는데, 그게 무슨 뜻이야?

B 바로 옷이 오면 손을 내밀고, 밥이 오면 입을 벌리는 유약한 공주님을 말하는 거야.

A 그럼 엄청 모시기가 힘들겠네.

단어 伸手 손을 내밀다 | 张口 입을 벌리다 | 娇 유약하다 | 肯定 반드시, 꼭 | 伺候 모시다, 시중들다

25 丑萌

chǒuméng

못생겼지만 귀여워

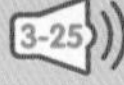

- 丑萌脸特别有魔性，越看越有魅力。
  Chǒuméngliǎn tèbié yǒu móxìng, yuè kàn yuè yǒu mèilì.
  못생겼지만 귀여운 얼굴이 중독성이 심하네. 볼수록 매력적이야.

- 丑萌，到底是夸人还是骂人呢？
  Chǒuméng, dàodǐ shì kuā rén háishi mà rén ne?
  못생겼지만 귀엽다는 말은 대체 칭찬일까, 욕일까?

단어 丑 못생겼다 | 萌 귀엽다(= 可爱) | 脸 얼굴 | 魔性 중독성 | 魅力 매력 | 夸人 사람을 칭찬하다 | 骂人 사람을 욕하다

원래 '귀엽다'는 것을 중국어로 '可爱 kě'ài'라고 하는데 요즘은 '萌 méng'이란 표현이 유행이에요. 그래서 '丑萌 chǒuméng'이라는 신조어가 생겼는데 바로 '못생겼지만 귀엽다'는 뜻이에요. 이 표현은 동물이나 아주 친한 친구에게만 쓸 수 있으니, 주의해서 써야 해요!

리얼 회화

A 你干嘛用这么丑的狗照片做头像啊?
Nǐ gànma yòng zhème chǒu de gǒu zhàopiàn zuò tóuxiàng a?

B 不准这么说我的爱狗，你不知道最近流行丑萌吗?
Bùzhǔn zhème shuō wǒ de àigǒu, nǐ bù zhīdào zuìjìn liúxíng chǒuméng ma?

A 我看你是情人眼里出西施吧。
Wǒ kàn nǐ shì qíngrén yǎn li chū Xīshī ba.

'사랑하는 사람의 눈에는 서시(중국 사대미인 중의 한 명)로 보인다'는 뜻으로 '콩깍지가 씌였다', '제 눈에 안경'이라는 말이에요!

A 너 왜 그렇게 못생긴 강아지 사진을 프사로 올렸어?

B 나의 애견에게 그렇게 말하는 거 용납 못해. 요즘 못생겼지만 귀여운 게 유행인 거 몰라?

A 내가 볼 때 네 눈에 콩깍지가 씌인 거야.

단어 **干嘛** 왜, 뭣하러 | **狗** 강아지 | **照片** 사진 | **头像** 프사, 프로필 사진 | **准** 허락하다 | **爱狗** 애견 | **流行** 유행하다 | **情人** 사랑하는 사람

26 长膘

zhǎngbiāo

살이 많이 찌다

3-26

리얼 예문

- 最近在长膘的路上根本停不下来。
  Zuìjìn zài zhǎngbiāo de lùshang gēnběn tíng bu xiàlái.
  요즘 계속 살이 찌고 있어.

'在…路上停不下来'란 문구는 '무언가에 열중하는 중'이란 뜻이에요.

- 再长膘，裤子就要被撑破了。
  Zài zhǎngbiāo, kùzi jiùyào bèi chēngpò le.
  더 살이 찌면 바지가 곧 터지고 말 거야.

단어 长 생기다, 자라다 | 膘 비계 | 最近 요즘 | 在…路上 ~길에서, ~하는 중 | 停 멈추다 | …下来 ~해두다 | 裤子 바지 | 撑破 가득 차서 터지다

'膘 biāo'는 '동물의 비계'란 뜻으로, '长膘 zhǎngbiāo'는 '비계가 생겼다'는 말인데 사람에게는 '살이 많이 쪘다'는 의미로 써요. 보통 다른 사람이 아닌 자기 자신에게 '长膘'라고 하면서 살이 심하게 쪘다는 것을 스스로 비꼴 때 쓸 수 있어요. 즉 '最近我长膘得很，该减肥了！(최근에 살이 너무 쪘네, 다이어트 해야겠다!)'라고 다이어트를 다짐할 때 스스로에게 쓸 수 있는 말이에요!

리얼 회화

A 减肥计划又要泡汤了。
Jiǎnféi jìhuà yòu yào pàotāng le.

'泡汤 pàotāng'은 '국물에 말아 먹는다'는 뜻으로 '망하다, 말아먹다'는 표현으로 써요!

B 为啥呀？你这开始才几天呀?!
Wèishá ya? Nǐ zhè kāishǐ cái jǐ tiān ya?!

A 你看这过年不就要长膘么？
Nǐ kàn zhè guònián bú jiùyào zhǎngbiāo me?

A 다이어트 계획 또 망할 거야.
B 왜? 시작한 지 며칠이나 됐다고?!
A 봐봐, 설날인데 살이 안 찌겠어?

단어 **减肥** 다이어트 | **计划** 계획 | **泡汤** 망하다, 말아먹다 | **为啥** 왜 | **开始** 시작하다 | **过年** 설을 쇠다

27 三天打鱼，两天晒网

sān tiān dǎyú, liǎng tiān shàiwǎng

작심삼일

3-27

- 三天打鱼，两天晒网，还不如不做！
  Sān tiān dǎyú, liǎng tiān shàiwǎng, hái bùrú búzuò!
  작심삼일일 거면 차라리 안 하는 게 낫지!

- 报了瑜伽班，结果三天打鱼，两天晒网，浪费了钱。
  Bào le yújiā bān, jiéguǒ sān tiān dǎyú, liǎng tiān shàiwǎng, làngfèi le qián.
  요가 수업을 신청했는데, 결국 작심삼일로 돈 낭비 했어.

단어 **晒** (햇빛을) 쬐다, 말리다 | **网** 그물 | **不如** 차라리 ~만 못하다 | **报** 접수하다, 등록하다 | **瑜伽班** 요가 수업 | **结果** 결국, 결과 | **浪费** 낭비하다

중국어로 '작심삼일'은 '三天打鱼，两天晒网 sān tiān dǎyú, liǎng tiān shàiwǎng'이라는 속담으로 표현해요. 뜻풀이를 하자면 '삼일 동안 물고기를 잡고, 이틀 동안 그물을 말린다'는 뜻이지요. 무언가를 하다가 중간에 포기하는 경우에 '三天打鱼，两天晒网' 외에도 '三分钟热度 sān fēnzhōng rèdù (3분만의 열정)'라는 표현도 잘 써요. 특히 새해를 맞이하여 외국어 공부(外语学习 wàiyǔ xuéxí), 다이어트(减肥 jiǎnféi) 등 여러 계획을 세웠으나 결국 며칠 못 하게 됐을 때 써볼 수 있겠죠?

리얼 회화

A 新年我一定要减肥！

Xīnnián wǒ yídìng yào jiǎnféi!

B 你就别乱下决心了，每次都是三天打鱼，两天晒网。

Nǐ jiù bié luàn xià juéxīn le, měicì dōushì sān tiān dǎyú, liǎng tiān shàiwǎng.

A 你等着瞧吧，我这次一定说到做到。

Nǐ děngzhe qiáo ba, wǒ zhècì yídìng shuōdào zuòdào.

A 새해에는 나 반드시 다이어트 할 거야!

B 너 마구 결심만 하지 마. 매번 작심삼일이었잖아.

A 너 두고 봐. 이번에는 말한 대로 꼭 해낼 테니까.

단어 新年 새해 | 减肥 다이어트하다 | 乱 마구 | 下决心 결심하다 | 每次 매번 | 等着瞧 두고 보다 | 说到做到 말한 것은 반드시 실행하다, 약속은 반드시 지키다

减肥也要力气

jiǎnféi yě yào lìqi

다이어트도 힘이 있어야 하지

리얼 예문

- 减肥也要力气嘛！我请你去吃自助。

  Jiǎnféi yě yào lìqi ma! Wǒ qǐng nǐ qù chī zìzhù.

  다이어트도 힘이 있어야 하지! 내가 가서 뷔페 사줄게.

- 减肥也要力气啊，小心饿坏了！

  Jiǎnféi yě yào lìqi a, xiǎoxīn è huàile!

  다이어트도 힘이 있어야 하는 거야. 굶다가 병 난다!

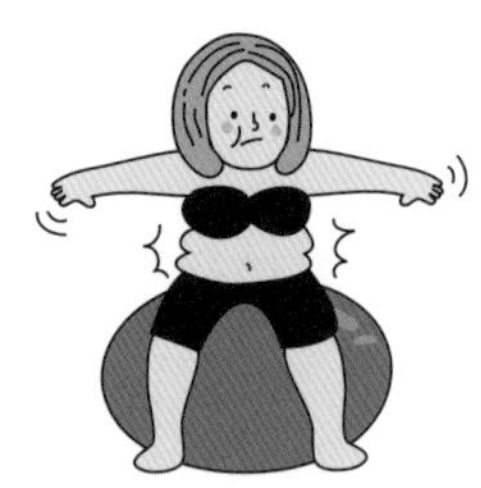

단어 减肥 다이어트 | 力气 힘 | 请…吃 ~에게 밥을 사주다 | 自助 뷔페

많은 사람들이 늘 다이어트라는 숙제를 안고 있죠? 다이어트를 하려고 무작정 굶기만 하는 사람도 적지 않은데, 이때 옆에서 지켜보는 사람이 안타까운 심정을 담아 '减肥也要力气 jiǎnféi yě yào lìqi'란 표현을 쓸 수 있어요.
'减肥' 대신에 '学习 xuéxí', '作业 zuòyè', '工作 gōngzuò' 등의 단어를 넣어 '~를 해도 기운이 있어야 하지'라는 의미로 다양하게 표현할 수 있어요.

리얼 회화

A 你最近怎么天天吃草?
Nǐ zuìjìn zěnme tiāntiān chīcǎo?

'풀을 먹다?' 즉 '채소만 먹는다'는 표현!

B 减肥呀!
Jiǎnféi ya!

A 减肥也要有力气才行啊!
Jiǎnféi yě yào yǒu lìqi cáixíng a!

A 너 요즘 왜 매일 풀만 먹어?
B 다이어트하잖아!
A 다이어트도 힘이 있어야 하는 거야!

吃草 풀을 뜯어 먹다(채식만 하다)

29 C位

C wèi

센터 자리, 중심 자리

3-29

리얼 예문

- 刚出道的新人费尽心思抢C位。

  Gāng chūdào de xīnrén fèijìn xīnsī qiǎng C wèi.

  막 데뷔한 신인이 센터 자리를 차지하려고 무척 애쓰네.

'온갖 수단과 방법을 동원하다'라는 뜻인데, 주로 부정적인 뉘앙스로 쓰여요.

- 就算她不在C位，也总能引起关注。

  Jiùsuàn tā bú zài C wèi, yě zǒng néng yǐnqǐ guānzhù.

  그녀는 센터 자리에 있지 않더라도 늘 주목을 받는다.

단어 **位** 자리 | **出道** 데뷔하다 | **费尽心思** 온갖 수단과 방법을 동원하다 | **就算…也…** ~하더라도 ~하다 | **引起关注** 주목을 끌다

오디션 프로그램을 보면 센터 자리에 서고자 노력하는 참가자들을 자주 목격할 수 있는데요, 중국 네티즌들이 영어 단어 'center'의 첫 번째 알파벳인 'C' 뒤에 '자리'를 의미하는 단어 '位 wèi'를 붙여 '센터 자리, 중심 자리'라는 의미의 'C位 C wèi'란 신조어를 만들어냈어요. 주로 사진을 찍을 때 가운데의 중심 자리를 'C位'라고 부른답니다.

A 来来来，我们来拍张合照。
Láiláilái, wǒmen lái pāi zhāng hézhào.

B 今天你是主人公，你站C位吧。
Jīntiān nǐ shì zhǔréngōng, nǐ zhàn C wèi ba.

A 我才不要那么显眼呢！
Wǒ cái búyào nàme xiǎnyǎn ne!

A 자자자, 우리 단체사진 한 장 찍자.
B 오늘은 네가 주인공이니까 센터 자리에 서.
A 나 그렇게 눈에 띄고 싶지 않아!

단어 **拍** (사진을) 찍다(= 拍照) | **合照** 단체사진 | **主人公** 주인공 | **显眼** 눈에 띄다

PART 04

직장생활에 대해 중국어로 리얼 토킹!

想和被子结婚

xiǎng hé bèizi jiéhūn

이불과 결혼하고 싶어

리얼 예문

- 我是起床"困难户"，真想和被子结婚。

  Wǒ shì qǐchuáng "kùnnánhù", zhēn xiǎng hé bèizi jiéhūn.

  나는 침대에서 일어나는 것이 너무 힘든 사람이라 진짜 이불과 결혼하고 싶어.

> 원래는 경제적으로 어려운 가정을 일컫는 표현이었으나 지금은 '~하기 어려워하는 사람'을 일컫게 되었어요.

- 冬天想和被子结婚的欲望更强。

  Dōngtiān xiǎng hé bèizi jiéhūn de yùwàng gèng qiáng.

  겨울에는 이불과 결혼하고 싶은 욕망이 더 크지.

단어 **被子** 이불 | **结婚** 결혼 | **起床** 침대에서 일어나다 | **困难户** ~하기 어려워하는 사람 | **欲望** 욕망

이 말은 직장인이든 학생이든 모두 공감할 수 있을 거예요. 아침이면 늘 잠과의 치열한 싸움을 벌이게 되기 때문인데요, 편안하고 따뜻한 이불 속에서 빠져 나오는 것은 결코 쉬운 일이 아니지요? 이처럼 아침 잠은 이불과 결혼하고 싶을 만큼 소중한 것이지요! 침대에서 일어나기가 매우 힘들 때, '**想和被子结婚** xiǎng hé bèizi jiéhūn'이란 표현을 쓰면 진짜 중국인 같을 거예요!

리얼 회화

A 让我再睡1分钟，就1分钟…

Ràng wǒ zài shuì yì fēnzhōng, jiù yì fēnzhōng…

B 不管，你再不起床，小心被炒鱿鱼！

Bùguǎn, nǐ zài bù qǐchuáng, xiǎoxīn bèi chǎo yóuyú!

A 唉，我真想和被子结婚。

Ài, wǒ zhēn xiǎng hé bèizi jiéhūn.

'炒鱿鱼 chǎo yóuyú'는 '오징어를 볶는다'는 말로 직역되는데, 해고 당한 사람의 표정이 오징어가 볶아지면서 오그라든 모습과 비슷하다는 말에서 나온 표현이에요.

A 1분만 더 자게 해줘, 1분만…

B 난 몰라, 빨리 안 일어나면 회사에서 잘릴 걸!

A 에휴, 나 진짜 이불이랑 결혼하고 싶다.

睡 잠을 자다 | 不管 관계하지 않다 | 小心 조심하다 | 炒鱿鱼 해고하다

02 蓝瘦香菇

lánshòu xiānggū

괴로워서 울고 싶어, 너무 괴로워

4-02

리얼 예문

- 买比特币，损失惨重，太蓝瘦香菇了！
  Mǎi bǐtèbì, sǔnshī cǎnzhòng, tài lánshòu xiānggū le!
  비트코인을 샀더니 손해가 막심해서 너무 괴로워!

- 大热天挤地铁，简直蓝瘦香菇。
  Dàrètiān jǐ dìtiě, jiǎnzhí lánshòu xiānggū.
  이 찜통 더위에 지하철 안에 끼어있는 건 진심 너무 괴롭다.

단어 **蓝** 파란색 | **瘦** 마르다 | **香菇** 표고버섯 | **比特币** 비트코인 | **损失** 손해, 손실 | **惨重** 심각하다 | **挤** 붐비다 | **地铁** 지하철

최근 한 네티즌이 여자친구와 헤어진 뒤 올린 영상에서 생겨난 신조어로, '难受想哭 nánshòu xiǎng kū (괴로워서 울고 싶다)'라는 표현과 동일한 의미로 사용되게 됐어요. 그 영상 속에서 그는 슬프게 울면서 '难受想哭'라는 말만 반복했어요. 그런데 그가 사투리를 쓰는 사람이라 발음이 부정확하여 'lánshòu xiānggū'로 들린 거지요. 이 영상은 곧바로 인터넷에서 눈길을 끌었고, 잘못된 발음으로 인해 '蓝瘦香菇 lánshòu xiānggū'란 신조어가 만들어졌다고 해요. '蓝瘦香菇'란 단어를 직역하면 '파란색 마른 표고버섯'인데, 이에 맞춰 관련 이미지까지 생겨났어요. 이제 중국인들은 괴롭고 힘들 때 '难受想哭' 대신 '蓝瘦香菇'를 더 많이 사용한다고 하네요.

리얼 회화

A 你眼睛怎么成熊猫了?
Nǐ yǎnjīng zěnme chéng xióngmāo le?

B 唉，我最近天天加班到半夜，简直蓝瘦香菇。
Ài, wǒ zuìjìn tiāntiān jiābān dào bànyè, jiǎnzhí lánshòu xiānggū.

A 好吧，同情你，加油!
Hǎo ba, tóngqíng nǐ, jiāyóu!

A 너 눈이 왜 판다가 됐어?

B 그러게, 요즘 맨날 늦은 밤까지 야근하느라 진짜 너무 괴로워서 울고 싶어.

A 에고, 불쌍해서 어쩌냐, 그래도 힘내야지!

단어 熊猫 판다 | 加班 야근하다 | 半夜 늦은 밤 | 同情 동정하다

星期一病

xīngqīyī bìng

월요병

- 只有辞职才能治疗“星期一病”吧?

  Zhǐyǒu cízhí cáinéng zhìliáo “xīngqīyī bìng” ba?

  사직해야만 '월요병'이 치유되겠지?

- “星期一病”太严重，可以请病假吗?

  “Xīngqīyī bìng” tài yánzhòng, kěyǐ qǐng bìngjià ma?

  '월요병'이 너무 심한데, 병가 내도 돼요?

단어 辞职 사직하다 | 治疗 치료하다 | 严重 심각하다 | 请假 휴가를 내다 | 病假 병가

한국의 직장인들에게는 낯설지 않은 '월요병'이라는 말을 중국어로 직역하자면 '星期一病 xīngqīyī bìng'이라고 할 수 있어요. 비록 중국 현지에서는 잘 쓰이지 않는 표현이지만 이 단어 하나로 한국의 치열한 직장생활을 생생하게 그려내줄 수는 있을 것 같네요.
중국인들의 직장생활이 스트레스 하나 없이 그저 편하기만 한 것은 결코 아니지만 한국처럼 치열하지는 않은 것 같아요. 예를 들면 대기업과 중소기업 간의 연봉이나 복지의 격차가 그다지 심하지 않고, 시장이 넓고 일자리도 비교적 많은 편이라 한국의 직장인들처럼 매일매일 치열하게 경쟁하는 상황은 아니라고 볼 수 있답니다.

리얼 회화

A 马上又要周一了…郁闷…

Mǎshàng yòu yào zhōuyī le… yùmèn…

B 就是，我的"星期一病"就要犯了！

Jiùshì, wǒ de "xīngqīyī bìng" jiùyào fàn le!

A 没错，所有上班族的通病啊。

Méicuò, suǒyǒu shàngbānzú de tōngbìng a.

A 곧 또 월요일이네… 우울해…

B 내 말이, 내 '월요병'이 재발하겠네!

A 맞아, 모든 직장인들의 공통된 병이야.

단어 要…了 곧 ~이다 | 郁闷 우울하다 | 犯 병(이) 재발하다(= 犯病) | 上班族 직장인 | 通病 공통된 병

我可能拿了假工资

wǒ kěnéng ná le jiǎ gōngzī

난 아마도 가짜 월급을 받은 듯해

- 都没干什么，假期就结束了，我可能放了个假假。

  Dōu méi gàn shéme, jiàqī jiù jiéshù le, wǒ kěnéng fàng le ge jiǎ jià.

  아무것도 안 했는데 방학이 곧 끝나다니, 난 가짜 방학을 보낸 것 같아.

- 她又放我鸽子，我可能交了个假闺蜜。

  Tā yòu fàng wǒ gēzi, wǒ kěnéng jiāo le ge jiǎ guīmì.

  걔한테 또 바람 맞았어. 나 가짜 절친을 사귄 듯.

'闺蜜'는 여자끼리의 절친을 부르는 유행어예요!

단어 **可能** 아마도 | **拿** 갖다, 받다 | **假** 가짜 | **工资** 월급 | **假期** 방학 | **结束** 끝나다 | **放假** 방학하다 | **放鸽子** 바람 맞추다 | **闺蜜** (여자끼리의) 절친 사이

최근 중국의 네티즌들이 '我可能**了假**'라는 식의 말을 많이 써요. 그 출처에 대해서는 몇 가지 설이 있는데 그중 한 가지가 한 관광객이 중국 시안(西安)에 가서 가짜 병마용(兵马俑 Bīngmǎyǒng)을 관람하게 되어 그 사진을 '我可能看了假兵马俑(난 아마도 가짜 병마용을 본 것 같아)'이라는 글과 함께 위챗에 올렸고, 이후 이 문구가 네티즌 사이에서 유행하게 됐다고 해요. 즉 본인의 생각 또는 상황이 다른 사람과 다를 때 '我可能**了假**'란 표현을 사용할 수 있어요. '我可能拿了假工资 wǒ kěnéng ná le jiǎ gōngzī'는 월급이 너무 적어 가짜 같다는 말이에요!

리얼 회화

A 能不能借我点儿钱还信用卡?
Néng bu néng jiè wǒ diǎnr qián huán xìnyòngkǎ?

B 你不是上周刚发了工资吗?
Nǐ búshì shàngzhōu gāng fā le gōngzī ma?

A 我可能拿了假工资…
Wǒ kěnéng ná le jiǎ gōngzī…

A 돈 좀 빌려줄 수 있어? 신용카드 (대금) 갚게.
B 너 지난주에 막 월급 받지 않았어?
A 난 아무래도 가짜 월급을 받은 것 같아…

단어 借 빌리다 | 还 갚다 | 信用卡 신용카드 | 发工资 월급을 지급하다

躺着中枪

tǎngzhe zhòngqiāng

불똥이 튀다

리얼 예문

- 女朋友被上司训了，结果我也躺着中枪了。
  Nǚpéngyou bèi shàngsi xùn le, jiéguǒ wǒ yě tǎngzhe zhòngqiāng le.
  여친이 상사한테 야단을 듣더니 결국 나에게도 불똥이 튀었어.

- 我本来想劝他们和好，结果躺着中枪了。
  Wǒ běnlái xiǎng quàn tāmen héhǎo, jiéguǒ tǎngzhe zhòngqiāng le.
  나는 원래 그들을 화해시키려고 한 거였는데, 결국 불똥이 나한테 튀었지 뭐야.

단어 躺 눕다 | 中枪 총을 맞다 | 上司 상사 | 训 야단 치다 | 结果 결국 | 劝 권하다 | 和好 화해하다

'中枪 zhòngqiāng'은 '총을 맞다'라는 뜻으로, '躺着中枪 tǎngzhe zhòngqiāng'을 직역하자면 '누운 채로 총을 맞았다'는 말이에요. 다른 사람에게 갈 총알이 아무 상관 없는 사람에게 잘못 튀었다는 의미로 가만히 있다가 괜히 피해를 봤다는 억울함을 호소하려고 할 때 '躺着中枪了'라고 표현해요. '고래 싸움에 새우 등 터진다'는 한국의 속담과 비슷한 말이지요.

리얼 회화

A 刚才看见经理发大火呢!

Gāngcái kànjiàn jīnglǐ fā dàhuǒ ne!

B 我们今天得万事小心。

Wǒmen jīntiān děi wànshì xiǎoxīn.

A 就是，别躺着中枪才好啊!

Jiùshì, bié tǎngzhe zhòngqiāng cáihǎo a!

A 아까 보니까 사장님이 엄청 화내시더라!

B 우리 오늘 뭐든지 조심해야겠다.

A 그러니까. 우리한테 불똥이 튀지 않아야 할 텐데!

단어 经理 사장 | 发大火 화를 크게 내다 | 万事 만사, 모든 일 | …才好 ~해야 될 텐데

06 刺头

cìtóu

진상 고객

리얼 예문

- 遇到刺头，算我倒霉。

  Yùdào cìtóu, suàn wǒ dǎoméi.

  진상 고객을 만나면 내가 운이 나쁜 거라고 치면 되는 거야.

- 跟刺头是有理也说不清。

  Gēn cìtóu shì yǒulǐ yě shuōbuqīng.

  진상 고객과는 그 어떤 이야기도 잘 통하지 않지.

단어 **刺头** 진상 고객 | **遇到** 마주치다, 만나게 되다 | **算** ~인 셈이다 | **倒霉** 운이 나쁘다 | **有理** 일리가 있다 | **…不清** 명확하지 않다

'진상 고객'이란 단어는 일부러 시비를 걸거나 무리한 요구를 하는 고객을 가리키는 말이지요. 최근 갑질 논란과 함께 진상 고객의 도를 넘은 행동과 그로 인한 감정노동자의 비애 등이 사회적으로 큰 이슈였는데요, 진상 고객을 중국어로는 '刺头 cìtóu'라고 합니다. 단어에 '가시'를 의미하는 '刺 cì'가 포함되어 있는 것을 보면 '刺头'라는 단어에는 가시처럼 다른 사람을 다치게 할 수도 있다는 의미도 포함되어 있는 거겠죠?

리얼 회화

A 刚才经理找你了吧，怎么了？

Gāngcái jīnglǐ zhǎo nǐ le ba, zěnme le?

B 我被一个顾客投诉了，明明是他无理取闹。

Wǒ bèi yí ge gùkè tóusù le, míngmíng shì tā wúlǐ qǔnào.

A 这年头，刺头遍地都是。

Zhè niántóu, cìtóu biàndì dōushì.

A 방금 사장님이 호출했지? 무슨 일이야?

B 어떤 고객이 나한테 컴플레인을 걸었대. 분명히 그 고객이 일부러 시비를 건 거였는데.

A 요즘 널리고 널린 게 진상 고객이잖아.

단어 **顾客** 고객 | **投诉** 컴플레인을 걸다 | **无理取闹** 이유 없이 꼬투리를 잡다 | **这年头** 요즘 | **遍地** 곳곳에

睁眼说瞎话

zhēngyǎn shuō xiāhuà

눈도 깜빡하지 않고 뻔한 거짓말을 하다

4-07

리얼 예문

- 她明明没整容前清纯，少睁眼说瞎话。

  Tā míngmíng méi zhěngróng qián qīngchún, shǎo zhēngyǎn shuō xiāhuà.

  그녀가 분명 성형 전만큼 청순하지 않은데, 뻔한 거짓말 좀 그만 해.

- 大家都看出来了你对她有意思，你还睁眼说瞎话！

  Dàjiā dōu kànchūlái le nǐ duì tā yǒuyìsi, nǐ hái zhēngyǎn shuō xiāhuà!

  네가 그녀에게 관심이 있는 걸 모두 다 알아차렸는데 너 계속 뻔한 거짓말 할 거냐!

좋아하는 사람이 생기면 '对 + 좋아하는 사람 + 有意思'라고 표현할 수 있어요! '~에게 관심이 있다'는 뜻이랍니다.

단어 睁眼 눈을 뜨다, 눈이 떠져 있다 | 瞎话 헛소리, 거짓말 | 整容 성형하다 | 清纯 청순하다 | 少… ~하지 마 | 看出来 알아차리다 | 对…有意思 ~에게 관심이 있다(주로 사람에 씀)

'睁 zhēng'은 '눈을 뜨다', '瞎 xiā'는 '되는대로, 마구'의 뜻으로 '瞎话 xiāhuà'는 '엉터리 말을 하다, 거짓말하다'가 돼요. 따라서 '睁眼说瞎话'는 '눈을 뜬 채 거짓말을 한다'는 의미이지요! 즉, 뻔한 거짓말을 한다는 말이에요. 한국어의 '입에 침이나 바르고 거짓말해라'할 때 쓰면 될 것 같네요.

리얼 회화

A 部门经理换了个发型，他一个劲儿夸呢！
Bùmén jīnglǐ huàn le ge fàxíng, tā yígejìnr kuā ne!

B 我觉得那发型可丑了，小李就知道睁眼说瞎话！
Wǒ juéde nà fàxíng kě chǒu le, Xiǎo Lǐ jiù zhīdào zhēngyǎn shuō xiāhuà!

A 所以说他是"马屁精"。
Suǒyǐ shuō tā shì "mǎpìjīng".

'马屁精'은 '아첨을 잘하는 사람', 즉 '아부쟁이'로 '马屁鬼 mǎpìguǐ'라고도 할 수 있어요. 참고로, '아부를 떨다'는 표현은 중국어로 '拍马屁 pāi mǎpì'라고 하는데, 여기서 '拍 pāi'은 '툭툭 친다'는 뜻이에요.

A 부서 팀장이 헤어스타일을 바꿨는데 그가 걸핏하면 칭찬을 하더라고!

B 난 그 헤어스타일 너무 별로던데, 샤오리는 눈도 깜빡하지 않고 뻔한 거짓말을 하네!

A 그러니 걔가 아부쟁이지.

단어 部门经理 부서 팀장 | 发型 헤어스타일 | 一个劲儿 ~하기만 하면, 걸핏하면 | 夸 칭찬하다 | 丑 못생겼다 | 马屁精 아부쟁이

08 乱成一锅粥

luànchéng yì guō zhōu

난장판이야, 엉망진창이야

4-08

리얼 예문

- 演唱会现场人太多，简直乱成了一锅粥。

  Yǎnchànghuì xiànchǎng rén tài duō, jiǎnzhí luànchéng le yì guō zhōu.

  콘서트 현장에 사람이 너무 많아 그야말로 난장판이 됐더라고.

- 她失恋后，生活乱成了一锅粥。

  Tā shīliàn hòu, shēnghuó luànchéng le yì guō zhōu.

  그녀는 실연하고 나서 생활이 엉망진창이 되었다.

단어 **锅** 냄비 | **粥** 죽 | **演唱会** 콘서트 | **现场** 현장 | **简直** 정말로 | **失恋** 헤어지다, 실연하다

'乱 luàn'은 '정돈이 안 되다, 지저분하다'의 뜻이고, '粥 zhōu'는 우리가 아플 때 먹는 '죽'이란 단어예요. 즉, '죽이 정돈이 안 되다'라는 말이 왜 나온 걸까요? 추측해 보건데, 죽을 끓일 때는 항상 다양한 재료를 함께 넣고 끓이다보니 죽의 모습이 보기에는 복잡하고 정신 없다는 느낌이 들기도 해서 '一锅粥 yì guō zhōu'란 표현이 난장판이고 엉망진창인 상황을 말할 때 쓰이게 된 것으로 보이네요!

리얼 회화

A 你听说公司要裁员的消息了吗?

Nǐ tīngshuō gōngsī yào cáiyuán de xiāoxi le ma?

B 现在大家都在传，整个公司乱成一锅粥了。

Xiànzài dàjiā dōu zài chuán, zhěnggè gōngsī luànchéng yì guō zhōu le.

A 唉，要是我们被炒鱿鱼了，该怎么办呢?

Ài, yàoshi wǒmen bèi chǎo yóuyú le, gāi zěnmebàn ne?

A 너 회사에서 정리해고한다는 소식 들었어?

B 지금 그 소문이 돌고 있어서 회사가 완전 난장판이 됐어.

A 에휴, 만약에 우리가 잘리면 어떻게 하지?

단어 裁员 정리해고 | 消息 소식 | 传 소문을 내다, 소문이 돌다 | 整个 전체 | 要是 만약에 | 炒鱿鱼 해고하다/잘리다

09 做一天和尚，撞一天钟

zuò yìtiān héshang, zhuàng yìtiān zhōng

그럭저럭 무의미한 나날을 보내다

4-09

리얼 예문

- 现在很多80、90后的上班族，都是“做一天和尚，撞一天钟”。

  Xiànzài hěn duō bālíng、jiǔlíng hòu de shàngbānzú, dōushì “zuò yìtiān héshang, zhuàng yìtiān zhōng”.

  요즘 많은 20~30대 직장인들이 모두 무기력하고 지루하게 지낸다.

‘80后’는 1980~1989년 사이 태어난 사람, ‘90后’는 1990~1999년 사이에 태어난 사람을 가리켜요! ‘80后’와 ‘90后’는 중국의 산아제한 정책으로 인해 외동으로 태어나 자라면서 ‘小皇帝 xiǎohuángdì’라고 불리며 사회문제를 일으켜왔지만, 현재는 성인이 되어 중국의 젊은 소비계층으로 자리 잡았어요.

- 你这样“做一天和尚，撞一天钟”，完全就是浪费时间。

  Nǐ zhèyàng “zuò yìtiān héshang, zhuàng yìtiān zhōng”, wánquán jiùshì làngfèi shíjiān.

  너 이렇게 무기력하고 지루하게만 지내는 거 완전 시간낭비야.

단어 做 하다(= 干) | 一天 하루 | 和尚 중, 스님 | 撞 치다, 부딪히다 | 钟 종 | 上班族 직장인 | 这样 ~처럼, 이렇게 | 浪费 낭비하다

'做一天和尚，撞一天钟 zuò yìtiān héshang, zhuàng yìtiān zhōng'이란 표현은 '하루 중이 되면 하루 종을 친다'는 뜻이에요. 이 표현은 바로 무한 반복되는 일상에 의욕 없이 무기력한 상태로 하루하루 그럭저럭 무의미한 나날을 보낸다는 것을 표현해요. 수많은 직장인들이 특히 이 표현에 매우 공감할 것 같네요.

리얼 회화

A 一晃一年又快过完了，感觉这一年什么都没干似的。
Yìhuǎng yìnián yòu kuài guòwán le, gǎnjué zhè yì nián shénme dōu méi gàn shìde.

B 谁说不是呢？像我们这样的上班族，生活枯燥得要命。
Shéi shuō búshì ne? Xiàng wǒmen zhèyàng de shàngbānzú, shēnghuó kūzào de yàomìng.

A 做一天和尚，撞一天钟吧！没钱、没房，连辞职的勇气都没有啊。
Zuò yìtiān héshang, zhuàng yìtiān zhōng ba! Méi qián、méi fáng, lián cízhí de yǒngqì dōu méiyǒu a.

A 눈 깜짝할 사이에 1년이 또 다 지나갔네. 올해는 정말 아무것도 안 한 것 같아.

B 누가 아니래? 우리 같은 이런 샐러리맨의 생활은 지극히 지루하지.

A 하루하루 그냥 무의미하고 무기력하게 보내고 있지 뭐! 돈 없지, 집 없지, 사표를 던질 용기조차도 없어.

단어 **一晃** 눈 깜짝할 사이 | **…似的** ~인 것 같다(= 像) | **枯燥** 지루하다 | **…得要命** ~해 죽겠다 | **辞职** 사직하다

10 蹩脚

biéjiǎo

어설프다, 서툴다

4-10

리얼 예문

- 实习生工作时，一般比较蹩脚。
  Shíxíshēng gōngzuò shí, yìbān bǐjiào biéjiǎo.
  인턴이 일할 때는 보통 많이 서툴지.

- 他虽然是新人演员，不过演技一点儿也不蹩脚。
  Tā suīrán shì xīnrén yǎnyuán, búguò yǎnjì yìdiǎnr yě bù biéjiǎo.
  그는 비록 신인배우지만 연기가 전혀 어설프지가 않다.

단어 蹩 (손목·발목을) 삐다 | 实习生 인턴 | 一般 보통, 일반적으로 | 比较 비교적 | 新人 신인 | 演员 배우 | 演技 연기 | 一点儿也不 전혀 ~하지 않다

'蹩 bié'는 '(손목이나 발목을) 삐다'라는 뜻으로 '蹩脚 biéjiǎo'의 원래 의미는 '발(목)을 삐다'라는 것이에요. 발(목)을 삐면 걸을 때 매우 아프고 또 불편한 것처럼 어떤 일을 하는 것이 아직 익숙하지 않아 어설프고 서툰 것을 가리킬 때 '蹩脚'라고 표현해요.

리얼 회화

A 明天我要见外国客户，你来帮我翻译吧。
Míngtiān wǒ yào jiàn wàiguó kèhù, nǐ lái bāng wǒ fānyì ba.

B 不行不行，我的英语很蹩脚。
Bùxíng bùxíng, wǒ de yīngyǔ hěn biéjiǎo.

A 你不是去留过学吗?!
Nǐ búshì qù liúguo xué ma?!

A 내일 나 외국 거래처 사람을 만나야 되는데 네가 와서 통역 좀 도와줘.
B 안 돼, 안 돼. 나 영어 실력이 아주 어설퍼서.
A 너 유학 갔다 오지 않았어?!

단어 外国 외국 | 客户 거래처 | 翻译 번역·통역하다 | 不行 안 되다 | 留学 유학 가다

倚老卖老

yǐlǎo màilǎo

꼰대/나이 많다고 잘난 척하다

리얼 예문

- 我不愿意给一些倚老卖老的老人让座。
  Wǒ bú yuànyì gěi yìxiē yǐlǎo màilǎo de lǎorén ràngzuò.
  나는 일부 꼰대 같은 노인들에게는 자리 양보하고 싶지 않더라.

- 倚老卖老会降低自己的风度。
  Yǐlǎo màilǎo huì jiàngdī zìjǐ de fēngdù.
  꼰대 같은 행동은 자신의 품격을 떨어뜨릴 수 있다.

 倚 ~에 기대다 | 愿意 원하다 | 给…让座 ~에게 자리를 양보하다 | 降低 낮추다 | 风度 품격

'倚老卖老 yǐlǎo màilǎo'는 '늙은 티를 내며 거만하게 행세한다'는 의미예요. 한국에서는 가끔 이런 분들께 '꼰대'라는 부정적인 단어를 사용하고는 하는데요, 이 '倚老卖老'라는 표현에 가장 적합한 단어가 아닐까 해요. 우리는 연장자이자 인생의 선배로서 어르신들을 존중해야 하지만 나이만 따지며 젊은이들 앞에서 무조건 훈계만 하려는 태도도 바람직하지 않다고 봐요. 나이 상관없이 서로를 존중해야만 함께 더욱 발전할 수 있을 거예요!

리얼 회화

A 你刚入职，怎么就想着跳槽了?

Nǐ gāng rùzhí, zěnme jiù xiǎngzhe tiàocáo le?

B 我的上司总是倚老卖老，根本不尊重年轻后辈。

Wǒ de shàngsi zǒngshì yǐlǎo màilǎo, gēnběn bù zūnzhòng niánqīng hòubèi.

반댓말은 '前辈 qiánbèi (선배)'라고 해요!

A 那是挺闹心的，不过还是要三思后行啊。

Nà shì tǐng nàoxīn de, búguò háishi yào sānsī hòuxíng a.

A 너 막 입사했는데 왜 벌써 이직하고 싶어하는 거야?

B 내 상사는 완전 꼰대야. 젊은 후배를 완전 무시하거든.

A 그거 정말 짜증나겠다. 그래도 충분히 생각해보고 행동해.

단어 **入职** 입사하다 | **跳槽** 이직하다 | **上司** 상사 | **总是** 늘, 항상 | **根本** 전혀 | **尊重** 존중하다 | **后辈** 후배 | **闹心** 마음이 불편하다 | **三思后行** 심사숙고 후 행동하다

搬砖

bānzhuān

직장을 다니다

리얼 예문

- 一到周一，大家都愁眉苦脸地去搬砖。
  Yídào zhōuyī, dàjiā dōu chóuméi kǔliǎn de qù bānzhuān.
  월요일만 되면 모두가 우거지상을 하고 직장으로 향한다.

- 平时搬砖这么辛苦，周末必须好好儿犒劳自己。
  Píngshí bānzhuān zhème xīnkǔ, zhōumò bìxū hǎohāor kàoláo zìjǐ.
  평소 이렇게나 힘들게 직장을 다니니 주말엔 꼭 자신에게 제대로 보상해줘야지.

단어 搬砖 막노동하다/직장을 다니다 | 周一 월요일 | 愁眉苦脸 인상을 찌푸리다/우거지상 | 平时 평일, 평소 | 辛苦 고생스럽다 | 周末 주말 | 必须 반드시 | 犒劳 보상하다

'砖 zhuān'은 '벽돌', '搬 bān'은 '옮기다'라는 뜻으로 '搬砖'은 원래 벽돌을 옮기는 일, 즉 '막노동' 또는 '막노동하다'라는 것을 말해요. 그러나 최근에는 중국의 젊은 직장인들은 이 '搬砖'이란 단어로 '직장을 다닌다'는 것을 대신 표현하고 있어요. 그들이 느끼기에 직장을 다니는 것이 막노동만큼 힘들고 월급 또한 적다는 마음의 소리를 '搬砖'이라는 단어로 대변하려는 것이겠죠?

리얼 회화

A 假期结束，明天就得回去搬砖了。

Jiàqī jiéshù, míngtiān jiù děi huíqù bānzhuān le.

B 不搬砖难道要等着吃土么?

Bù bānzhuān nándào yào děngzhe chītǔ me?

'吃土(흙을 먹다)'로 돈이 없는 빈곤한 상태를 표현해요. 10쪽에서 자세한 내용 확인!

A 过个年，钱包彻底空了。

Guò ge nián, qiánbāo chèdǐ kōng le.

A 휴가가 끝났으니, 내일은 직장으로 돌아가야 하네.

B 일 안 하고 앉아서 손가락만 빨 수는 없잖아?

A 설을 보내고 나서 지갑이 텅 비었어.

단어 假期 휴가 | 结束 끝나다 | 回去 돌아가다 | 难道 설마 | 吃土 손가락을 빨다(돈이 없음을 표현함) | 过年 설을 보내다 | 钱包 지갑 | 彻底 철저히 | 空 비다

13 比登天还难

bǐ dēngtiān hái nán

하늘의 별 따기

'하늘에 오르기보다 더 어렵다'는 뜻

리얼 예문

- 在竞争激烈的韩国社会，想成功比登天还难。
  Zài jìngzhēng jīliè de Hánguó shèhuì, xiǎng chénggōng bǐ dēngtiān hái nán.
  경쟁이 치열한 한국 사회에서 성공하려는 것은 하늘의 별 따기야.
- 要想让他这个小气鬼掏钱，比登天还难。
  Yào xiǎng ràng tā zhège xiǎoqìguǐ tāoqián, bǐ dēngtiān hái nán.
  그 짠돌이가 돈을 꺼내게 하는 것은 하늘의 별 따기야.

단어 **登** 오르다 | **天** 하늘 | **难** 어렵다 | **竞争** 경쟁 | **激烈** 치열하다 | **社会** 사회 | **成功** 성공하다 | **小气鬼** 짠돌이 | **掏钱** 돈을 꺼내다

'登天 dēngtiān'은 '하늘에 오르다'라는 뜻으로, '比登天还难 bǐ dēngtiān hái nán'이란 관용적인 표현을 직역하자면 '하늘에 오르기보다 더 어렵다'는 뜻이에요. 이는 이루어지기 매우 어려운 상황에서 자주 사용되는 표현이지요. 한국에서 흔히 말하는 '하늘의 별 따기'라는 표현과 같다고 보면 돼요!

리얼 회화

'买醉 mǎizuì'는 혼자 술을 사서 만취할 때까지 술을 마신다는, 듣는 사람까지 씁쓸하게 하는 표현이에요.

A 你怎么自己在这儿买醉啊?

Nǐ zěnme zìjǐ zài zhèr mǎizuì a?

B 人事部通知我说升职考核又没通过，这都第三次了。

Rénshìbù tōngzhī wǒ shuō shēngzhí kǎohé yòu méi tōngguò, zhè dōu dì sān cì le.

A 像你们那样的大企业，果然升职比登天还难。

Xiàng nǐmen nàyàng de dàqǐyè, guǒrán shēngzhí bǐ dēngtiān hái nán.

A 너 왜 혼자 여기서 술을 마시고 있는 거야?

B 인사팀에서 승진시험에 또 통과하지 못했다는 통보를 받았어. 이번이 벌써 세 번째라고.

A 역시 너희 같은 그런 대기업에서 승진은 하늘의 별 따기구나.

단어 **买醉** (직접 술을 사서) 취할 때까지 마시다 | **人事部** 인사팀 | **通知** 통보하다 | **升职** 승진 | **考核** 시험, 심사 | **通过** 합격하다 | **企业** 기업 | **果然** 역시

破罐子破摔

pò guànzi pòshuāi

(망가질 만큼 망가져서) 아예 자포자기야

리얼 예문

- 反正他每次都是倒数第一，早就破罐子破摔了。
  Fǎnzheng tā měicì dōushì dàoshǔ dìyī, zǎojiù pò guànzi pòshuāi le.
  어차피 그는 매번 꼴찌라 진작부터 자포자기했다.

- 他失业后，就开始破罐子破摔了。
  Tā shīyè hòu, jiù kāishǐ pò guànzi pòshuāi le.
  그는 일자리를 잃고 나서부터 자포자기하기 시작했다.

단어 **破** 깨지다 | **罐子** 항아리 | **摔** 부수다, 깨뜨리다 | **反正** 어차피 | **每次** 매번 | **倒数** 뒤에서 | **早就** 진작에 | **失业** 직업을 잃다, 실업하다

상황이 자꾸 안 좋은 쪽으로만 흘러가 그냥 포기해버리고 싶다는 생각이 든 적 있었나요? 그럴 때 중국어로 '破罐子破摔 pò guànzi pòshuāi'란 말로 절망적인 심정을 표현해볼 수 있어요. 이 표현의 '破罐子 pò guànzi'는 '깨진 항아리'란 뜻으로 위의 표현은 '깨진 항아리를 더 심하게 깨뜨린다', 즉 '망가질 만큼 망가져서 자포자기다'라는 말로 의역할 수 있지요.

A 你最近工作好像很懒散啊?

Nǐ zuìjìn gōngzuò hǎoxiàng hěn lǎnsǎn a?

B 整天不是加班，就是被上司批，我哪还有热情啊…

Zhěngtiān búshì jiābān, jiùshì bèi shàngsi pī, wǒ nǎ háiyǒu rèqíng a…

A 那总不能就破罐子破摔吧，不得赚钱养家么?

Nà zǒng bùnéng jiù pò guànzi pòshuāi ba, bù děi zhuànqián yǎngjiā me?

A 너 요즘 업무에 엄청 게을러진 것 같다?

B 맨날 야근 아니면 상사한테 혼나는데 내가 무슨 열정이 있겠냐…

A 그래도 자포자기하면 안 되지. 돈 벌어서 가족을 먹여 살려야 하지 않아?

단어 懒散 나태하다, 게으르다 | 加班 야근하다 | 被…批 ~에게 혼나다 | 不是A，就是B A가 아니면 B이다 | 赚钱 돈을 벌다 | 养家 가족을 부양하다

软柿子

ruǎn shìzi

호구

- 过度忍让，会被认为是软柿子。
  Guòdù rěnràng, huì bèi rènwéi shì ruǎn shìzi.
  지나치게 참으면 호구로 보일 수 있어.

- 要懂得拒绝，否则会被当作软柿子。
  Yào dǒngde jùjué, fǒuzé huì bèi dàngzuò ruǎn shìzi.
  거절할 줄도 알아야지, 그렇지 않으면 호구라고 생각될 거야.

단어 **软** 말랑말랑하다 | **柿子** 감 | **过度** 지나치게 | **忍让** 참다 | **被认为** ~로 여겨지다(= 被当作) | **懂得** ~할 줄 알다 | **拒绝** 거절하다 | **否则** 그렇지 않으면

'软 ruǎn'은 '말랑말랑하다', '柿子 shìzi'는 '감, 홍시'라는 뜻이에요. 즉 '软柿子 ruǎn shìzi'는 '말랑말랑한 감'이란 뜻인데, 최근에는 '호구'라는 의미로 쓰여요. '호구'는 어수룩하여 이용하기 좋은 사람을 비유적으로 이르는 말인데, '软柿子'라는 단어로 '호구'를 표현한 이유는 '말랑말랑한 감'은 살짝 만지기만 해도 쉽게 터질 수 있기에 상대하기가 매우 쉬운 사람이란 것을 반영한 것이에요.

리얼 회화

A 我真心搞不懂，为啥总是喜欢欺负新人！
Wǒ zhēnxīn gǎobudǒng, wèishá zǒngshì xǐhuan qīfu xīnrén!

B 欺软怕硬呗，他们以为新人都是软柿子。
Qīruǎn pàyìng bei, tāmen yǐwéi xīnrén dōushì ruǎn shìzi.

A 太过分了，怪不得好多新职员整天愁眉苦脸呢。
Tài guòfèn le, guàibude hǎoduō xīn zhíyuán zhěngtiān chóuméi kǔliǎn ne.

A 왜 자꾸 신입을 괴롭히려고 하는지 진심 이해가 안 돼!
B 약자에겐 강하고, 강자에겐 약해지는 거지. 신입을 다 호구로 생각하는 거야.
A 진짜 너무해. 어쩐지 많은 신입들이 종일 얼굴에 근심이 가득하더라고.

단어 **真心** 진심 | **搞不懂** 이해하지 못하다 | **为啥** 왜 | **欺负** 괴롭히다 | **欺软怕硬** 약자에게 강하고, 강한 자에게 약하다 | **以为** ~인 줄 알다(그런 줄 알았는데 아니었다) | **过分** 너무하다, 지나치다 | **怪不得** 어쩐지 | **愁眉苦脸** 미간을 찌푸리다, 얼굴에 근심이 가득하다

眼中钉

yǎnzhōng dīng

눈엣가시

- 你的男闺蜜们是你男朋友的眼中钉吧？
  Nǐ de nánguīmìmen shì nǐ nánpéngyou de yǎnzhōng dīng ba?
  네 남사친들은 네 남친의 눈엣가시지?

- 她以为是我抢了她升职的机会，所以视我为眼中钉。
  Tā yǐwéi shì wǒ qiǎng le tā shēngzhí de jīhuì, suǒyǐ shì wǒ wéi yǎnzhōng dīng.
  그녀는 내가 자신의 승진 기회를 빼앗은 줄 알고 나를 눈엣가시로 본다.

단어 **钉** 못 | **男闺蜜** 남사친 | **抢** 빼앗다 | **升职** 승진/승진하다 | **机会** 기회 | **视A为B** A를 B로 여기다

눈에 거슬리는 사람이나 사물을 한국어로는 '눈엣가시'라고 표현하는데 중국어로는 '眼中钉 yǎnzhōng dīng'이라고 합니다. '钉 dīng'은 '못'을 의미하니까 '眼中钉'은 '눈 속의 못'이라고 해석되겠네요. 가시든 못이든 눈에 무언가가 박혀 있다는 생각만 해도 눈에 거슬리는 것은 마찬가지이니까요!

리얼 회화

A 刚进公司，别太显眼，不然很容易成为大家的眼中钉。

Gāng jìn gōngsī, bié tài xiǎnyǎn, bùrán hěn róngyì chéngwéi dàjiā de yǎnzhōng dīng.

B 放心吧，我肯定保持低调。

Fàngxīn ba, wǒ kěndìng bǎochí dīdiào.

A 你应该低调做人，高调做事。

Nǐ yīnggāi dīdiào zuòrén, gāodiào zuòshì.

A 막 회사에 들어가서 너무 눈에 띄게 행동하지 마. 그러면 금방 사람들의 '눈엣가시'가 돼 버리거든.

B 걱정 마세요. 저는 무조건 관심 끌지 않도록 겸손하게 있을게요.

A 일은 눈에 띌 만큼 잘해도 되지만 처신은 겸손하게 해야 해.

단어 **显眼** 눈에 띄다 | **不然** 그렇지 않으면 | **成为** ~가 되다 | **放心** 안심하다, 걱정하지 않다 | **肯定** 반드시 | **低调** 관심 끌지 않고 겸손하게 행동하다 | **做人** 처신하다 | **高调** 눈에 띄다

17 老司机

lǎo sījī

프로, 베테랑

4-17

리얼 예문

- 你去请教一下他这个老司机，怎么才能自拍得那么好。
  Nǐ qù qǐngjiào yíxià tā zhège lǎo sījī, zěnme cáinéng zìpāi de nàme hǎo.
  그와 같은 프로에게 가서 좀 가르쳐 달라고 해 봐. 어떻게 해야 셀카를 그렇게 잘 찍을 수 있는지 말야.

- 老司机，教我些恋爱必杀技啊！
  Lǎo sījī, jiāo wǒ xiē liàn'ài bìshājì a!
  고수님, 제게 연애 필살기를 좀 전수해주세요!

게임에서 자주 쓰이는 표현으로 '필살기'라는 뜻이에요.

단어 **老** 늙다/경험이 풍부하다 | **司机** 운전기사 | **请教** 가르침을 청하다 | **自拍** 셀카를 찍다 | **教** 가르치다 | **…些** 약간의 | **恋爱** 연애 | **必杀技** 필살기

'司机 sījī'는 '운전기사'라는 뜻이죠. '老 lǎo'는 '나이 들다, 늙다'는 뜻이지만 '오래 됐다, 경험이 풍부하다'라는 긍정적인 의미도 가지고 있어요. 운전 경력이 풍부한 기사를 '老司机 lǎo sījī'라고 부를 뿐만 아니라 인생이나 직장 등 어떤 영역에서의 '베테랑'도 '老司机 lǎo sījī'라고 부른답니다.

리얼 회화

A 这次他一个人去欧洲签这么大的单子，能行吗?

Zhècì tā yí ge rén qù Ōuzhōu qiān zhème dà de dānzi, néng xíng ma?

B 放心吧，他是老司机了。

Fàngxīn ba, tā shì lǎo sījī le.

A 不过我还是担心有什么变数。

Búguò wǒ háishi dānxīn yǒu shénme biànshù.

A 이번은 이렇게나 큰 계약인데 그가 혼자 유럽에 가서 잘 처리할 수 있겠어?

B 걱정 넣어 둬. 그는 완전 베테랑이야.

A 그래도 나는 무슨 변수가 있지 않을까 걱정돼서.

단어 **一个人** 혼자 | **欧洲** 유럽 | **签** 계약서에 사인하다 | **单子** 거래 | **放心** 안심하다 | **担心** 걱정되다 | **变数** 변수

接地气

jiē dìqì

서민적이고 인간미가 넘치다

리얼 예문

- 像她这样的大咖，也吃路边摊，真的太接地气了。
  Xiàng tā zhèyàng de dàkā, yě chī lùbiāntān, zhēnde tài jiē dìqì le.
  그녀 같은 이런 톱스타도 노점상에서 식사를 한다니 참 서민적이고 인간미가 넘치네.
- 周润发平时一般坐地铁、公交，特别接地气。
  Zhōu Rùnfā píngshí yìbān zuò dìtiě、gōngjiāo, tèbié jiē dìqì.
  저우룬파는 평소에 보통 지하철이나 버스를 타고, 정말 소박하고 서민적이다.

단어 **接** 접하다, 연결되다 | **地气** 땅의 기운 | **路边摊** 노점상 | **周润发** 저우룬파, 주윤발(인명, 홍콩의 영화배우) | **地铁** 지하철 | **公交** 버스

'接地气 jiē dìqì'를 직역하자면 '땅의 기운과 연결된다'는 뜻인데, 유명인사 또는 높은 자리의 사람이 일반인과 거리를 두지 않고 소탈하고 소박하게 생활하는 모습을 가리킬 때 쓰는 말이에요. 요즘에는 유명인사라도 신비주의보다는 '接地气' 해야만 인기를 끌 수 있는 것 같네요.

리얼 회화

(在员工食堂)
(zài yuángōng shítáng)

A 那不是我们老板吗？他怎么也吃食堂呀？
Nà búshì wǒmen lǎobǎn ma? Tā zěnme yě chī shítáng ya?

B 你刚进公司可能还不知道，我们老板是食堂的常客。
Nǐ gāng jìn gōngsī kěnéng hái bù zhīdào, wǒmen lǎobǎn shì shítáng de chángkè.

A 哇！好接地气的老板呀，一点儿都没架子。
Wà! Hǎo jiē dìqì de lǎobǎn ya, yìdiǎnr dōu méi jiàzi.

(직원식당에서)

A 저기 우리 사장님 아니에요? 사장님께서 웬일로 직원식당에서 식사를 하시죠?

B 넌 막 입사해서 잘 모를 수도 있는데, 우리 사장님은 직원식당 단골손님이셔.

A 와! 아주 소박하고 서민적인 사장님이시네요. 잘난 체도 전혀 하지 않으시고요.

단어 **老板** 사장 | **食堂** 구내식당, 직원식당 | **常客** 단골손님 | **一点儿都没** 전혀 ~없다 | **架子** 잘난 척하는 자세

19 种瓜得瓜，种豆得豆

zhòngguā déguā, zhòngdòu dédòu

콩 심은 데 콩 나고 팥 심은 데 팥 난다

4-19

'노력만이 성공을 불러올 수 있다'는 뜻

리얼 예문

- 种瓜得瓜，种豆得豆。不要想不劳而获。
  Zhòngguā déguā, zhòngdòu dédòu. Búyào xiǎng bùláo érhuò.
  콩 심은 데 콩 나고 팥 심은 데 팥 나는 거야. 노력 없이 수확하기를 바라지 마.

- 种瓜得瓜，种豆得豆。
  只有努力，才有收获。
  Zhòngguā déguā, zhòngdòu dédòu.
  Zhǐyǒu nǔlì, cái yǒu shōuhuò.
  콩 심은 데 콩 나고 팥 심은 데 팥 난다고,
  노력해야만 얻어지는 것이 있는 법이야.

단어 种 심다 | 瓜 수박(= 西瓜) | 得 얻다 | 豆 콩 | 不劳而获 노력 없이 얻어지다 | 只有…才 ~해야만 비로소 | 努力 노력/노력하다 | 收获 수확/수확하다

'瓜 guā'는 '수박', '豆 dòu'는 '콩'이에요. 한국 속담 중 '콩 심은 데 콩 나고 팥 심은 데 팥 난다'는 말이 있지요? 중국에도 같의 뜻의 '种瓜得瓜，种豆得豆 zhòngguā déguā, zhòngdòu dédòu'란 속담이 있어요. 의미는 같지만 중국어에서는 팥 대신 '瓜'가 쓰였네요. 속담의 표현법은 조금 다르지만 '노력만이 성공을 불러올 수 있다'는 메시지를 전달한다는 점은 같아요!

A 哇！终于找到工作，摆脱无业游民了！

Wā! Zhōngyú zhǎodào gōngzuò, bǎituō wúyè yóumín le!

B 恭喜恭喜！种瓜得瓜，种豆得豆。你的努力没有白费。

Gōngxǐ gōngxǐ! Zhòngguā déguā, zhòngdòu dédòu. Nǐ de nǔlì méiyǒu báifèi.

A 要不是有你每次鼓励我，我早就放弃了。

Yàobúshì yǒu nǐ měicì gǔlì wǒ, wǒ zǎojiù fàngqì le.

A 와우! 드디어 취직해서 백수에서 벗어났어!

B 축하해! 콩 심은 데 콩 나고 팥 심은 데 팥 난다고 하더니, 네 노력이 헛되지 않았네.

A 네가 매번 나를 격려해주지 않았더라면 난 진작에 포기했을 거야.

단어 终于 드디어 | 摆脱 벗어나다 | 无业游民 백수 | 恭喜 축하하다 | 白费 헛되다 | 要不是… ~가 아니었으면 | 鼓励 격려하다 | 早就 진작에 | 放弃 포기하다

20 不问青红皂白

búwèn qīng hóng zào bái

앞뒤를 가리지 않고, 다짜고짜

4-20

리얼 예문

- 只要晚回家，老婆就不问青红皂白，对我大吼大叫。
  Zhǐyào wǎn huíjiā, lǎopo jiù búwèn qīng hóng zào bái, duì wǒ dàhǒu dàjiào.
  집에 늦게 가기만 하면 아내가 다짜고짜 나한테 엄청 소리를 질러.

- 老板不问青红皂白，就炒了他。
  Lǎobǎn búwèn qīng hóng zào bái, jiù chǎo le tā.
  사장님이 앞뒤 가리지 않고 그를 해고했어.

'炒鱿鱼(해고하다)'를 줄여 '炒'로 표현할 수도 있어요!

단어 **青红皂白** 청홍흑백/앞뒤, 전후사정 | **回家** 집에 돌아가다 | **老婆** 아내 | **对…大吼大叫** ~에게 큰 소리를 치다 | **炒** 해고하다

‘青红皂白 qīng hóng zào bái’의 원래 뜻은 말 그대로 ‘청색, 빨간색, 검은색, 하얀색’으로 ‘不问青红皂白 búwèn qīng hóng zào bái’란 ‘어떤 색이든 따지지 않다’, 즉, 앞뒤 상황, 원인 등을 가리거나 따지지 않는다는 뜻이에요. 이유도 묻지 않고 다짜고짜 충동적으로 행동하는 사람에게 ‘不问青红皂白’란 관용표현을 사용할 수 있어요. 이 표현은 부정적인 의미가 강한 표현이라는 것도 꼭! 알아두세요!

리얼 회화

A 经理骂我说，这次合同没签成都怪我。
Jīnglǐ mà wǒ shuō, zhècì hétong méi qiānchéng dōu guài wǒ.

B 明明是对方突然反悔，那怎么能怪你呢?
Míngmíng shì duìfāng tūrán fǎnhuǐ, nà zěnme néng guài nǐ ne?

A 他哪次不是不问青红皂白，就破口大骂啊!
Tā nǎcì búshì búwèn qīng hóng zào bái, jiù pòkǒu dàmà a!

A 사장님이 이번 계약이 무산된 것은 모두 내 탓이라며 나를 혼냈어.
B 분명 상대방이 갑자기 후회해서 그런 건데, 그게 왜 네 탓이야?
A 사장님은 매번 앞뒤 가리지 않고 욕부터 날리잖아!

단어 **经理** 사장 | **骂** 혼내다, 욕하다 | **合同** 계약(서) | **签** 작성하다, 사인하다 | **怪** 책망하다, 탓하다 | **对方** 상대방 | **反悔** 후회하다 | **破口大骂** 심하게 욕하다

倒苦水

dào kǔshuǐ

하소연하다, 고민을 털어놓다

- 我心里的苦水不知道要往哪儿倒。
  Wǒ xīnli de kǔshuǐ bù zhīdào yào wǎng nǎr dào.
  마음속의 고민을 어디에다 털어놓아야 할지 모르겠어.

- 闺蜜刚分手了，我要听她倒苦水去。
  Guīmì gāng fēnshǒu le, wǒ yào tīng tā dào kǔshuǐ qù.
  내 절친이 막 헤어져서 난 그녀의 하소연을 들으러 가야 돼.

 倒 붓다, 쏟다 | 苦水 고민, 힘든 부분 | 往 ~를 향해 | 闺蜜 절친 | 分手 헤어지다

답답한 일이 있거나 억울함을 겪었을 때 누군가를 붙잡고 고민을 털어놓으며 하소연하고 싶을 때 있지요? 그런 상황을 중국어로는 '倒苦水 dào kǔshuǐ'라고 표현해요. '倒 dào'는 '쏟다, 붓다'라는 의미이고, '苦水 kǔshuǐ'는 '쓰디쓴 물', 즉 '괴롭고 힘든 감정'을 일컫는 말이어서, '倒苦水'라고 하면 '하소연을 하다, 고민을 털어놓다'라는 의미예요.
여러분도 혹시 마음속에 쌓인 '苦水'가 있다면 주변에 마음이 통하는 친구에게 '倒苦水'하여 진심어린 위로로 스트레스도 날리고 적절한 해결책도 찾게 되길 바랄게요!

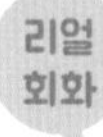

A 你最近怎么脸上突然长了那么多痘痘?
Nǐ zuìjìn zěnme liǎn shang tūrán zhǎng le nàme duō dòudou?

B 唉…最近工作压力太大，快崩溃了…
Ài… zuìjìn gōngzuò yālì tài dà, kuài bēngkuì le…

A 这周末出来喝一杯吧，跟我倒倒苦水，别憋坏了。
Zhè zhōumò chūlái hē yìbēi ba, gēn wǒ dàodao kǔshuǐ, bié biēhuài le.

A 너 요즘 왜 얼굴에 갑자기 여드름이 이렇게나 많이 생겼어?
B 아이고… 요즘 업무 스트레스가 장난 아니야. 멘붕되기 직전이야…
A 이번 주말에 나와서 술 한잔하자. 너무 참지만 말고 나한테 하소연이라도 좀 해.

단어 脸 얼굴 | 长 생기다 | 痘痘 여드름 | 压力 스트레스 | 崩溃 무너지다, 멘탈이 붕괴되다 | 憋 참다

22 不忘初心

búwàng chūxīn

초심을 잃지 마

4-22

리얼 예문

- 不忘初心，方得始终。
  Búwàng chūxīn, fāngdé shǐzhōng.
  초심을 잃지 말고 끝까지 바른 길로 가야 해.

'초심을 잃지 말아야 유종의 미를 거둘 수 있다'란 의미를 가진 중국의 속담이에요!

- 不忘初心，说起来容易，做起来难啊！
  Búwàng chūxīn, shuōqǐlái róngyì, zuòqǐlái nán a!
  초심을 잃지 않는 게 말하기는 쉽지 실천하기는 어려워!

단어 忘 잊다 | 初心 초심 | …起来 하기에 | 容易 쉽다 | 难 어렵다

때때로 우리는 앞만 보고 달리다가 초심을 잃고 나중에 후회하는 일이 생기곤 하죠. 이럴 때 많은 사람들이 '초심을 잃지 말자'는 말을 자주 하는데 중국어로는 이 말을 어떻게 표현할까요? '초심'을 '**初心** chūxīn'이라고 하니 '초심을 잃지 마라'는 '**不忘初心** búwàng chūxīn'이라고 하면 되겠죠? 중국어 문장의 해석은 '초심을 잊지 마'가 되겠네요. 그럼 여러분도 중국어를 배우고자 했던 초심으로 돌아가서 더욱 열공해보세요!

리얼 회화

중국 전자상거래의 발전을 이끌고 있는 중국 최대 기업

A 马云正式宣布，今年要离开阿里巴巴。
Mǎyún zhèngshì xuānbù, jīnnián yào líkāi Ālǐbābā.

B 对呀，他说要做回自己的本行，从事教育工作。
Duì ya, tā shuō yào zuò huí zìjǐ de běnháng, cóngshì jiàoyù gōngzuò.

A 他的不忘初心，好让人佩服。
Tā de búwàng chūxīn, hǎo ràng rén pèifú.

A 마윈이 올해 알리바바를 떠나겠다고 공식 선언했어.
B 맞아. 자기의 본업으로 돌아가 교육에 관련된 일을 하겠다고 하더라.
A 그의 초심을 잃지 않는 행동이 참 존경스럽네.

단어 **马云** 마윈(인명, 중국 최대 인터넷 사이트 알리바바의 창업자) | **正式** 공식 | **宣布** 선포하다 | **离开** 떠나다 | **阿里巴巴** 알리바바(기업명, 중국 최대 인터넷 사이트) | **本行** 본업 | **从事** ~에 종사하다 | **教育** 교육 | **佩服** 탄복하다, 존경하다

23 突然冷场

tūrán lěngchǎng

갑분싸

4-23

'갑자기 분위기가 싸해지다'의 줄임말

리얼 예문

- 他一开口唱歌，就突然冷场了。

  Tā yì kāikǒu chànggē, jiù tūrán lěngchǎng le.

  그가 노래를 부르자마자 갑자기 분위기가 싸해졌다.

- 你的笑话每次都能突然冷场。

  Nǐ de xiàohuà měicì dōu néng tūrán lěngchǎng.

  네 농담은 매번 갑분싸 되기 딱이야.

단어 一…就… ~하자마자 곧 ~하다 | 唱歌 노래를 부르다 | 笑话 농담 | 每次 매번, 항상

요즘 인터넷에서 '갑자기 분위기가 싸해지다'라는 말의 줄임말인 '갑분싸'라는 말 많이 하지요? 워낙 유행하다보니 인터넷상에서 뿐만 아니라 평상시에도 많이 쓰는 말이 되었는데요. 중국어로 어떻게 표현하는지 살펴보면, '冷场 lěngchǎng'은 분위기가 가라앉는다는 의미이고 '突然 tūrán'은 '갑자기'란 뜻이므로, '突然冷场 tūrán lěngchǎng'이라고 표현할 수 있겠네요!

리얼 회화

A 刚才上司问，有没有人想去聚餐，结果就突然冷场了。

Gāngcái shàngsi wèn, yǒu méiyǒu rén xiǎng qù jùcān, jiéguǒ jiù tūrán lěngchǎng le.

B 最讨厌的就是休假前一天被迫聚餐。

Zuì tǎoyàn de jiùshì xiūjià qián yìtiān bèi pò jùcān.

A 就是呀，我觉得他挺没眼力劲儿的。

Jiùshì ya, wǒ juéde tā tǐng méi yǎnlì jìnr de.

'눈치'라는 뜻인데, 같은 뜻으로 '眼色 yǎnsè'도 쓸 수 있어요!

A 아까 상사가 회식하고 싶은 사람이 있냐고 물었는데, 결국 바로 갑분싸 됐어.

B 제일 싫은 게 바로 휴가 전날 강제로 회식하는 거야.

A 그러니까. 그 분 엄청 눈치 없는 것 같아.

단어 刚才 아까 | 聚餐 회식, 모임 | 讨厌 싫어하다 | 休假 휴가 | 被迫 강요 당하다 | 眼力劲儿 눈치

期待越大，失望越大

qīdài yuè dà, shīwàng yuè dà

기대가 클수록 실망도 커

- 别太依赖买彩票，期待越大，失望越大啊！
  Bié tài yīlài mǎi cǎipiào, qīdài yuè dà, shīwàng yuè dà a!
  복권 사는 것에 너무 의미를 두지 마. 기대가 클수록 실망도 크니까!

- 先别期待结果，尽全力就够了。小心期待越大，失望越大。
  Xiān bié qīdài jiéguǒ, jìn quánlì jiù gòu le. Xiǎoxīn qīdài yuè dà, shīwàng yuè dà.
  먼저 결과를 기대하지 말고 최선을 다했다면 된 거야. 기대가 클수록 실망도 크잖아.

단어 **期待** 기대하다 | **失望** 실망하다 | **依赖** 의존하다 | **彩票** 복권 | **先** 먼저 | **尽全力** 최선을 다하다 | **够** 충분하다 | **小心** 조심하다

'기대가 크면 실망도 크다'는 말, 많이 쓰지요? 중국어에도 같은 맥락의 표현이 있어요. '越…越…(~할수록 ~하다)'라는 관용구에 '기대하다'를 뜻하는 '期待 qīdài'와 '실망하다'라는 단어 '失望 shīwàng'을 조합해 '期待越大，失望越大 qīdài yuè dà, shīwàng yuè dà'라고 표현하면 돼요.

A 明天就发布简历结果了，紧张吗?
Míngtiān jiù fābù jiǎnlì jiéguǒ le, jǐnzhāng ma?

B 反正也不是第一次落选，现在已经淡定了。
Fǎnzheng yě búshì dì yī cì luòxuǎn, xiànzài yǐjīng dàndìng le.

A 心态特别好！不然可能期待越大，失望越大。
Xīntài tèbié hǎo! Bùrán kěnéng qīdài yuè dà, shīwàng yuè dà.

A 내일 이력서 결과가 발표되는데, 긴장돼?
B 어차피 떨어진 게 처음도 아닌데 이젠 이미 해탈했어.
A 마음가짐이 아주 좋네! 기대가 크면 실망도 클 수 있으니까.

단어 **发布** 발표하다 | **简历** 이력서 | **结果** 결과 | **紧张** 긴장되다 | **反正** 어차피 | **落选** 불합격하다, 떨어지다 | **淡定** 덤덤하다, 차분하다 | **心态** 마음가짐 | **不然** 그렇지 않으면

25 自由职业

zìyóu zhíyè

프리랜서

4-25

리얼 예문

- 如果有能力做自由职业，我早就甩辞职信了。

  Rúguǒ yǒu nénglì zuò zìyóu zhíyè, wǒ zǎojiù shuǎi cízhíxìn le.

  프리랜서 할 능력 있으면 진작에 사표 던졌지.

- 多少上班族向往自由职业啊！

  Duōshǎo shàngbānzú xiàngwǎng zìyóu zhíyè a!

  프리랜서는 많은 직장인들의 로망이지!

단어 **能力** 능력 | **早就…了** 진작 ~했다 | **甩** 던지다 | **辞职信** 사직서 | **多少…啊** 얼마나 많은 | **向往** 로망이다, 꿈꾸다

요즘 프리랜서가 되고자 하는 사람들이 점점 늘어나고 있는 추세지요? 중국어로는 '프리랜서'를 '自由职业 zìyóu zhíyè'라고 부르는데 '자유로운 직업'으로 직역돼요!
참고로 '정규직 직원', '정직'은 '正式员工 zhèngshì yuángōng', '비정규직 직원'은 '劳务派遣工 láowù pàiqiǎngōng'이라고 해요.

리얼 회화

A 最近自由职业是大趋势呢！
Zuìjìn zìyóu zhíyè shì dàqūshì ne!

B 要是有一技之长，当然更自由，也更有动力。
Yàoshi yǒu yíjìzhīcháng, dāngrán gèng zìyóu, yě gèng yǒu dònglì.

A 怕就怕本来想做自由职业者，结果成了无业游民。
Pà jiù pà běnlái xiǎngzuò zìyóu zhíyèzhě, jiéguǒ chéng le wúyè yóumín.

직업이 없이 놀기만 하는 '백수'를 이르는 말이에요.

A 요즘엔 프리랜서가 대세야!
B 자기만의 전문성이 있다면 당연히 더 자유롭고 더 능동적으로 일하지.
A 걱정되는 건, 원래 프리랜서가 되고 싶었으나 결국 백수가 되고 마는 거야.

단어 趋势 추세 | 一技之长 한 가지 전문적인 스킬 | 自由 자유롭다 | 动力 원동력 | 怕 걱정되다 | 本来 원래 | 无业游民 백수

工作狂

gōngzuòkuáng

워커홀릭

- 他连周末都去加班，还说不是工作狂?!

  Tā lián zhōumò dōu qù jiābān, hái shuō búshì gōngzuòkuáng?!

  그는 주말에마저도 야근을 하는데 무슨 워커홀릭이 아니래?!

- 他那个工作狂，哪有时间去相亲?

  Tā nàge gōngzuòkuáng, nǎ yǒu shíjiān qù xiàngqīn?

  그 사람 워커홀릭인데 어디 선보러 갈 시간이나 있겠어?

단어 狂 미치다/~광 | 连…都 ~마저, ~조차도 | 加班 야근하다 | 哪有… 어디 ~가 있겠어? | 相亲 선보다

다른 것보다 일이 가장 우선이고 오로지 일에만 몰두하며, 일이 좋아서 일을 만들어서 하는, 일 욕심이 많은 사람을 영어로 '워커홀릭(workaholic)'이라고 부르죠. 이를 중국어로는 '工作狂 gōngzuòkuáng'이라고 표현해요. '**狂 kuáng'이란 단어는 어떤 것에 푹 빠져서 미친 듯이 그것만 하는 사람을 말할 때 써요.
참고로 '**마니아'를 표현하는 '**控 kòng'이란 단어도 앞에 언급되었죠? (PART 01의 32쪽 참고) 이 두 가지 표현을 같이 기억해 두세요!

리얼 회화

A 都好久没见他影子了。
Dōu hǎojiǔ méi jiàn tā yǐngzi le.

B 他那个工作狂啊，哪有时间跟我们这些闲人玩儿啊?
Tā nàge gōngzuòkuáng a, nǎ yǒu shíjiān gēn wǒmen zhèxiē xiánrén wánr a?

A 他那样没日没夜工作，也不怕把身体搞垮了!
Tā nàyàng méirì méiyè gōngzuò, yě bú pà bǎ shēntǐ gǎokuǎ le!

A 걔 그림자도 못 본 지 오래야.
B 걔는 워커홀릭이라, 어디 우리 같이 한가한 사람이랑 놀 시간이 있겠어?
A 그렇게 밤낮없이 일하다 몸 다 망가지면 어쩌려고!

단어 **好久没…了** ~안 한 지 오래 됐다 | **影子** 그림자 | **闲人** 한가한 사람 | **没日没夜** 밤낮없이 | **搞垮** 깨뜨리다, 망치다

PART 05

생활, 사회에 대해 중국어로 리얼 토킹!

01 快被烤熟了！

Kuài bèi kǎoshú le!

(몸이) 익을 뻔했어!

5-01

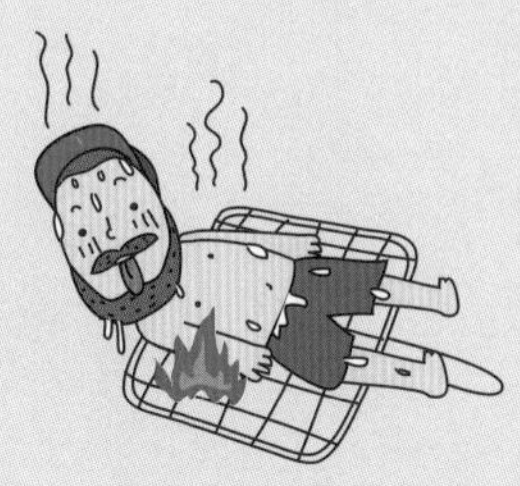

리얼 예문

- 这天气热疯了吧？真的快被烤熟了。
  Zhè tiānqì rè fēngle ba? Zhēnde kuài bèi kǎoshú le.
  요즘 날씨가 미쳤나? 진짜 (더워서) 익어버리겠네.
- 这天气在大街上的都是英雄，也不怕被烤熟了！
  Zhè tiānqì zài dàjiē shang de dōushì yīngxióng, yě búpà bèi kǎoshú le!
  이 날씨에 길거리에 있는 사람들은 모두 영웅이야. 익어버리는 게 두렵지 않다니!

단어 烤 굽다 | 熟 익다 | 热 덥다 | 疯 미치다 | 大街 길가, 길거리 | 英雄 영웅

중국 대륙의 대부분의 지역이 한여름에는 한국보다 높은 기온을 자랑해요. 따라서 중국인들도 '快被烤熟了 kuài bèi kǎoshú le'라고 하면서 찜통 더위와 싸우지요. 이 말은 찜통같은 더위에 대한 비유적인 표현으로 너무 더워서 몸이 마치 (생선)구이처럼 익어버릴 것 같다는 말이에요. 이 밖에도 네티즌들은 '煮鸡蛋了 zhǔ jīdàn le (계란 삶아 먹자)', '烤鱼了 kǎo yú le (생선 구워 먹자)' 등 다양한 표현을 만들어 극심한 더위에 대해 이야기합니다.

A 我下个月想去上海迪士尼玩儿。
Wǒ xià ge yuè xiǎng qù Shànghǎi Díshìní wánr.

B 你千万别来！最近上海体感温度49度！
Nǐ qiānwàn bié lái! Zuìjìn Shànghǎi tǐgǎn wēndù sìshíjiǔ dù!

都快被烤熟了。
Dōu kuài bèi kǎoshú le.

A 唉，我的计划又要泡汤了。
Ài, wǒ de jìhuà yòu yào pàotāng le.

A 나 다음 달 상하이 디즈니랜드에 놀러 가려고.
B 너 제발 오지 마! 요즘 상하이의 체감온도가 49도야! 몸이 다 익어버릴 거 같아.
A 아이고, 내 계획이 또 망하겠네.

단어 下个月 다음 달 | 迪士尼 디즈니랜드 | 千万 제발 | 体感温度 체감온도 | 度 도수(기온) | 计划 계획/계획하다 | 泡汤 국물에 말아먹다/망하다

中暑

zhòngshǔ

더위 먹다

리얼 예문

- 他今天一直在户外，现在好像中暑了。

  Tā jīntiān yìzhí zài hùwài, xiànzài hǎoxiàng zhòngshǔ le.

  그가 오늘 계속 밖에 있어서 지금 더위를 먹은 것 같아.

- 夏天她动不动就中暑。

  Xiàtiān tā dòngbudòng jiù zhòngshǔ.

  여름에 그녀는 걸핏하면 더위를 먹어.

단어 中暑 더위를 먹다 | 一直 줄곧, 계속해서 | 户外 아웃도어, 실외 | 夏天 여름 | 动不动 걸핏하면

여름만 되면 무더운 날의 연속이라 특히 바깥 활동이 잦은 분이라면 더위를 먹을까 많이 걱정하시죠? 한국어에서는 더위를 '먹다'라고 표현하는데, 중국어에서는 '먹다(吃)'가 아닌 '中 zhòng'을 써서 '中暑 zhòngshǔ', 즉 '더위에 맞았다'고 표현해요. 참고로 '中'은 평소 1성(zhōng)이지만 '~에 맞다'는 뜻으로 쓰일 때에는 성조가 4성(zhòng)으로 바뀌는 것도 기억하세요!

리얼 회화

A 这天气简直是蒸笼，快热晕了。
Zhè tiānqì jiǎnzhí shì zhēnglóng, kuài rèyūn le.

B 最好别出去，小心中暑！
Zuìhǎo bié chūqù, xiǎoxīn zhòngshǔ!

A 那我们去避暑游吧，怎么样？
Nà wǒmen qù bìshǔyóu ba, zěnmeyàng?

A 날씨가 완전 찜통이네. 더워서 기절할 것 같아.

B 나가지 않는 게 제일이야. 더위 먹지 않게 조심해!

A 그러면 우리 피서 여행 가자. 어때?

단어 **蒸笼** 찜통 | **晕** 기절하다 | **最好** ~하는 것이 낫다 | **小心** 조심하다 | **避暑游** 피서 여행

几家欢喜几家愁

jǐ jiā huānxǐ jǐ jiā chóu

희비가 갈리다

리얼 예문

- 总统大选结束了，几家欢喜几家愁啊！
  Zǒngtǒng dàxuǎn jiéshù le, jǐ jiā huānxǐ jǐ jiā chóu a!
  대통령 선거가 끝나고 희비가 갈렸네!

- 听说今天公布最终录取名单，又该几家欢喜几家愁了！
  Tīngshuō jīntiān gōngbù zuìzhōng lùqǔ míngdān, yòu gāi jǐ jiā huānxǐ jǐ jiā chóu le!
  오늘 최종 합격자 명단을 발표한다던데, 또 희비가 갈리겠군!

단어 **欢喜** 기쁘다 | **愁** 고민하다, 근심하다 | **总统** 대통령 | **大选** 총선거 | **公布** 발표하다 | **最终** 최종 | **录取** 채용하다 | **名单** 명단

경기에서 진 팀과 이긴 팀의 기분은 하늘과 땅 차이겠죠? 또 '수능(高考 gāokǎo)'이 끝나면 점수에 따라 기뻐하는 집도 있고 그렇지 못한 집도 있을 거예요. 이처럼 한 가지 상황에 대해 결과에 따라 서로의 기분이 정반대로 나타날 때 '几家欢喜几家愁 jǐ jiā huānxǐ jǐ jiā chóu'란 관용표현을 사용해요. 그대로 번역해보면 '몇 집은 기쁘고 몇 집은 근심한다'는 뜻이에요.

리얼 회화

A 再熬几天，就可以出国享受长假了。
Zài áo jǐ tiān, jiù kěyǐ chūguó xiǎngshòu chángjià le.

각종 + 명사 = 각종, 갖가지~

B 唉，各种羡慕。想到回家要听各种啰嗦，我就害怕。
Ài, gèzhǒng xiànmù. Xiǎngdào huíjiā yào tīng gèzhǒng luōsuo, wǒ jiù hàipà.

各种 + 형용사 = 매우, 아주 ~하다

A 看来这放假也是几家欢喜几家愁。
Kànlái zhè fàngjià yěshì jǐ jiā huānxǐ jǐ jiā chóu.

A 며칠만 더 버티면 해외로 가서 장기 휴가를 즐길 수 있어.
B 에휴, 완전 부럽다. 나는 집에 가서 갖가지 잔소리 들을 생각만 하면 벌써부터 겁나는데.
A 연휴라도 각자 희비가 갈리는구나.

단어 熬 버티다 | 出国 출국하다 | 享受 누리다, 즐기다 | 长假 긴 휴가, 연휴 | 各种 매우/각종 | 羡慕 부럽다 | 啰嗦 잔소리 | 害怕 두렵다, 무섭다

04 语无伦次

yǔ wú lúncì

말이 뒤죽박죽이다, 말에 두서가 없다

리얼 예문

- 面试时太紧张，回答得语无伦次。
  Miànshì shí tài jǐnzhāng, huídá de yǔ wú lúncì.
  면접 때 너무 긴장돼서 대답이 뒤죽박죽이었어.

- 他只要一撒谎就语无伦次。
  Tā zhǐyào yì sāhuǎng jiù yǔ wú lúncì.
  그는 거짓말만 하면 말을 뒤죽박죽 하게 된다.

단어 伦次 논리적인 순서 | 面试 면접 | 紧张 긴장되다 | 回答 대답/답하다 | 只要…就 ~하기만 하면 | 撒谎 거짓말을 하다

'伦次 lúncì'는 '논리적인 순서'란 뜻으로, '语无伦次 yǔ wú lúncì'는 '말에 논리적 순서가 없다' 즉, '말이 전혀 논리적이지 않고, 앞뒤가 안 맞는다', '말에 두서가 없다'는 표현으로 쓰여요~!

리얼 회화

여기서 '的'는 강조의 의미로 쓰였어요!

A 你昨天大半夜的干嘛给我打电话了呀?

Nǐ zuótiān dàbànyè de gànmá gěi wǒ dǎ diànhuà le ya?

B 我? 我…有吗? 估计是喝多了，我完全断片儿了。

Wǒ? Wǒ… yǒu ma? Gūjì shì hēduō le, wǒ wánquán duànpiānr le.

A 我也猜到了，语无伦次，根本没听明白。

Wǒ yě cāidào le, yǔ wú lúncì, gēnběn méi tīng míngbai.

A 너 어제 한밤중에 왜 나한테 전화했던 거야?

B 내가? 내가… 그랬었어? 아마 술을 너무 많이 마셔서 필름이 완전 끊겼었나봐.

A 그런 것 같았어. 말이 뒤죽박죽이어서 전혀 못 알아들었거든.

단어 **昨天** 어제 | **大半夜** 한밤중 | **干嘛** 왜, 뭐하러 | **估计** 아마도/추측하다 | **断片儿** 필름이 끊기다 | **猜** 맞춰 보다 | **根本** 전혀 | **明白** 명확하다

别拐弯抹角

bié guǎiwān mòjiǎo

돌려서 말하지 마

리얼 예문

- 他说话拐弯抹角，根本听不懂。
  Tā shuōhuà guǎiwān mòjiǎo, gēnběn tīngbudǒng.
  그가 자꾸 돌려서 말하니까 전혀 못 알아듣겠잖아.
- 你要是喜欢她，就别拐弯抹角，痛快点儿表白！
  Nǐ yàoshi xǐhuan tā, jiù bié guǎiwān mòjiǎo, tòngkuài diǎnr biǎobái!
  너 그 여자 좋아하면 뜸들이지 말고 좀 시원하게 고백해봐!

단어 **拐弯抹角** 돌려서 말하다, 에두르다 | **根本** 전혀 ~하지 않다 | **听不懂** 못 알아듣다 | **要是** 만약 | **痛快** 시원시원하다 | **表白** 사랑 고백을 하다

무슨 말인지 확실하게 이야기하지 않고 빙빙 돌려서 말하는 사람을 보면 참 답답하죠? 이럴 때 그런 사람에게 '别拐弯抹角的 bié guǎiwān mòjiǎo de' 또는 '别婆婆妈妈的 bié pópó māmā de'라고 시원하게 말하면서 답답한 심정을 표현할 수 있어요. '돌려서 말하지 말고 확실하게 이야기해'라는 뜻이에요. 꾸물대거나 시원시원하지 못한 모습 또는 그런 성격에도 '婆婆妈妈(的) pópó māmā (de)'라고 말할 수 있어요.

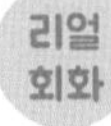

A 我…有件事想拜托你，可不知道该不该说…
Wǒ… yǒu jiàn shì xiǎng bàituō nǐ, kě bù zhīdào gāibugāi shuō…

B 干嘛这么婆婆妈妈，赶紧说，别拐弯抹角的！
Gànmá zhème pópó māmā, gǎnjǐn shuō, bié guǎiwān mòjiǎo de!

A 最近手头有点儿紧…如果你宽裕，可以先借我点儿吗？
Zuìjìn shǒutóu yǒudiǎnr jǐn… rúguǒ nǐ kuānyù, kěyǐ xiān jiè wǒ diǎnr ma?

A 나… 너에게 부탁할 게 있는데, 말해야 되나 말아야 되나 진짜 모르겠는데…
B 왜 이렇게 뜸을 들여. 빨리 말해, 돌려서 말하지 말고!
A 요즘 좀 빠듯해… 만약 네가 여유가 있으면 돈 좀 빌려줄 수 있어?

단어 拜托 부탁하다 | 该 ~해야 한다 | 干嘛 왜 | 婆婆妈妈 뜸들이다 | 赶紧 빨리 | 手头紧 (자금이) 빠듯하다 | 宽裕 (시간·자금 등이) 여유롭다 | 借 빌려주다/빌리다

06 闭上乌鸦嘴

bìshang wūyāzuǐ

입방정 떨지 마

5-06

- 都怪你这个乌鸦嘴，他被淘汰了。
  Dōu guài nǐ zhège wūyāzuǐ, tā bèi táotài le.
  다 네가 입방정을 떨어서 그가 탈락된 거야.

- 管好你的乌鸦嘴，别乱说话！
  Guǎnhǎo nǐ de wūyāzuǐ, bié luàn shuōhuà!
  네 입방정 관리 좀 해. 말 함부로 하지 말고!

단어 闭 닫다 | 乌鸦嘴 까마귀 입 | 怪 탓하다 | 淘汰 탈락시키다 | 管 관리하다 | 乱 함부로, 마구

중국에서도 한국과 똑같이 '까마귀(乌鸦 wūyā)'를 불길한 징조로 여겨 까마귀와 관련된 표현들은 대부분 안 좋은 뜻을 지니고 있어요. '乌鸦嘴 wūyāzuǐ (까마귀 입)'는 그중의 하나로 '입방정을 떠는 사람'을 가리켜요. 평소 '乌鸦嘴'인 사람이 마침 안 좋은 상황을 예상해 말을 했는데 하필 그것이 현실이 되면, 꼭 그 말 때문만은 아닐 텐데 괜히 그 사람을 탓하게 되는 경우도 있잖아요. 그래서 모든 일에는 신중하게 행동하고 대처하는 자세가 필요할 것 같네요.

리얼 회화

(外面下暴雨)
(wàimiàn xià bàoyǔ)

중국인들은 일상에서 '吗' 대신 '么'를 더 자주 사용해요!

A 这雨啥时候停啊? 飞机不会延误吧?
Zhè yǔ sháshíhou tíng a? Fēijī búhuì yánwù ba?

B 我觉得一时半会儿停不了，没准儿航班取消。
Wǒ juéde yìshí bàn huìr tíngbuliǎo, méizhǔnr hángbān qǔxiāo.

A 闭上你的乌鸦嘴！你是指望我回不去被炒，是么?
Bìshang nǐ de wūyāzuǐ! Nǐ shì zhǐwàng wǒ huíbuqù bèi chǎo, shì me?

(밖에는 폭우가 내리고 있음)

A 이 비는 언제 그치려나? 설마 비행기 지연되지는 않겠지?

B 내 생각에는 이 비가 금방 그치지 않을 거 같아. 어쩌면 비행기 취소될지도.

A 너 입방정 좀 떨지 마! 내가 못 돌아가서 잘리기를 바라는 거네, 그렇지?

단어 **暴雨** 폭우 | **啥时候** 언제 | **停** 멈추다, 그치다 | **延误** 지연되다 | **一时半会儿** 한참 | **没准儿** 아마도, 어쩌면 | **航班** 항공편 | **取消** 취소되다 | **指望** 바라다 | **炒(鱿鱼)** (직원을) 해고하다 | **是么** 그렇지? 그래?

被放鸽子了

bèi fàng gēzi le

바람맞았어

리얼 예문

- 你又放我鸽子，我们友尽了，哼！

  Nǐ yòu fàng wǒ gēzi, wǒmen yǒujìn le, hng!

  나 또 너한테 바람맞았어.(너 또 내 약속 깼어.) 우리 우정은 이제 끝이야. 흥!

- 本来蛮期待和他单独见的，结果被放鸽子了。

  Běnlái mán qīdài hé tā dāndú jiàn de, jiéguǒ bèi fàng gēzi le.

  원래 그 사람이랑 따로 만나는 걸 꽤 기대했는데 결국 바람맞았네.

'蛮…的'는 '挺…的'와 같은 뜻으로 '꽤 ~하다', '매우 ~하다'의 의미예요.

'塑料花友情 sùliàohuā yǒuqíng'과 비슷한 표현으로, 우정이 깨졌다는 말이에요. Part 06 298쪽 내용을 확인하세요!

단어 鸽子 비둘기 | 友尽 우정이 깨지다 | 哼 흥 | 蛮…的 꽤 ~하다 | 期待 기대하다 | 单独 따로, 단독으로 | 结果 결국, 결과

누군가와 약속을 잡았는데 바람맞았을 때 뭔지 모르게 실망스럽기도 하고 불쾌한 느낌이 들기도 하죠? 이럴 때 중국어로는 '被放鸽子了 bèi fàng gēzi le'라고 표현할 수 있어요. '放鸽子 fàng gēzi'를 직역하자면 '비둘기를 날린다'는 뜻이에요. 특히 약속을 잘 안 지키는 사람에게 '别放我鸽子(내 약속 깨지 마)'라는 표현으로 당부를 할 수도 있어요.

A 你圣诞节有什么计划?
Nǐ Shèngdànjié yǒu shénme jìhuà?

B 还早呢! 还没想过呀, 你不是要去看演唱会吗?
Hái zǎo ne! Háiméi xiǎngguo ya, nǐ búshì yào qù kàn yǎnchànghuì ma?

A 那天男朋友要值班…我被放鸽子了, 悲催吧?
Nàtiān nánpéngyou yào zhíbān… wǒ bèi fàng gēzi le, bēicuī ba?

'悲催 bēicuī'는 '불쌍하다'의 의미로 자주 쓰이는 유행어예요!

A 너 크리스마스 때 무슨 계획이 있어?
B 아직 일러서 생각 안 해봤는데. 너 콘서트 보러 간다고 하지 않았어?
A 그날 남친이 당직이라… 나 바람맞았어. 불쌍하지?

단어 圣诞节 크리스마스 | 计划 계획 | 演唱会 콘서트 | 值班 당직을 서다 | 悲催 비참하다, 불쌍하다

08 太阳打西边儿出来了!

Tàiyáng dǎ xībianr chūlái le!

해가 서쪽에서 뜨겠네!

리얼 예문

- 妈妈竟然主动给我零花钱，太阳打西边儿出来了!

  Māma jìngrán zhǔdòng gěi wǒ línghuāqián, tàiyáng dǎ xībianr chūlái le!

  엄마가 웬일로 먼저 용돈을 주시더라고. 해가 서쪽에서 떴나!

- 他这个小气鬼竟然请客了，真是太阳打西边儿出来了。

  Tā zhège xiǎoqìguǐ jìngrán qǐngkè le, zhēnshì tàiyáng dǎ xībianr chūlái le.

  그 짠돌이가 웬일로 밥을 다 샀네. 참 해가 서쪽에서 떴나봐.

단어 打…出来 ~에서 나오다 | 竟然 뜻밖에 | 主动 적극적으로 나서다 | 零花钱 용돈 | 小气鬼 짠돌이 | 请客 사주다, 쏘다

'太阳打西边儿出来了 tàiyáng dǎ xībianr chūlái le'란 표현에서 '打'는 '从 cóng'과 같이 '~로부터'란 뜻의 조사로, 해석해보면 '해가 서쪽에서 떴다'는 의미예요. 한국어와 마찬가지로 예상 외의 상황이 일어났을 때 '太阳打西边儿出来了'라고 말하면서 매우 놀란 심정을 드러낼 수 있어요.

A 登机了登机了，快收拾好行李。
Dēngjī le dēngjī le, kuài shōushi hǎo xíngli.

B 现在？今天太阳打西边儿出来了呀！
Xiànzài? Jīntiān tàiyáng dǎ xībianr chūlái le ya!

A 说得也是。这航空公司航班从来没准点起飞过。
Shuō de yěshì. Zhè hángkōng gōngsī hángbān cónglái méi zhǔndiǎn qǐfēi guo.

A 비행기 탄다 타. 빨리 짐 잘 챙겨.

B 지금? 오늘은 해가 서쪽에서 떴나보네!

A 하긴. 이 항공사의 비행기는 한 번도 제때 뜬 적이 없었지.

단어 **登机** 탑승하다 | **收拾** 정리하다, 치우다 | **行李** 짐 | **航空公司** 항공사 | **航班** 항공편 | **从来没…过** 전혀 ~한 적이 없다 | **准点** 제때 | **起飞** 이륙하다, 비행기가 뜨다

蹭吃蹭喝

cèngchī cènghē

얻어먹다

리얼 예문

- 我这个月生活费用光了，能跟着你蹭吃蹭喝吗？
  Wǒ zhège yuè shēnghuófèi yòngguāng le, néng gēnzhe nǐ cèngchī cènghē ma?
  나 이번 달 생활비 다 썼는데, 너 따라 좀 얻어먹어도 될까?

- 每次饭局他都来蹭吃蹭喝，从来不掏钱。
  Měicì fànjú tā dōu lái cèngchī cènghē, cónglái bù tāoqián.
  걔는 매번 모임에 와서 꼭 얻어만 먹더라. 돈을 낸 적이 없어.

'饭局 fànjú'는 식사 모임 또는 식사자리를 가리키는 말이에요. 비슷한 말로 술 모임, 술자리는 '酒局 jiǔjú'라고 표현해요.

단어 **蹭** (다른 사람으로부터) 얻게 되다 | **生活费** 생활비 | **…光** 다 ~해 버리다(그래서 남은 것이 하나도 없다) | **跟着** ~를 따라다니다 | **每次** 매번 | **饭局** 식사 모임 | **从来不…** 전혀 ~하지 않다 | **掏钱** 돈을 내다

'蹭 cèng'이란 '다른 사람으로부터 얻게 되다'라는 뜻으로, '蹭吃蹭喝 cèngchī cènghē'는 '먹을 것, 마실 것을 얻(어먹는)다'는 말이에요.
그 외에도 여름에 더위를 식히려고 에어컨이 빵빵하게 나오는 공간을 찾아가는 행동을 '蹭空调 cèng kōngtiáo'라고 표현하기도 해요!

A 我去买单啦。

Wǒ qù mǎidān la.

B 不行不行，我最近总是找你蹭吃蹭喝的！

Bùxíng bùxíng, wǒ zuìjìn zǒngshì zhǎo nǐ cèngchī cènghē de!

A 没事儿，也没花多少！

Méishìr, yě méi huā duōshǎo!

A 내가 계산하고 올게.

B 안 돼, 안 돼. 나 요즘 너무 너한테 얻어만 먹는 거 같아!

A 괜찮아, 얼마 나오지도 않았는데 뭐!

단어 买单 계산하다 | 总是 항상 | 花 (돈·시간을) 쓰다

淡定哥/淡定姐

dàndìng gē/dàndìng jiě

언제나 담담하고 침착한 남자/여자

리얼 예문

- 粉丝们看到偶像时，就不淡定了。
  Fěnsīmen kàndào ǒuxiàng shí, jiù bú dàndìng le.
  팬들이 좋아하는 연예인을 봤을 때에는 침착할 수가 없지.

- 明天就期末考试了，他还在打游戏，果然是淡定哥。
  Míngtiān jiù qīmò kǎoshì le, tā háizài dǎ yóuxì, guǒrán shì dàndìng gē.
  내일이 바로 기말고사인데 그는 아직도 게임을 하고 있네. 역시 언제나 담담함의 일인자야.

단어 淡定 침착하다, 냉정하다 | 哥 형, 오빠 | 粉丝 팬 | 偶像 우상, 좋아하는 연예인 | 期末考试 기말고사 | 打游戏 게임을 하다 | 果然 역시

아무리 상황이 급하고 심각하다 해도 늘 담담하고 침착한 사람이 있죠? 이런 사람은 때론 대범해 보이기도 하지만 때론 너무 무관심한 듯 보여 오히려 옆에서 지켜보는 사람이 더 조급해하고 걱정해주게 되는데요, 중국어로 이런 사람을 남성이라면 '淡定哥 dàndìng gē', 여성이라면 '淡定姐 dàndìng jiě'라고 불러요. 여기서 '淡定'은 '냉정하다, 침착하다'라는 뜻이랍니다.

리얼 회화

A 宿舍马上就要到期了，你找到房子了吗?
Sùshè mǎshàng jiùyào dàoqī le, nǐ zhǎodào fángzi le ma?

B 不是还有一个月嘛，等有空再说。
Búshì háiyǒu yíge yuè ma, děng yǒukòng zài shuō.

A 你不愧是淡定哥，都火烧眉毛了还淡定得很。
Nǐ búkuì shì dàndìng gē, dōu huǒshāoméimao le hái dàndìng dehěn.

'火烧眉毛'에서 '眉毛 méimao'는 눈썹을 가리키는데, '불이 눈썹까지 퍼졌다'는 말로 상황이 긴급하다는 의미를 나타내요!

A 기숙사 계약이 곧 끝나가는데 너 집 구했어?
B 아직 한 달이나 남았잖아. 나중에 짬이 나면 찾아야지.
A 넌 역시 언제나 담담한 남자야. 발등에 불이 떨어졌는데도 여전히 엄청 침착하네.

단어 **宿舍** 기숙사 | **马上** 곧, 바로 | **就要…了** 곧 ~할 것이다 | **到期** 기한이 되다 | **有空** 짬이 나다 | **不愧** ~라고 해도 손색이 없다 | **火烧眉毛** 발등에 불이 떨어지다, 일이 절박하다

躺尸

tǎngshī

시체놀이

리얼 예문

- 要是能不上班，在家躺尸该多好啊…
  Yàoshi néng bú shàngbān, zài jiā tǎngshī gāi duōhǎo a…
  출근 안 하고 집에서 시체놀이만 해도 되면 얼마나 좋을까…

- 这周快累吐了，周末一定要在宿舍躺尸。
  Zhè zhōu kuài lèi tù le, zhōumò yídìng yào zài sùshè tǎngshī.
  이번 주는 정말 토 나올 정도로 바쁘네. 주말엔 꼭 기숙사에서 시체놀이만 해야지.

'累死了(죽을 정도로 바쁘다, 바빠 죽겠다)'와 비슷한 맥락으로 쓰는 말이에요. […死了=…吐了]라고 알아두세요!

단어 **要是** 만약 ~하면 | **上班** 출근하다 | **…该多好** ~하면 얼마나 좋을까 | **快…了** 곧 ~할 것이다 | **…吐了** 토 나올 정도로 ~하다, 매우 ~하다 | **宿舍** 기숙사

'시체놀이'란 말은 아무것도 안 하고 가만히 누워만 있는 상태를 가리키는 말인데요, 가만히 누워만 있는 모습이 마치 시체 같아서 붙여진 이름이지요. 중국어에서도 같은 맥락의 '躺尸 tǎngshī'라는 표현이 있어요. '躺尸'라는 단어를 쪼개보면 '躺 tǎng'은 '누워있다', '尸 shī'는 '시체'를 뜻하는 단어로, 이 두 단어를 합하여 '시체놀이'를 표현했네요. 바쁘고 고단한 생활에 몸도 마음도 힘들어하는 요즘 사람들의 욕구를 반영한 단어 같아서 왠지 서글프지만 재미있는 표현이기도 하다라고 생각하고 알아두자고요!

리얼 회화

'玩儿 wánr'과 같은 뜻으로 '신나게 논다'는 표현이에요!

A 周末要不要出来浪?

Zhōumò yàobuyào chūlái làng?

B 这雨下得我都崩溃了，还是在家躺尸吧。

Zhè yǔ xià de wǒ dōu bēngkuì le, háishi zài jiā tǎngshī ba.

A 怎么能浪费大好周末呢?

Zěnme néng làngfèi dàhǎo zhōumò ne?

A 주말에 놀러 나올래?

B 비가 와서 나 완전 멘붕이거든. 그냥 집에서 시체놀이나 하는 게 낫지.

A 이 귀한 주말을 어떻게 그냥 보낼 수 있어?

단어 **浪** 놀러 다니다 | **崩溃** 멘탈붕괴/멘붕이다 | **还是…吧** 그래도 ~하는 것이 낫다 | **浪费** 낭비하다 | **大好** 매우 좋다

12 火上浇油

huǒshàng jiāoyóu

불 난 집에 부채질하다

5-12

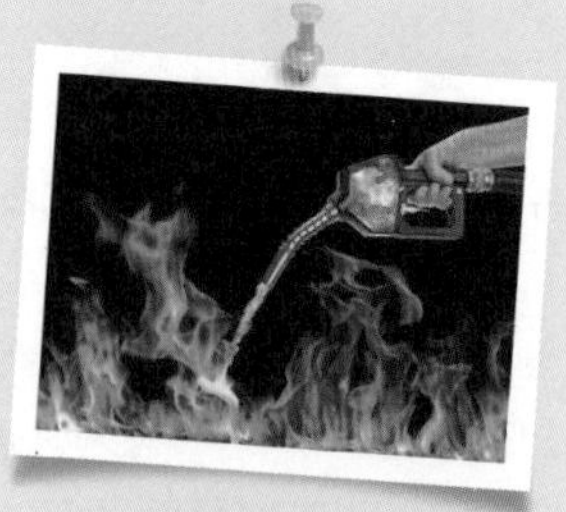

'엎친 데 덮친 격이다'의 뜻

리얼 예문

- 他刚分手，你就别在他面前秀恩爱，火上浇油了。
  Tā gāng fēnshǒu, nǐ jiù bié zài tā miànqián xiù ēn'ài, huǒshàng jiāoyóu le.
  걔 막 헤어졌는데 넌 걔 앞에서 네 알콩달콩한 사랑 자랑이나 하고 말야. 불 난 집에 부채질 좀 하지 마.

- 她因为体检要禁食，你居然还在她面前吃肉，简直是火上浇油。
  Tā yīnwèi tǐjiǎn yào jìnshí, nǐ jūrán hái zài tā miànqián chīròu, jiǎnzhí shì huǒshàng jiāoyóu.
  그녀는 건강검진 때문에 금식해야 하는데 넌 그녀가 보는 앞에서 고기를 먹다니, 참 불 난 집에 부채질하는 거야 뭐야.

단어 浇油 기름을 붓다 | 分手 헤어지다 | 面前 ~앞 | 秀恩爱 사랑을 과시하다, 자랑하다 | 体检 건강검진 | 禁食 금식하다 | 居然 뜻밖에

'浇油 jiāoyóu'는 '기름을 붓다'는 뜻으로, '火上浇油 huǒshàng jiāoyóu'는 직역하자면 '불 위에 기름을 붓는다'로 해석이 되는데 그러면 불이 더 커지겠지요? 그래서 '火上浇油'는 상황을 더욱 악화시키는 행동을 일컫는 표현이에요. 한국 속담에 '불 난 집에 부채질한다'와 고사성어 '설상가상(雪上加霜 xuěshàng jiāshuāng)' 등과 비슷한 맥락이에요.

리얼 회화

A 房东干嘛突然说要涨房租啊?
Fángdōng gànmá tūrán shuō yào zhǎng fángzū a?

B 说什么最近房价大涨价，要不同意，就让我们退房来着。
Shuō shénme zuìjìn fángjià dà zhǎngjià, yào bù tóngyì, jiù ràng wǒmen tuìfáng láizhe.

A 我这个月刚被炒鱿鱼，这不是火上浇油么?
Wǒ zhège yuè gāng bèi chǎo yóuyú, zhè búshì huǒshàng jiāoyóu me?

A 집주인이 왜 갑자기 방세를 올리겠다는 거지?
B 요즘 집값이 엄청 뛰었다나 뭐라나, 우리가 동의하지 않으면 방을 내놓으시겠대.
A 나 이번 달에 막 회사에서 잘렸는데, 이거 불 난 집에 부채질하시는 거 아냐?

단어 **房东** 집주인 | **干嘛** 왜 | **突然** 갑자기 | **涨** 오르다 | **房租** 집세 | **房价** 집값 | **涨价** 가격이 오르다 | **同意** 동의하다 | **退房** 집을 반환하다, 퇴거하다 | **炒鱿鱼** 해고하다/잘리다

13 金窝银窝不如自己的狗窝

jīnwō yínwō bùrú zìjǐ de gǒuwō

5-13

뭐니뭐니해도 내 집이 최고야

리얼 예문

- 金窝银窝不如自己的狗窝，还是回家最舒服。
  Jīnwō yínwō bùrú zìjǐ de gǒuwō, háishi huíjiā zuì shūfu.
  뭐니뭐니해도 내 집이 최고야. 집에 돌아오면 세상 편하거든.
- 金窝银窝不如自己的狗窝，我才不羡慕你家的别墅呢！
  Jīnwō yínwō bùrú zìjǐ de gǒuwō, wǒ cái bú xiànmù nǐ jiā de biéshù ne!
  뭐니뭐니해도 내 집이 최고지. 난 너희 별장 하나도 안 부럽더라!

단어 **金** 금 | **窝** 둥지 | **银** 은 | **不如** ~보다 못하다 | **狗窝** 개집/누추한 (자신의) 집 | **回家** 집에 돌아가다 | **舒服** 편안하다 | **羡慕** 부럽다 | **别墅** 별장

‘窝 wō’는 ‘둥지’를 가리키는 단어로, ‘金窝银窝不如自己的狗窝 jīnwō yínwō bùrú zìjǐ de gǒuwō’는 ‘금둥지이든 은둥지이든 자신의 (개)둥지가 최고다’라는 말로 직역돼요. ‘狗窝’는 ‘개집’이라는 뜻도 있지만 여기서는 ‘누추한 (자신의) 집’을 가리켜요. 이 속담은 ‘아무리 화려하고 좋은 집이어도 자신의 집이 최고다’라는 의미이지요. 긴 여행 후, 또는 힘든 일을 겪은 후 집에 돌아와서 쉬면서 ‘아~ 역시 우리 집이 최고야’라고 할 때 쓰면 정답인 표현이네요.

리얼 회화

A 隔壁要搬家了，听说买了新房。
Gébì yào bānjiā le, tīngshuō mǎi le xīnfáng.

B 你眼红了？你知道咱家没钱换房。
Nǐ yǎnhóng le? Nǐ zhīdào zánjiā méi qián huànfáng.

A 不是，我就随口一说，金窝银窝不如自己的狗窝。
Búshì, wǒ jiù suíkǒu yìshuō, jīnwō yínwō bùrú zìjǐ de gǒuwō.

A 옆집 곧 이사 간대. 새 집을 샀다나봐.

B 배 아파? 우리는 집 바꿀 돈 없는 거 당신도 알잖아.

A 아니, 그냥 해본 말이야. 뭐니뭐니해도 우리 집이 최고지.

단어 **隔壁** 옆집 | **搬家** 이사 가다 | **眼红** 배가 아프다 | **咱** 우리(구어체) | **换** 바꾸다 | **随口一说** 그냥 해본 이야기다

14 雾霾

wùmái

미세먼지

5-14

리얼 예문

- 这雾霾问题到底啥时候能解决啊?

  Zhè wùmái wèntí dàodǐ sháshíhou néng jiějué a?

  이 미세먼지 문제는 대체 언제 해결되려나?

- 天天收到雾霾警报短信，烦死了!

  Tiāntiān shōudào wùmái jǐngbào duǎnxìn, fán sǐle!

  매일매일 미세먼지 재난문자를 받자니 짜증나 죽겠네!

단어 **解决** 해결하다 | **天天** 매일 | **收** 받다 | **警报** 경보 | **短信** 문자메시지 | **烦** 짜증나다 | **…死了** ~해 죽겠다

요즘 계절을 가리지 않고 찾아오는 불청객! 미세먼지가 너무 심해서 대한민국 모두가 걱정이죠? 중국도 베이징을 비롯한 북쪽 지방에는 미세먼지가 매우 심각한 상황이에요. 우리의 건강을 위협하고 있는 '미세먼지'는 중국어로 '雾霾 wùmái'라고 표현해요. '안개'를 뜻하는 '雾 wù'와 '공중에 떠있는 먼지 혹은 연기'를 뜻하는 '霾 mái'와의 합성어예요. 또한 미세먼지보다 입자가 작아 더 위험하다는 '초미세먼지'도 중국어에서는 따로 구분 없이 동일하게 '雾霾'라고 말해요.
이 외에 봄이면 중국의 서쪽 사막에서 불어오는 누런 모래인 '황사'는 '黄沙 huángshā', 미세먼지나 황사를 막기 위해 꼭 써야 하는 마스크는 '口罩 kǒuzhào'라고 한다는 것도 같이 알아두세요!

리얼 회화

A 最近雾霾太严重了。
Zuìjìn wùmái tài yánzhòng le.

B 可不是吗？没有口罩都不敢出门。
Kěbúshì ma? Méiyǒu kǒuzhào dōu bùgǎn chūmén.

A 越来越担心我们的健康。
Yuèláiyuè dānxīn wǒmen de jiànkāng.

A 요즘 미세먼지가 너무 심해.
B 누가 아니래? 마스크 없이는 감히 나가지도 못해.
A 우리 건강이 점점 걱정이다.

단어 **严重** 심각하다 | **口罩** 마스크 | **敢** 감히 ~하다 | **出门** 집을 나서다 | **担心** 걱정하다 | **健康** 건강

凑合吃

còuhe chī

대충 끼니를 때우다

리얼 예문

- 她只有一张头像照片，你就凑合看吧。

  Tā zhǐyǒu yì zhāng tóuxiàng zhàopiàn, nǐ jiù còuhe kàn ba.

  그녀는 프로필 사진이 한 장 밖에 없어. 그냥 대충 봐. [부사]

- 我和婆婆的关系还凑合吧。

  Wǒ hé pópo de guānxi hái còuhe ba.

  나는 우리 시어머니와 사이가 그럭저럭 괜찮아. [형용사]

단어 **凑合** 대충/그런대로 괜찮다 | **头像照片** 프로필 사진 | **婆婆** 시어머니 | **关系** 관계, 사이

'凑合 còuhe'는 부사로 쓰이면 '대충대충, 그럭저럭'의 뜻이에요. 그래서 '凑合+동사'라는 관용구로 쓰이면 '대충 ~하다'는 의미가 되죠. 또한 '凑合'는 형용사로 쓰이기도 하는데, 형용사로 쓰일 때는 '그런대로 괜찮다, 그럭저럭하다'는 의미를 가지고 있어요.
부사는 문장에서 동사를 수식하는 성분이므로 주로 동사 앞에 놓이고, 형용사는 술어 자리에서 술어로 쓰이거나 명사 앞에서 명사를 수식하는 관형어로 쓰일 수 있어요. 문장에서 '凑合'의 위치를 잘 보고 부사인지 형용사인지 잘 구별해보세요!

리얼 회화

(出租车上)
(chūzūchē shang)

A 师傅，您一天到晚忙着开车，有时间吃饭吗?
Shīfu, nín yìtiān dào wǎn mángzhe kāichē, yǒu shíjiān chīfàn ma?

B 干我们这行，到了饭点就凑合吃呗。
Gàn wǒmen zhè háng, dào le fàndiǎn jiù còuhe chī bei.

A 您这样下去，身体也吃不消啊。
Nín zhèyàng xiàqù, shēntǐ yě chībuxiāo a.

(택시 안에서)

A 기사님, 하루 종일 운전하느라 바쁘신데 식사할 시간은 있으세요?

B 우리 이 업종의 일을 하면, 밥 시간이 되면 그냥 대충 때우는 거죠.

A 계속 이렇게 하면 몸이 견디지 못할 거예요.

단어 **师傅** 운전기사를 부르는 호칭 | **忙着** ~에 바빠하다 | **开车** 운전하다 | **行** 업계 | **饭点** 식사 시간 | **吃不消** 견디지 못하다

16 作威作福

zuòwēi zuòfú

갑질하다

5-16

리얼 예문

- 不要以为自己是“官二代”，就作威作福。
  Búyào yǐwéi zìjǐ shì “guān'èrdài”, jiù zuòwēi zuòfú.
  자신이 '정부 고위층 2세'니까 갑질해도 된다고 착각하지 마.

> 중국에서 재벌의 자녀는 '富二代 fù'èrdài', 정부 고위층의 자녀는 '官二代 guān'èrdài'라고 불러요.

- 老板应该保护自己的员工，阻止客人作威作福。
  Lǎobǎn yīnggāi bǎohù zìjǐ de yuángōng, zǔzhǐ kèrén zuòwēi zuòfú.
  사장은 마땅히 자신의 직원을 보호하고, 고객들이 갑질을 못 하게 해야 한다.

단어 作威作福 갑질하다 | 官二代 정부 고위층의 자녀, 정부 고위층 2세 | 老板 사장 | 保护 보호하다 | 员工 직원 | 阻止 막다 | 客人 손님, 고객

한국에서도 '갑질 논란'이 불거지고 있듯이 빈부격차가 심한 중국에서도 '갑질'은 여러 장소에서 볼 수 있다고 해요. 하지만 중국어로 '갑질'이란 표현은 따로 없고 '作威作福 zuòwēi zuòfú (권세를 부리다)'라는 동사 표현만 있어요. 이 표현이 즉 '갑질하다'는 한국어와 가장 비슷한 의미일 것 같아요.

A 富家千金作威作福，激起众怒。
Fùjiā qiānjīn zuòwēi zuòfú, jīqǐ zhòngnù.

B 有些富二代真是不省心。
Yǒu xiē fù'èrdài zhēnshì bù shěngxīn.

A 他们的行为确实让人无法理解。
Tāmen de xíngwéi quèshí ràng rén wúfǎ lǐjiě.

A 부잣집 공주들(딸들)의 갑질이 대중의 분노를 일으켰어.
B 요즘 재벌2세들 참 신경 쓰이게 한다.
A 그들의 행동이 참 이해가 안 되네.

단어 **富家** 부잣집 | **千金** 귀한 딸(존댓말로 쓰임) | **激起** 불러 일으키다 | **(大)众** 대중 | **怒** 분노/분노하다 | **富二代** 재벌2세 | **省心** 신경 쓰지 않다, 마음이 편하다, 걱정 없다 | **行为** 행동 | **确实** 확실히, 정말로 | **无法** ~할 수 없다 | **理解** 이해하다

鲤鱼跳龙门

lǐyú tiào lóngmén

개천에서 용 난다

'본인의 노력으로 성공하다'의 뜻

- 现在鲤鱼跳龙门比登天还难。
  Xiànzài lǐyú tiào lóngmén bǐ dēngtiān hái nán.
  요즘 개천에서 용 나는 것은 하늘의 별 따기이다.

- 他虽然出身贫穷，但凭自己的努力，鲤鱼跳龙门了。
  Tā suīrán chūshēn pínqióng, dàn píng zìjǐ de nǔlì, lǐyú tiào lóngmén le.
  그는 가난한 집안에서 태어났지만 본인의 노력으로 성공했다.

단어 **鲤鱼** 잉어 | **跳** 뛰다 | **龙门** 용문 | **登天** 하늘로 올라가다 | **出身** 출신/~집안에서 태어나다 | **贫穷** 가난하다 | **凭** ~에 의하다

한국 속담에 '개천에서 용 난다'는 말이 있죠? 같은 의미로 중국어에는 '**鲤鱼跳龙门** lǐyú tiào lóngmén'이란 표현이 있어요. '**鲤鱼** lǐyú'는 잉어를 의미하는 단어로 직역하면 '잉어가 용문을 뛰어넘는다'는 뜻으로 해석되지요. 중국인들의 정서에서 용은 상상 속의 동물이기는 하나 용이 구름을 박차고 하늘로 올라가는 모습에서 성공을 상징하는 신비한 존재로 각인되었고, 바로 누구든 노력만 하면 인생 역전을 할 수 있다는 희망의 존재를 의미하기도 하지요. 하지만 요즘 같은 사회에서는 '**鲤鱼跳龙门**' 하기 더욱 어려워졌다는 점을 부인할 수는 없겠지요?

리얼 회화

A "富二代"、"富三代"们从一出生就赢在起跑线上了。

"Fù'èrdài", "fùsāndài"men cóng yì chūshēng jiù yíngzài qǐpǎoxiàn shang le.

B 所以这个年代很难鲤鱼跳龙门了。

Suǒyǐ zhège niándài hěn nán lǐyú tiào lóngmén le.

A 那也难怪现在的年轻人对现实越来越绝望了呢！

Nà yě nánguài xiànzài de niánqīngrén duì xiànshí yuèláiyuè juéwàng le ne!

A 재벌2세, 재벌3세들은 태어날 때 이미 출발선에서부터 이긴 거야.

B 그래서 요즘 시대에는 개천에서 용 나는 게 정말 어려워.

A 그러니까 요즘 젊은이들이 현실에 점점 절망하는 것도 그들 탓만 할 수 없지!

단어 **富二代** 재벌2세 | **富三代** 재벌3세 | **出生** 태어나다 | **赢** 이기다 | **起跑线** 출발점 | **年代** 시대 | **难怪** 어쩐지 | **年轻人** 젊은이 | **现实** 현실 | **对…绝望** ~에 절망하다, 실망하다

18 白手起家

báishǒu qǐjiā

자수성가하다

5-18

리얼 예문

- 白手起家的人非常值得尊敬。

  Báishǒu qǐjiā de rén fēicháng zhídé zūnjìng.

  자수성가한 사람들 진짜 존경스러워.

- 马云白手起家时，遭到了周围很多人的反对。

  Mǎyún báishǒu qǐjiā shí, zāodào le zhōuwéi hěn duō rén de fǎnduì.

  마윈이 아무것도 없이 맨손으로 (사업을) 시작했을 때 주변의 많은 사람들이 반대했다.

바로 '阿里巴巴(알리바바)' 그룹의 회장이에요.

단어 白手起家 자수성가하다 | 值得 ~할 가치가 있다 | 尊敬 존경스럽다 | 遭到 ~을 당하게 되다 | 周围 주변 | 反对 반대하다

한국에서 흔히 말하는 일정한 직업 없이 노는 사람을 가리키는 '백수'라는 단어의 한자는 '白手'예요. 하지만 중국어에는 '白手'란 단어가 한국어에서의 '백수'라는 의미로 사용되지 않아요. '白手起家 báishǒu qǐjiā'에서도 '白手'는 '백수'란 뜻이 아닌 '맨손'이란 의미예요. 그래서 아무것도 없이 오직 자신의 노력만으로 성공한 사람, 즉 자수성가한 사람에게 '白手起家'라고 표현할 수 있답니다. 중국어로 '백수'는 '无业游民 wúyè yóumín'으로 표현하며 직업도 없이 떠돌아다니는 사람을 말해요!

리얼 회화

A 原来他不是什么"富二代"，而是"富一代"。

Yuánlái tā búshì shénme "fù'èrdài", érshì "fùyīdài".

B 真的吗？可能是他长了一张娃娃脸，大家都误会了吧。

Zhēnde ma? Kěnéng shì tā zhǎng le yìzhāng wáwaliǎn, dàjiā dōu wùhuì le ba.

A 对，他其实是白手起家。

Duì, tā qíshí shì báishǒu qǐjiā.

A 알고 보니 그 사람 무슨 '재벌2세'가 아니고, '재벌1세'였어.

B 진짜? 그가 아마 동안이어서 사람들이 다 오해했나봐.

A 맞아. 사실 그는 자수성가한 거였어.

단어 原来 알고 보니 | 不是A而是B A가 아니라 B이다 | 富二代 재벌2세 | 富一代 재벌1세 | 一张脸 얼굴 한 개 [얼굴을 셀 때 양사 '张'을 씀] | 娃娃脸 동안(어려보이는 얼굴을 말함) | 误会 오해하다 | 其实 사실

19 一夜暴富

yíyè bàofù

하룻밤 사이에 벼락부자가 되다

리얼 예문

- 很多拆迁户都一夜暴富了。

  Hěn duō chāiqiānhù dōu yíyè bàofù le.

  많은 재건축 수익자들이 하룻밤 사이에 벼락부자가 되었다.

- 要是真的一夜暴富，第一件事肯定是辞职。

  Yàoshi zhēnde yíyè bàofù, dì yī jiàn shì kěndìng shì cízhí.

  만약 정말 하룻밤 사이에 부자가 된다면 가장 먼저 할 일은 회사를 그만두는 것이다.

중국에서는 최근 재건축 붐으로 '재건축(拆迁 chāiqiān) = 로또 당첨(中彩票 zhòng cǎipiào)'이라는 농담까지 생겨났다고 해요!

단어 暴 폭발적으로 | 富 부유하다 | 拆迁 재건축 | 户 세대 | 肯定 반드시 | 辞职 사직하다, 직장을 그만두다

하룻밤 사이에 부자가 된 사람을 한국어로 '벼락부자'라고 부르잖아요. 중국어에는 '爆发户 bàofāhù', 즉 '폭발적으로 부자가 된 집안'이라는 표현이 있어요. 즉 '一夜暴富 yíyè bàofù'는 하룻밤 사이에 엄청난 부자가 되었다는 상황을 설명해준 표현이지요.

리얼 회화

A 我买了比特币，赚翻了。
Wǒ mǎi le bǐtèbì, zhuànfān le.

B 哇…怪不得新闻说比特币让很多人一夜暴富呢。
Wà… guàibude xīnwén shuō bǐtèbì ràng hěn duō rén yíyè bàofù ne.

A 所以我要辞职，去一场说走就走的旅行。
Suǒyǐ wǒ yào cízhí, qù yì chǎng shuōzǒu jiùzǒu de lǚxíng.

'걷는다고 하고 바로 걷다'라는 표현으로, 중국에서 최근 '욜로(YOLO)족'을 표현할 때 이렇게 많이 이야기해요! 정말 욜로족답죠?

A 나 비트코인을 샀는데 완전 대박 났어.
B 와우… 어쩐지 뉴스에서 많은 사람들이 비트코인으로 벼락부자가 됐다고 하더라고.
A 그래서 나 회사 관두고 바로 발길 닿는대로 여행 한 번 떠나려고.

단어 **比特币** 비트코인 | **赚** 돈을 벌다 | **翻** 몇 배나 오르다 | **怪不得** 어쩐지 | **新闻** 뉴스 | **说A就A** A라고 하면 바로 A하다 | **旅行** 여행

人靠衣装

rén kào yīzhuāng

옷이 날개다

리얼 예문

- 俗话说：人靠衣装，相亲前，我得去买衣服。
  Súhuà shuō: rén kào yīzhuāng, xiāngqīn qián, wǒ děi qù mǎi yīfu.
  속담에 옷이 날개라고 했는데, 선보기 전에 옷 사러 가야겠어.
- 人靠衣装，穿上晚礼服，她的气质都不一样了。
  Rén kào yīzhuāng, chuānshang wǎnlǐfú, tā de qìzhì dōu bù yíyàng le.
  옷이 날개네. 연회드레스를 입으니 그녀의 분위기가 완전히 달라졌어.

단어 靠 ~에게 의지하다 | 装 꾸미다 | 俗话 속담 | 相亲 선보다 | 晚礼服 연회복, 연회드레스 | 气质 사람이 풍기는 분위기

중국에 '人靠衣装马靠鞍 rén kào yīzhuāng mǎ kào ān'이란 속담이 있는데 이는 '옷이 날개다'라는 말이에요. 여기서 '鞍 ān'은 말의 안장을 의미하여 직역하자면 '사람은 옷에 의지하고, 말은 안장에 의지한다', 즉 옷은 사람을 예쁘게 꾸며주고, 안장은 말을 멋지게 해준다는 의미로 해석할 수 있어요. 한마디로 사람이든 말이든 복장이 매우 중요하다는 것이겠죠? 하지만 이 표현이 길고 어렵다면 '人靠衣装 rén kào yīzhuāng'이라고만 사용해도 돼요!

리얼 회화

A 她昨晚惊艳了全场！

Tā zuówǎn jīngyàn le quánchǎng!

B 我听说了，果然是人靠衣装，平时根本没发现。

Wǒ tīngshuō le, guǒrán shì rén kào yīzhuāng, píngshí gēnběn méi fāxiàn.

A 所以说人不可貌相，我们不能小看任何人。

Suǒyǐ shuō rén bùkě màoxiàng, wǒmen bùnéng xiǎokàn rènhé rén.

A 그녀가 어젯밤에 너무 아름다워서 모두가 깜짝 놀랐어!

B 나도 들었어. 역시 옷이 날개야. 평소에는 전혀 몰랐는데 말야.

A 그러니까 사람은 겉모습으로만 판단하면 안 되고, 그 누구도 무시해서는 안 돼.

단어 **昨晚** 어젯밤 | **惊艳** 너무 아름다워서 모두가 놀라다 | **全场** 전체 관객 | **根本** 전혀 | **发现** 발견하다 | **人不可貌相** 사람은 외모로만 평가하면 안 된다 | **小看** 무시하다, 엿보다 | **任何人** 모두, 그 누구도

一口吃不成胖子

yìkǒu chībuchéng pàngzi

첫 술에 배부르랴

리얼 예문

- 学语言千万不能心急，一口吃不成胖子。
  Xué yǔyán qiānwàn bùnéng xīnjí, yìkǒu chībuchéng pàngzi.
  언어를 공부하는 데에는 절대로 마음이 조급하면 안 돼. 첫 술에 배부르겠어?

- 减肥贵在坚持，一口吃不成胖子。
  Jiǎnféi guìzài jiānchí, yìkǒu chībuchéng pàngzi.
  다이어트에 가장 중요한 것은 끈기야. 첫 술에 배부를 수 없잖아.

단어 …不成 ~하지 못하다 | 胖子 뚱보 | 语言 언어 | 千万 제발, 부디 | 心急 마음이 조급하다 | 减肥 다이어트 | 贵在坚持 끈기가 가장 중요하다

'一口吃不成胖子 yì kǒu chībuchéng pàngzi'라는 표현은 '한 입에 뚱보가 되지 못한다'는 뜻으로 해석돼요. '첫 술에 배부르랴'란 한국의 속담과 비슷한 의미이지요. 무엇이든 갈수록 빨라지고 또 너도 나도 바쁜 삶을 살아가고 있는 우리에게 모든 일을 차근차근 제대로 진행하라는 교훈을 주는 표현이네요.

리얼 회화

A 每个月都存不了多少钱，这到什么时候才能买房啊?

Měi ge yuè dōu cúnbuliǎo duōshao qián, zhè dào shénme shíhou cáinéng mǎifáng a?

B 慢慢来嘛，一口又吃不成胖子。

Mànman lái ma, yìkǒu yòu chībuchéng pàngzi.

A 不是我要着急，是房价不等我们啊。

Búshì wǒ yào zháojí, shì fángjià bùděng wǒmen a.

A 매달 저축을 얼마 못 하는데, 이래서야 언제쯤 집을 살 수 있을까?

B 천천히 해. 첫 술에 배부르겠어?

A 내가 조급한 게 아니라 집값이 우리를 안 기다리니까.

단어 **慢慢** 천천히 | **着急** 조급하다 | **房价** 집값

22 太平洋警察

tàipíngyáng jǐngchá

오지랖이 태평양이야

5-22

- 少做“太平洋警察”，管好你自己吧！
  Shǎo zuò “tàipíngyáng jǐngchá”, guǎnhǎo nǐ zìjǐ ba!
  오지랖을 피우지 말고, 네 자신이나 잘 케어하시지!

- 你这个“太平洋警察”，心不累吗？
  Nǐ zhège “tàipíngyáng jǐngchá”, xīn bú lèi ma?
  넌 오지랖이 태평양인데 마음이 지치지도 않니?

단어 太平洋 태평양 | 警察 경찰 | 少 ~하지 마라 | 管 관리하다, 케어하다 | 心累 마음이 지치다

오지랖이 넓은 사람을 중국어로 '太平洋警察 tàipíngyáng jǐngchá'라고 불러요. 이 표현은 '태평양 경찰'이라고 직역하는데, 오대양 중 태평양이 가장 넓다는 사실이 이 표현의 근원이라고 생각하면 참 재미있지요?

리얼 회화

A 你不会还没交到男朋友吧?

Nǐ búhuì háiméi jiāodào nánpéngyou ba?

B 哥，你能别跟"太平洋警察"一样么?

Gē, nǐ néng bié gēn "tàipíngyáng jǐngchá" yíyàng me?

A 我这是好心，还不领情，哼!

Wǒ zhè shì hǎoxīn, hái bù lǐngqíng, hng!

불만을 표현하는 감탄사예요!

A 너 설마 아직도 남친 못 사귀어본 거 아니겠지?

B 오빠는 오지랖도 참 태평양 같네?

A 나는 좋은 마음으로 걱정해준 거였는데, 내 호의를 무시하다니, 흥!

단어 **跟…一样** ~와 같이, ~처럼 | **好心** 좋은 마음 | **领情** 상대방의 호의를 받아주다

23 耳朵都起茧了

ěrduo dōu qǐjiǎn le

귀에 못이 박히도록 들었어

5-23

- 终于爬到山顶了，脚都起茧了。
  Zhōngyú pádào shāndǐng le, jiǎo dōu qǐjiǎn le.
  드디어 산 정상까지 올라왔네. 발에 굳은살이 다 생겼어.
- 妈妈天天催婚，我耳朵都起茧了。
  Māma tiāntiān cuīhūn, wǒ ěrduo dōu qǐjiǎn le.
  엄마가 맨날 결혼하래. 귀에 못이 박히겠어.

단어 **耳朵** 귀 | **起茧** 굳은살이 생기다 | **爬** 기다/등산하다 | **山顶** 산꼭대기 | **脚** 발 | **天天** 하루하루, 매일 | **催婚** 결혼하라고 재촉하다

'起茧 qǐjiǎn'은 굳은살이 난다는 말로, '耳朵起茧 ěrduo qǐjiǎn'은 '귀에 굳은살이 생긴다'는 것으로 직역되는데, 의역하면 '잔소리가 심하다'는 것을 의미해요. 한국어에서도 심한 잔소리에 대해 '귀에 못이 박히도록 들었다'라고 표현하지요? 중국어에서도 이와 같다고 생각하면 됩니다! 물론 '起茧'이라는 단어는 진짜 굳은살이 생겼을 때도 쓰여요. '手起茧了 shǒu qǐjiǎn le (손에 굳은살이 생겼다)', '脚起茧了 jiǎo qǐjiǎn le (발에 굳은살이 생겼다)' 등으로 쓸 수 있답니다.

리얼 회화

A 又是一身酒味儿，都说了让你少喝点儿酒了！

Yòu shì yìshēn jiǔ wèir, dōu shuō le ràng nǐ shǎo hē diǎnr jiǔ le!

B 好了好了…天天唠叨，我耳朵都快起茧了。

Hǎo le hǎo le… tiāntiān láodao, wǒ ěrduo dōu kuài qǐjiǎn le.

A 跟你这样的酒鬼，日子没法儿过了！

Gēn nǐ zhèyàng de jiǔguǐ, rìzi méifǎr guò le!

'酒鬼'는 '술 귀신'이란 표현으로 '술고래', 즉 술을 잘 마시는 사람을 가리켜요!

A 또 온몸에 술 냄새. 술 좀 적게 먹으랬지!

B 알았어, 알았어… 맨날 잔소리야. 내 귀에 못이 박히겠다.

A 너 같은 술고래랑은 정말 못 살겠다!

단어 **一身** 온몸 | **酒味儿** 술 냄새 | **唠叨** 잔소리하다 | **酒鬼** 술고래 | **过日子** 삶을 살다 | **没法儿** ~할 방법이 없다, ~할 수 없다

叫代驾

jiào dàijià

대리운전 불러

- 您叫了代驾对吗?

  Nín jiào le dàijià duì ma?

  대리 부르셨죠?

- 等会儿要是我喝多了，就帮我叫代驾。

  Děnghuìr yàoshi wǒ hēduō le, jiù bāng wǒ jiào dàijià.

  좀 이따가 내가 많이 마시면, 대리운전 좀 불러줘.

단어 **叫** 부르다 | **代驾** 대리운전(= 代理驾驶) | **等会儿** 좀 이따가 | **要是…就** 만약 ~하면 | **帮** ~에게 해주다, ~를 돕다

중국에도 한국처럼 대리운전이 매우 활성화되어 있어 휴대전화 어플로 편리하게 대리운전 기사를 부를 수 있어요. '대리운전'을 중국어로 '代理驾驶 dàilǐ jiàshǐ'라고 하는데 보통 '代驾 dàijià'라고 줄여서 표현해요.

중국의 대표 대리운전 어플로는 '디디 대리운전(滴滴代驾 Dīdī Dàijià)', 'e대리운전(e代驾 E Dàijià)'이 있어요!

A 今天我开车来了，所以喝不了酒。

Jīntiān wǒ kāichē lái le, suǒyǐ hēbuliǎo jiǔ.

B 我们难得一聚，你总不能扫兴吧。

Wǒmen nándé yíjù, nǐ zǒng bù néng sǎoxìng ba.

A 好吧…那我一会儿喝完了，叫代驾吧！

Hǎo ba… nà wǒ yíhuìr hēwán le, jiào dàijià ba!

A 오늘 나 차를 몰고 와서 술을 못 마셔.

B 우리 모처럼 모였는데 네가 분위기를 깨면 안 되지.

A 그래… 그럼 나 좀 이따 마시고 나서 대리 불러야겠다!

단어 开车 운전하다 | 难得 모처럼, 겨우 | 聚 모이다 | 扫兴 분위기를 가라앉히다 | 一会儿 좀 이따 | 完 끝나다, 완료하다

25 电子请帖

diànzǐ qǐngtiě

모바일 청첩장

5-25

리얼 예문

- 八百年没联系了，没想到她突然给我发了电子请帖。
  Bābǎi nián méi liánxì le, méi xiǎngdào tā tūrán gěi wǒ fā le diànzǐ qǐngtiě.
  연락 안 한 지 백만 년도 더 됐는데 걔가 나한테 모바일 청첩장을 보낼 줄은 상상도 못했네.

- 她只给了我电子请帖，我干嘛去婚礼？
  Tā zhǐ gěi le wǒ diànzǐ qǐngtiě, wǒ gànmá qù hūnlǐ?
  걔는 나한테 모바일 청첩장만 보냈는데 내가 왜 결혼식에 가?

단어 **电子请帖** 모바일 청첩장 | **八百年** 800년(백만 년, 아주 오랫동안) | **联系** 연락하다 | **没想到** 뜻밖에(= 竟然) | **突然** 갑자기 | **干嘛** 왜

요즘 종이로 된 청첩장보다 모바일 청첩장을 더 많이 사용하죠? 모바일 청첩장은 '电子请帖 diànzǐ qǐngtiě'라고 하는데, '전자'라는 뜻의 '电子'와 '청첩장'이라는 뜻의 '请帖'의 합성어예요. 모바일 청첩장이 생겨서 결혼하는 사람들이 편해진 것은 사실이지만 반면에 문제점도 보이는데요. 바로 그다지 친하지 않은 사람에게는 종이 청첩장보다는 '电子请帖'를 보낸다는 인식이 있어 받는 사람은 가야 하나 말아야 하나 난감한 선택이 될 수도 있다는 점이에요.

리얼 회화

A 如果你只收到了电子请帖，你去参加婚礼吗？
Rúguǒ nǐ zhǐ shōudào le diànzǐ qǐngtiě, nǐ qù cānjiā hūnlǐ ma?

B 你是想问"该不该给礼金"吧？
Nǐ shì xiǎng wèn "gāi bu gāi gěi lǐjīn" ba?

A 果然聪明！是我以前公司的同事。
Guǒrán cōngming! Shì wǒ yǐqián gōngsī de tóngshì.

중국에서는 한국에서처럼 '礼金(축의금)'을 흰색 봉투에 넣지 않고 반드시 '红包 hóngbāo(빨간 봉투)'에 넣어야 해요! 중국에서는 장례식장에서나 흰 봉투를 사용한다는 것 기억해두세요!

A 만약 네가 모바일 청첩장만 받았다면 너는 결혼식에 갈 거야?
B 너는 '축의금을 내야 하나, 말아야 하나'를 묻고 싶은 거지?
A 역시 똑똑해! 내 옛날 회사의 동료거든.

단어 收 받다 | 参加 참가하다 | 婚礼 결혼식 | 礼金 축의금 | 果然 역시 | 聪明 똑똑하다 | 同事 동료

26 凉了

liáng le

한물갔다, 유명세가 지났다, 유행에 뒤쳐지다

5-26

리얼 예문

- 圣诞颂歌一直不会“凉”。
  Shèngdànsònggē yìzhí búhuì “liáng”.
  크리스마스 캐롤은 유행을 타지 않는다.
- 他被爆出逃税丑闻后，就“凉”了。
  Tā bèi bàochū táoshuì chǒuwén hòu, jiù “liáng” le.
  그와 관련된 탈세 소문이 폭로되자 그는 인기를 잃었다.

단어 凉 차갑다 | 圣诞颂歌 크리스마스 캐롤 | 爆出 폭로하다 | 逃税 탈세 | 丑闻 소문, 스캔들

'凉 liáng'의 원래 뜻은 '차갑다'는 것인데요, 인기가 떨어지면 열기가 식는다는 의미에서 '凉了 liáng le'란 표현을 쓰게 되었어요. 이 표현은 유행이 지난 상품뿐만 아니라 유명세가 점점 떨어지는 연예인에게도 쓸 수 있는 표현이에요.

리얼 회화

A 换季了，得上网淘些新衣服了。

Huànjì le, děi shàngwǎng táo xiē xīn yīfu le.

B 你去年买了那么多，衣柜都塞不下了。

Nǐ qùnián mǎi le nàme duō, yīguì dōu sāibuxià le.

A 那些款式早就"凉"了，我得紧跟潮流。

Nàxiē kuǎnshì zǎojiù "liáng" le, wǒ děi jǐngēn cháoliú.

A 계절이 바뀌었으니 인터넷에서 새 옷이나 좀 찾아봐야겠다.

B 너 작년에 그렇게나 많이 사서, 옷장에 다 안 들어가잖아.

A 그 스타일들은 진작에 한물갔어. 나는 유행을 제대로 좇아가야 되거든.

단어 **换季** 계절이 바뀌다 | **上网** 인터넷하다 | **淘** 찾아보다 | **去年** 작년 | **衣柜** 옷장 | **塞** 집어넣다 | **…不下** ~할 공간이 없다[보어] | **款式** 디자인 | **早就** 진작 | **紧跟** 밀접하게 따라가다 | **潮流** 유행, 패션

滤镜

lǜjìng

카메라 필터

리얼 예문

- 她直播时不小心关掉了滤镜。
  Tā zhíbō shí bù xiǎoxīn guāndiào le lǜjìng.
  그녀가 라이브 방송할 때 부주의로 카메라의 필터를 꺼버렸다.

- 我很喜欢这个美颜相机里的滤镜。
  Wǒ hěn xǐhuan zhège měiyán xiàngjī li de lǜjìng.
  난 이 셀카 어플에 있는 필터들을 좋아한다.

단어 直播 라이브 방송하다 | 不小心 부주의로 | 关掉 꺼버리다 | 美颜相机 중국의 셀카 어플(한국어로 뷰티캠)

요즘 일반 카메라로는 사진 잘 찍지 않죠? 대신 스마트폰의 각종 카메라 어플을 활용해 더 예쁜 사진으로 재탄생시키는 게 대세죠. 그중에 중요한 역할을 하는 것이 바로 '필터'! 중국어로는 '滤镜 lǜjìng'이라고 해요!

중국의 대표 셀카 어플로는 '메이투슈슈(美图秀秀 Měitú Xiùxiù = 메이투 美图 Měitú)', 'faceu 지멍(faceu激萌 jīméng)', '메이파이(美拍 Měipāi)', '메이옌샹지(美颜相机 Měiyán Xiàngjī)' 등이 있어요!

A 我们来自拍吧。
Wǒmen lái zìpāi ba.

B 等等，你开美颜相机了吗?
Děngdeng, nǐ kāi měiyán xiàngjī le ma?

A 当然，最近少了滤镜和P图怎么拍照?
Dāngrán, zuìjìn shǎo le lǜjìng hé P tú zěnme pāizhào?

사진 보정 프로그램 'Photoshop'의 첫 문자를 딴 것으로, 첫 문자 P만으로도 '포토샵'을 의미할 수 있어요!

A 우리 셀카 찍자.
B 잠깐만, 너 셀카 어플 켰어?
A 당연하지. 요즘 카메라 필터와 포토샵이 없이 어떻게 사진을 찍어?

단어 自拍 셀카 | 等 기다리다 | 开 켜다 | 最近 요즘 | P图 사진을 포토샵 보정하다 | 怎么 어떻게, 어찌

28 抠门

kōumén

짠돌이다

리얼 예문

- 他太抠门了，吃饭从来不掏钱。

  Tā tài kōumén le, chīfàn cónglái bù tāoqián.

  걔 엄청 짠돌이야. 밥 먹을 때 한 번도 돈 낸 적이 없어.

- 连个冰淇淋都舍不得请我吃，也太抠门了！

  Lián ge bīngqílín dōu shěbude qǐng wǒ chī, yě tài kōumén le!

  아이스크림 하나조차도 나한테 사주기가 아깝구나. 정말 너무 쪼잔해!

단어 掏钱 돈을 내다 | 连…都 조차도 | 冰淇淋 아이스크림 | 舍不得 ~하기 아까워하다 | 请 사주다, 한턱내다

중국에서는 짠돌이처럼 매우 인색하고 쩨쩨한 것을 '抠门 kōumén'이란 단어로 표현해요. 반대말은 '大方 dàfāng'이고요. '抠门'은 품사로는 형용사인데, 명사로 인색한 사람이나 구두쇠를 나타낼 때는 '小气鬼 xiǎoqìguǐ'라고 부르는 것도 같이 알아두세요!

A 他从来都不在外面吃饭，可省了。

Tā cónglái dōu bú zài wàimiàn chīfàn, kě shěng le.

B 他对自己抠门，对家人可大方了。

Tā duì zìjǐ kōumén, duì jiārén kě dàfāng le.

A 一家之主，不容易啊。

Yìjiā zhīzhǔ, bù róngyì a.

A 그 사람 여태껏 외식하는 적이 없어. 되게 아껴.

B 자기 자신한테는 짠돌이인데, 가족들한테는 돈을 엄청 잘 쓰거든.

A 한 집안의 가장으로서 참 고생이 많네.

단어 从来不… 전혀 ~하지 않다 | 外面 밖에 | 家人 가족 | 大方 손이 크다, 돈을 잘 쓰다 | 一家之主 한 집안의 가장

29 井底之蛙

jǐngdǐ zhīwā

우물 안 개구리

5-29

리얼 예문

- 如果一直做井底之蛙，就不会有进步。
  Rúguǒ yìzhí zuò jǐngdǐ zhīwā, jiù búhuì yǒu jìnbù.
  계속 우물 안 개구리로 지내면 아무런 발전이 없을 거야.

- 总是安于现状，很容易成为井底之蛙。
  Zǒngshì ānyú xiànzhuàng, hěn róngyì chéngwéi jǐngdǐ zhīwā.
  늘 현재에 안주하기만 하면 쉽게 우물 안 개구리가 될 거야.

단어 **井** 우물 | **蛙** 개구리 | **进步** 발전 | **总是** 항상 | **安于现状** 현재에 안주하다 | **容易** ~하기 쉽다 | **成为** ~이 되다

한국어의 '우물 안 개구리'라는 속담은 중국어로 '**井底之蛙** jǐngdǐ zhīwā', 즉 '우물 밑의 개구리'라고 표현해요. '**井** jǐng'은 '우물', '**蛙** wā'는 '개구리'예요. 한 곳에만 머물러 시야나 견문이 매우 좁은 데다 시야를 넓히려고 노력조차 하지 않는 사람을 가리키지요.

리얼 회화

A 这次上海之行真是让我大开眼界。

Zhècì Shànghǎi zhīxíng zhēnshì ràng wǒ dàkāi yǎnjiè.

B 是吧？特别是电子商务方面，中国发展得太快。

Shì ba? Tèbié shì diànzǐ shāngwù fāngmiàn, Zhōngguó fāzhǎn de tài kuài.

A 我们真的要多出去走走看看，免得成井底之蛙。

Wǒmen zhēnde yào duō chūqù zǒuzou kànkan, miǎnde chéng jǐngdǐ zhīwā.

A 이번 상하이 여행은 정말이지 내 눈을 번쩍 뜨이게 했어.

B 그렇지? 특히 전자상거래 분야에서 중국의 발전이 너무 빨라.

A 우리 정말 자주 나가서 많이 다니고 봐야겠어. 우물 안 개구리가 되지 않게 말야.

단어 **上海** 상하이 | **…之行** ~행 | **眼界** 시야, 견문 | **电子商务** 전자상거래 | **方面** ~방면, 분야 | **发展** 발전하다 | **免得** ~를 하지 않게/~을 피하다

烂好人

làn hǎorén

착한 바보

'착하기만 한 사람' 또는 낮은말로 '호구'를 가리킴

리얼 예문

- 烂好人最容易被利用。
  Làn hǎorén zuì róngyì bèi lìyòng.
  착하기만 한 사람이 가장 쉽게 이용당하는 거야.

- 我们当然要做善良的人，但不是烂好人。
  Wǒmen dāngrán yào zuò shànliáng de rén, dàn búshì làn hǎorén.
  우리는 물론 착한 사람이 되어야 하지만 호구가 되어서는 안 된다.

단어 烂 썩다 | 利用 이용하다 | 善良 착하다

'烂 làn'은 '썩었다'는 뜻으로, '烂好人 làn hǎorén'을 직역하면 '썩은 착한 사람'이라는 뜻이 되는데, 즉 '지나치게 착하기만 한 사람'을 가리키는 말이에요. '烂好人'이란 표현에는 착한 마음은 쉽게 이용당한다는 안타까움도 담겨있어요. PART 04 200쪽에서 '软柿子 ruǎn shìzi'라는 단어 배웠었죠? 그 단어와 뜻은 같으나 '软柿子'는 '烂好人'보다 긍정적인 색채가 더 강하다는 것을 함께 알아두세요!

리얼 회화

(在地铁里看见乞讨的人)
(zài dìtiě li kànjiàn qǐtǎo de rén)

A 你有零钱吗？我们给他点儿吧。
Nǐ yǒu língqián ma? Wǒmen gěi tā diǎnr ba.

B 你能不做烂好人吗？现在乞丐大部分是骗子。
Nǐ néng bú zuò làn hǎorén ma? Xiànzài qǐgài dàbùfen shì piànzi.

A 唉…这社会真真假假越来越分不清了。
Ài… zhè shèhuì zhēnzhenjiǎjiǎ yuèláiyuè fēnbuqīng le.

(지하철에서 구걸하는 사람을 보고)

A 너 잔돈 있어? 우리 저 사람한테 좀 주자.

B 너 착한 바보 좀 그만 할래? 요즘 거지들은 거의 다 사기꾼이야.

A 에고… 요즘 사회에서 진짜냐 가짜냐 구별하기가 갈수록 어렵네.

단어 **地铁** 지하철 | **乞讨** 구걸하다 | **零钱** 잔돈 | **乞丐** 거지 | **大部分** 대부분 | **骗子** 사기꾼 | **社会** 사회 | **真真假假** 진실과 거짓이(진짜와 가짜가) 섞여 있는 모양 | **分** 구분하다 | **清** 명확하다

31 衣品

yīpǐn

패션 감각

5-31

- 她的衣品突然变高级了，是不是换造型师了呀？
  Tā de yīpǐn tūrán biàn gāojí le, shìbushì huàn zàoxíngshī le ya?
  그녀의 패션이 갑자기 고급스러워진 것 같아. 스타일리스트를 바꿨나?

- 衣品是需要不断努力才能培养的。
  Yīpǐn shì xūyào búduàn nǔlì cáinéng péiyǎng de.
  패션 감각은 끊임없이 노력해야만 키울 수 있는 것이지.

단어 **品** 품위, 감각 | **突然** 갑자기 | **变** 변하다 | **高级** 고급 | **换** 바꾸다 | **造型师** 스타일리스트 | **需要** 필요하다 | **不断** 끊임없이 | **努力** 노력/노력하다 | **培养** 키우다, 양성하다

'衣品 yīpǐn'의 '品 pǐn'은 '품위, 감각'을 뜻하여 '衣品'이라고 하면 옷에 대한 감각, 즉 '패션 감각'을 말해요. 옷을 잘 입는 '패셔니스타'에게 '衣品好 yīpǐn hǎo'라고 표현할 수 있어요.

A 为什么韩国男生在中国有人气呢?
Wèishénme Hánguó nánshēng zài Zhōngguó yǒu rénqì ne?

B 我觉得是他们的衣品比较好吧。
Wǒ juéde shì tāmen de yīpǐn bǐjiào hǎo ba.

A 我倒是觉得中国男孩子很贴心，更有魅力。
Wǒ dàoshì juéde Zhōngguó nánháizi hěn tiēxīn, gèng yǒu mèilì.

A 왜 한국 남자가 중국에서 인기가 많은 걸까?
B 아마도 옷을 비교적 잘 입어서 그런 거 같아.
A 나는 오히려 중국 남자가 자상해서 더 매력적인데.

단어 **男生** 젊은 남자(= 男孩子) | **人气** 인기 | **倒是** 오히려 | **贴心** 자상하다 | **魅力** 매력

PART 06

우정에 대해 중국어로 리얼 토킹!

友谊的小船翻了!

Yǒuyì de xiǎochuán fān le!

우정이 깨졌어!

'우정이라는 작은 배가 뒤집어졌다'의 뜻

- 有了男朋友，就忘了朋友。我们友谊的小船彻底翻了!

  Yǒu le nánpéngyou, jiù wàng le péngyou. Wǒmen yǒuyì de xiǎochuán chèdǐ fān le!

  남자친구 생겼다고 친구를 버리네. 이젠 너랑 진짜 친구 안 해!

- 自己竟然偷偷减肥，哼! 友谊的小船翻了!

  Zìjǐ jìngrán tōutōu jiǎnféi, hng! Yǒuyì de xiǎochuán fān le!

  혼자 몰래 다이어트를 하다니. 흥! 우리 우정은 깨졌어!

단어 **翻** 뒤집히다 | **忘** 잊다 | **彻底** 철저히 | **竟然** 뜻밖에 | **偷偷** 몰래 | **减肥** 다이어트하다

'友谊的小船翻了 yǒuyì de xiǎochuán fān le'란 표현은 중국의 인기 만화가 '난둥니(喃东尼 Nándōngní)'가 웨이보에 올린 만화의 제목이에요. '우정'을 영어로 'friendship'이라고 하는데, 이 단어를 쪼개보면 'friend+ship'이어서 중국어로 직역하면 '友谊的小船 yǒuyì de xiǎochuán'이 되어 요즘 중국에서는 '우정'을 '友谊的小船'이란 말로 대신하고 있어요. '翻 fān'은 '뒤집어지다'라는 뜻이라 '友谊的小船翻了'는 '우정이 뒤집어졌다', 즉 '친구 사이가 깨졌다'는 의미가 되지요. 물론 친구끼리 서로 장난칠 때 쓰는 표현이랍니다.

리얼 회화

A 你是不是上传了我们俩的自拍?

Nǐ shìbushì shàngchuán le wǒmen liǎ de zìpāi?

B 对呀，好多人点赞呢!

Duì ya, hǎoduō rén diǎnzàn ne!

A 你为什么只给你自己P了图?

Nǐ wèishénme zhǐ gěi nǐ zìjǐ P le tú?

哼! 我们友谊的小船就这么翻了!

Hng! Wǒmen yǒuyì de xiǎochuán jiù zhème fān le!

A 네가 우리 둘의 셀카 사진을 인터넷에 올렸지?

B 맞아, 엄청 많은 사람들이 '좋아요'를 눌러줬어!

A 너 왜 네 얼굴만 포샵했냐? 흥! 우리 이제 절교야!

단어 **上传** (인터넷에) 올리다 | **自拍** 셀카/셀카를 찍다 | **点赞** '좋아요'를 누르다 | **P图** 사진을 포토샵 보정하다

逃单

táodān

먹튀

리얼 예문

- 他为了逃单，真是绞尽脑汁。
  Tā wèile táodān, zhēnshì jiǎojìn nǎozhī.
  그가 먹튀를 하기 위해서 머리를 쥐어짜고 있어.

- 我们以后聚会千万别叫他了，每次就知道逃单。
  Wǒmen yǐhòu jùhuì qiānwàn bié jiào tā le, měicì jiù zhīdào táodān.
  우리 이제 모임할 때 제발 걔 부르지 말자. 매번 먹튀만 하잖아.

단어 **逃单** 계산을 회피하다 | **绞尽脑汁** 머리를 쥐어짜다, 온갖 방법을 생각해내다 | **聚会** 모임 | **千万** 제발

요즘 '먹튀'라는 말 많이 쓰지요? '먹튀'의 사전적 의미는 거액의 돈을 벌어들이고 그만큼의 구실은 하지 않은 채 수익만 챙겨서 떠나는 것을 말하는데요, 우리가 실생활에서 쓸 때에는 간단하게 '먹기만 하고 바로 가버린다(튄다)'는 뜻이라고 보면 되겠죠! '먹튀'는 중국어로는 '逃单 táodān'이라고 해요. '逃 táo'는 '도망치다', '单 dān'은 '계산서'라는 뜻이어서 '逃单'은 '계산을 피하는' 행동을 의미하지요.

반대로 사람들이 서로 자기가 계산하려고 하는 것을 '抢单 qiǎngdān'이라고 하는데, 여기서 '抢'은 '강제로 빼앗다'는 뜻이에요. 모두가 '抢单'하려고 하는 분위기, 참 훈훈하겠지요?

리얼 회화

A 今天我们AA制吧!

Jīntiān wǒmen AA zhì ba!

'더치페이'를 중국어로 말하면 'AA制'라고 해요!

B 我先去一下洗手间，你先付吧。

Wǒ xiān qù yíxià xǐshǒujiān, nǐ xiān fù ba.

A 你不会又想逃单吧…

Nǐ búhuì yòu xiǎng táodān ba…

A 오늘 우리 더치페이하자!

B 난 먼저 화장실 좀 갔다 올게. 네가 먼저 계산해줘.

A 너 설마 또 먹튀 하려는 거 아니지…

단어 AA制 더치페이 | 洗手间 화장실 | 付 지불하다 | 不会…吧 설마 ~아니겠지

套近乎

tàojìnhu

갑자기 친한 척하다

- 少突然套近乎，我们又不熟。

  Shǎo tūrán tàojìnhu, wǒmen yòu bùshú.

  갑자기 친한 척 하지 마. 우리 별로 안 친하잖아.

- 你不要因为他刚升职了，就去套近乎！

  Nǐ búyào yīnwèi tā gāng shēngzhí le, jiù qù tàojìnhu!

  그가 막 승진했다고 너 바로 가서 친한 척하지는 마!

단어 **套近乎** 갑자기 친한 척하다 | **突然** 갑자기 | **熟** 익숙하다, 잘 알다 | **升职** 승진하다

평소에 연락이 아주 뜸하다가 갑자기 "잘 지내?", "요즘 어떻게 지내?" 등의 안부 문자를 받으면 '또 뭘 부탁할 게 있구나'라는 생각이 절로 들면서 좀 불편할 때도 있죠? 갑자기 친한 척하는 행동을 중국어로는 '套近乎 tàojìnhu'라고 해요. 주변 모든 사람들에게 '套近乎'하려고만 한다면 원활한 인간관계를 유지하기는 어렵겠죠?

리얼 회화

A 小王突然给我发短信，问我最近过得怎么样。

Xiǎo Wáng tūrán gěi wǒ fā duǎnxìn, wèn wǒ zuìjìn guò de zěnmeyàng.

B 他突然套近乎，肯定是有事找你。

Tā tūrán tàojìnhu, kěndìng shì yǒu shì zhǎo nǐ.

'할 말을 잃었다, 어이없다, 기가 막히다'라는 의미예요!

A 没错，他请我去参加他儿子的"周岁宴"，太无语了。

Méicuò, tā qǐng wǒ qù cānjiā tā érzi de "zhōusuìyàn", tài wúyǔ le.

A 샤오왕이 갑자기 나한테 문자 보내서 요즘 어떻게 지내냐고 물었어.

B 그가 갑자기 친한 척하는 건 분명 너한테 (부탁할) 일이 있어서일 거야.

A 맞아. 나한테 자기 아들 돌잔치에 와 달라더라. 나 참 어이가 없어서.

단어 发 보내다 | 短信 문자 | 肯定 틀림없이, 꼭 | 请 초대하다 | 周岁宴 돌잔치 | 无语 기가 막히다, 어이없다

男闺蜜/女闺蜜

nánguīmì/nǚguīmì

(친한) 남사친/여사친

리얼 예문

- 你有那么多男闺蜜，你男朋友不吃醋吗?
  Nǐ yǒu nàme duō nánguīmì, nǐ nánpéngyou bù chīcù ma?
  너한테 남사친이 그렇게나 많은데 네 남친은 질투 안 해?
- 跟男闺蜜可以无话不谈。
  Gēn nánguīmì kěyǐ wúhuà bùtán.
  남사친이랑은 못 하는 말이 없어.

단어 吃醋 (사랑 때문에) 질투하다 | 无话不谈 못 할 이야기가 없다

'闺 guī'는 옛말로 '여자의 방'을 뜻해, '闺蜜 guīmì'는 여자끼리 서로 친한 친구를 부르는 표현이 되었어요. 그리고 이 단어에서 '男闺蜜 nánguīmì', '女闺蜜 nǚguīmì'라는 파생어가 생겨 '男闺蜜'는 '남사친', '女闺蜜'는 '여사친'을 의미해요.

리얼 회화

A 今天头条是在颁奖礼上，他细心为她提裙子的照片。

Jīntiān tóutiáo shì zài bānjiǎnglǐ shang, tā xìxīn wèi tā tí qúnzi de zhàopiàn.

B 我也看了，特别暖人。我觉得他们已经越过恋人，变成家人了。

Wǒ yě kàn le, tèbié nuǎnrén. Wǒ juéde tāmen yǐjīng yuèguò liànrén, biànchéng jiārén le.

A 有他那样的男闺密，真是羡慕嫉妒恨。

Yǒu tā nàyàng de nánguīmì, zhēnshì xiànmù jídù hèn.

아주 부러워할 때 쓰는 표현이에요!

A 오늘의 톱뉴스는 시상식에서 그가 자상하게 그녀의 드레스를 들어주는 사진이야.

B 나도 봤어. 마음이 완전 녹아버렸지. 둘은 벌써 연인 사이를 넘어 가족이 된 느낌이야.

A 그 사람 같은 남사친이 있다니, 진짜 부러워 죽겠네.

단어 头条 톱뉴스, 톱기사 | 颁奖礼 시상식 | 细心 자상하다, 세심하다 | 暖人 사람의 마음을 따뜻하게 하다 | 越过 뛰어넘다 | 恋人 연인 | 变成 ~로 변하다 | 羡慕 부러워하다 | 嫉妒 질투하다 | 恨 한이 맺히다

“塑料花”友情

“sùliàohuā” yǒuqíng

('플라스틱 꽃'처럼 깊지 않은) 가짜 우정

리얼 예문

- 明知道我胆小，还故意叫我看鬼片，简直是“塑料花”友情。

  Míng zhīdào wǒ dǎnxiǎo, hái gùyì jiào wǒ kàn guǐpiān, jiǎnzhí shì “sùliàohuā” yǒuqíng.

  내가 겁이 많은 걸 알면서도 일부러 귀신 영화를 보자고 하다니 우리의 우정은 정말 가짜인 것 같아.

- 还说安慰我，结果自己先喝醉了，果然是“塑料花”友情。

  Hái shuō ānwèi wǒ, jiéguǒ zìjǐ xiān hēzuì le, guǒrán shì “sùliàohuā” yǒuqíng.

  나를 위로해준다 해놓고 결국 자기가 먼저 취하다니. 역시 우리의 우정은 가짜야.

단어 **塑料** 플라스틱 | **友情** 우정 | **明** 분명히(= 明明) | **胆小** 겁이 많다 | **故意** 일부러 | **鬼片** 귀신 영화 | **安慰** 위로하다 | **结果** 결국 | **喝醉** 술에 취하다

플라스틱 재질로 된 꽃을 중국어로 '塑料花 sùliàohuā'라고 해요. 말 그대로 생화가 아닌 가짜 꽃이지요. 친한 친구 사이라도 가끔 서로에게 서운하거나 작은 불만 등은 있기 마련이죠? 이럴 땐 장난으로 '塑料花友情 sùliàohuā yǒuqíng'이라고 표현할 수 있어요.

리얼 회화

A 你竟然没有在零点第一个给我送生日祝福!

Nǐ jìngrán méiyǒu zài língdiǎn dì yī ge gěi wǒ sòng shēngrì zhùfú!

B 亲爱的，我本来想等到零点，结果等着等着就困了…

Qīn'ai de, wǒ běnlái xiǎng děngdào língdiǎn, jiéguǒ děngzhe děngzhe jiù kùn le…

A 简直是"塑料花"友情！罚你今天陪我玩儿通宵。

Jiǎnzhí shì "sùliàohuā" yǒuqíng! Fá nǐ jīntiān péi wǒ wánr tōngxiāo.

A 너 12시에 가장 먼저 나한테 생일 축하한다고 안 했지!

B 자기야. 내가 원래 12시까지 기다리려고 했는데, 기다리다 기다리다 결국 졸려서…

A 이게 완전 가짜 우정이지! 벌칙으로 오늘 나랑 밤새도록 놀자.

단어 零点 새벽 12시 | 给…送 ~에게 선물하다 | 祝福 축복 | 亲爱的 자기야(친구 사이에도 쓰임) | 本来 원래 | 困 졸리다 | 简直 그야말로 | 罚 벌을 내리다 | 陪 ~와 있어주다 | 通宵 밤을 새다

互怼

hùduì

(친한 사이에) 서로 장난으로 욕하다, 말장난하다

- 互怼是闺蜜们的常态。
  Hùduì shì guīmìmen de chángtài.
  서로 장난으로 욕하고 비꼬는 것이 절친끼리의 일상이지.

- 虽然他们动不动就互怼，不过又是最信任对方的。
  Suīrán tāmen dòngbudòng jiù hùduì, búguò yòu shì zuì xìnrèn duìfāng de.
  그들은 걸핏하면 서로 욕하고 장난치지만 또 서로를 가장 신뢰한다.

단어 互 서로(= 互相) | 怼 욕하다, 약점을 공격하다 | 闺蜜 (여자끼리의) 절친 | 常态 일반적인 상태, 평소의 상태 | 动不动 걸핏하면 | 信任 신뢰하다 | 对方 상대방

'怼 duì'는 욕하거나 상대방의 약점을 공격한다는 뜻으로 '互怼 hùduì'는 스스럼없이 친한 사이에 서로 욕을 하거나 일부러 상대방의 약점을 공격하며 장난치는 행동을 일컫는 말이에요. 주로 구어체에서 사용돼요!

A 他们俩一见面就互怼，看起来特别有爱。
Tāmen liǎ yí jiànmiàn jiù hùduì, kànqǐlái tèbié yǒu'ài.

B 我觉得是关系越亲密，怼得越厉害。
Wǒ juéde shì guānxi yuè qīnmì, duì de yuè lìhài.

A 对呀，我和我的发小也是那样。
Duì ya, wǒ hé wǒ de fàxiǎo yěshì nàyàng.

A 그들 둘은 만나자마자 서로 장난으로 욕을 하는데, 참 정겨워 보이네.
B 내가 보기에 사이가 친할수록 더 심하게 욕하고 장난치는 것 같아.
A 맞아. 나랑 내 소꿉친구도 그래.

단어 **俩** 두 사람 | **见面** 만나다 | **一…就** ~하자마자 | **看起来** ~로 보이다 | **有爱** 사랑스럽다, 정겹다 | **关系** 사이, 관계 | **亲密** 친하다 | **越A越B** A할수록 더욱 B하다 | **厉害** 심(각)하다, 대단하다 | **发小** 소꿉친구

近朱者赤，近墨者黑

jìn zhū zhě chì, jìn mò zhě hēi

근주자적, 근묵자흑

리얼 예문

- 近朱者赤，近墨者黑，交朋友要谨慎。

  Jìn zhū zhě chì, jìn mò zhě hēi, jiāo péngyou yào jǐnshèn.

  '근주자적, 근묵자흑'이므로 친구를 사귈 때는 신중해야 한다.

- 我老婆说，近朱者赤，近墨者黑，让我别天天跟你这个"酒鬼"玩儿。

  Wǒ lǎopo shuō, jìn zhū zhě chì, jìn mò zhě hēi, ràng wǒ bié tiāntiān gēn nǐ zhège "jiǔguǐ" wánr.

  '근주자적, 근묵자흑'이라고, 아내가 나보고 자꾸 너 같은 '술고래'랑 어울리지 말래.

단어 近 가까이 하다 | 朱 주사 | 赤 적(색)/붉다 | 墨 먹(색)/검다 | 交朋友 친구를 사귀다 | 谨慎 신중하다 | 天天 매일 매일 | 酒鬼 술고래

중국의 속담 '近朱者赤，近墨者黑 jìn zhū zhě chì, jìn mò zhě hēi'의 본래 뜻은 '주사(朱砂)에 가까이 있는 사람은 쉽게 붉게 되고, 먹에 가까이 있는 사람은 쉽게 검게 된다'인데 '좋은 사람을 가까이 하면 좋게 변하고, 나쁜 사람과 가까이 하면 나쁘게 변한다'는 의미로 쓰여요. 이 속담을 통해 객관적인 환경, 특히 주변 환경이나 가까이 지내는 사람이 우리에게 상당히 큰 영향을 미친다는 교훈을 배울 수 있어요. 결국 '끼리끼리 논다', '비슷한 사람끼리는 통한다'는 뜻도 되겠지요?

A 你交了男朋友后，一定要见见他的朋友。

Nǐ jiāo le nánpéngyou hòu, yídìng yào jiànjian tā de péngyou.

B 我不要！我不习惯见生人。

Wǒ búyào! Wǒ bù xíguàn jiàn shēngrén.

A 俗话说"近朱者赤，近墨者黑"，他的朋友就是他的镜子。

Súhuà shuō "jìn zhū zhě chì, jìn mò zhě hēi", tā de péngyǒu jiùshì tā de jìngzi.

A 너 남친 사귀면 꼭 그의 친구를 만나봐야 돼.

B 싫어! 나 안 그래도 모르는 사람 만나는 게 어색한데.

A 속담에 끼리끼리 논다고 하잖아. 그의 친구는 바로 그의 거울이라고.

단어 **交** 사귀다 | **习惯** 습관이 되다 | **生人** 낯선 사람 | **俗话** 속담 | **镜子** 거울

08 秒回

miǎohuí

칼답

SNS나 문자메세지 등에서의 칼답을 가리킴

리얼 예문

- 在暧昧期，别秒回短信！
  Zài àimèiqī, bié miǎohuí duǎnxìn!
  썸 탈 때는 문자에 칼답하지 마!

서로의 관계가 애매하다는 의미로 남녀 사이에 썸을 탄다는 것을 표현한 단어로 쓰면 되요!

- 我用电脑登陆了，所以可以秒回。
  Wǒ yòng diànnǎo dēnglù le, suǒyǐ kěyǐ miǎohuí.
  PC로 로그인 해놔서 칼답할 수 있어.

'登录 dēnglù'는 '로그인(하다)'의 뜻! 반대로 '로그아웃(하다)'은 '退出 tuìchū'라고 해요!

단어 秒 초 | 回 답장하다 | 暧昧 썸/썸 타다 | 期 기간, ~동안 | 短信 문자메시지 | 登陆 로그인하다

문자를 보냈는데 1초도 지나지 않아 바로 답장이 오는 경우를 한국어로는 요즘 유행하는 '칼답', 중국어로는 '秒回 miǎohuí'라고 표현해요. '秒 miǎo'는 '1초'란 뜻이고, '回 huí'는 '답장하다'라는 뜻이에요. 또한 SNS에 게시물을 올리자마자 '좋아요'를 눌러주는 행동은 '秒赞 miǎozàn'이라고 하면 돼요.

리얼 회화

(两个人在聊微信)
(liǎng ge rén zài liáo Wēixìn)

A 你晚上去K歌不?
Nǐ wǎnshang qù K gē bù?

(1秒钟后)
(yì miǎozhōng hòu)

B 你一去练歌房，就变麦霸，我才不和你去呢!
Nǐ yí qù liàngēfáng, jiù biàn màibà, wǒ cái bù hé nǐ qù ne!

마이크를 독차지하는 사람을 부르는 별명이에요~

A 哇，你简直是秒回！哪有，我麦德那么好。
Wà, nǐ jiǎnzhí shì miǎohuí! Nǎ yǒu, wǒ màidé nàme hǎo.

(두 사람이 위챗으로 채팅하는 중)

A 저녁에 같이 노래방 갈래?

(1초 있다가)

B 넌 노래방만 가면 마이크를 붙잡고 안 놓잖아. 너랑은 안 가!

A 와우, 완전 칼답인데! 아니거든, 나 노래방에서 매너 완전 잘 지키거든.

단어 **K歌** 노래방에서 노래를 부르다 | **练歌房** 노래방 | **麦德** 노래방에서 마이크를 차지하지 않는 매너

09 欠人情

qiàn rénqíng

신세를 지다

리얼 예문

- 我欠你的人情太多，都不知道怎么还了。
  Wǒ qiàn nǐ de rénqíng tài duō, dōu bù zhīdào zěnme huán le.
  너한테 신세를 너무 많이 져서 어떻게 갚아야 할지 모르겠네.

- 我已经跟他分手了，不想再欠他人情了。
  Wǒ yǐjīng gēn tā fēnshǒu le, bùxiǎng zài qiàn tā rénqíng le.
  난 이미 그 사람이랑 헤어졌으니까 더 이상 신세지고 싶지 않아.

단어 欠 빚을 지다 | 人情 인정 | 还 갚다 | 分手 헤어지다

누군가에게 도움을 받을 때 한국어로는 상대방에게 '신세를 졌네요'라고 말하죠? 이럴 때 중국어로는 '欠人情 qiàn rénqíng'이라고 표현해요. '欠 qiàn은 '빚을 지다'는 의미이고, '人情 rénqíng'은 '사람 간의 정', 즉 '인정'이라는 뜻이에요.

리얼 회화

A 我给你介绍个对象，怎么样?
Wǒ gěi nǐ jièshào ge duìxiàng, zěnmeyàng?

B 我当然求之不得了，只是这又要欠你人情了。
Wǒ dāngrán qiúzhī bùdé le, zhǐshì zhè yòu yào qiàn nǐ rénqíng le.

A 等以后真的成了，再好好感谢我吧!
Děng yǐhòu zhēnde chéng le, zài hǎohao gǎnxiè wǒ ba!

A 내가 소개팅 시켜줄까? 어때?
B 나야 당연히 대환영이지. 근데 너한테 또 신세 지겠는데.
A 나중에 정말 잘 되고 나면 나한테 감사나 제대로 해라!

단어 给…介绍 ~에게 소개해주다 | 对象 짝, 연애나 결혼 상대 | 求之不得 기꺼이 원하다 | 以后 앞으로 | 成 ~이 되다 | 好好 잘 | 感谢 감사하다

无事不登三宝殿

wúshì bùdēng sānbǎodiàn

부탁할 일이 없으면 안 찾아오지

- 无事不登三宝殿，是不是又缺钱了？
  Wúshì bùdēng sānbǎodiàn, shìbushì yòu quēqián le?
  일이 없으면 안 찾아올 텐데, 또 돈이 부족한가?

- 他每次都是无事不登三宝殿，所以不来找我，更舒心。
  Tā měicì dōushì wúshì bùdēng sānbǎodiàn, suǒyǐ bùlái zhǎo wǒ, gèng shūxīn.
  걔는 매번 부탁이 있을 때만 찾아오니까 안 찾아오는 게 더 마음이 편해.

단어 无事 일이 없다 | 登 오르다, 찾아오다 | 三宝殿 삼보전(절을 가리킴) | 缺钱 돈이 부족하다 | 舒心 마음이 편하다

'登 dēng'은 '~에 오르다'라는 뜻이고, '三宝殿 sānbǎodiàn (삼보전)'은 불교의 사찰, 즉 절을 상징하는 말이에요. 따라서 '无事不登三宝殿 wúshì bùdēng sānbǎodiàn'은 '일이 없으면 절에 찾아오지 않는다'로 직역되는데, 바로 부탁할 일이 있을 때만 찾아오는 사람에게 쓰는 표현이에요!

'문을 열고 산을 보다', 즉 '단도직입적으로 말해'라는 표현이에요~

리얼 회화

A 开门见山吧！今天又有什么事?

Kāimén jiànshān ba! Jīntiān yòu yǒu shénme shì?

B 没…没啥事…就是…来看看你。

Méi··· méi sháshì··· jiùshì··· lái kànkan nǐ.

A 别磨磨唧唧了，你总是无事不登三宝殿。

Bié mòmojījī le, nǐ zǒngshì wúshì bùdēng sānbǎodiàn.

A 용건부터 말해! 오늘 또 무슨 일이야?

B 없어··· 아무 일도 없어··· 그냥··· 너 좀 보러 온 거야.

A 머뭇거리지 마. 너는 일이 없으면 절대 안 찾아오잖아.

단어 **开门见山** 용건부터 말하다, 솔직하게 말하다 | **啥** 무슨 | **磨磨唧唧** 머뭇거리다 | **总是** 항상, 늘

11 人气王

rénqìwáng

인싸

- 他性格这么活泼，肯定到哪儿都是人气王。
  Tā xìnggé zhème huópō, kěndìng dào nǎr dōushì rénqìwáng.
  그는 성격이 이렇게나 활발하니 어딜 가도 인싸가 될 거야.

- 我这周都约满了，谁叫我是人气王呢?
  Wǒ zhè zhōu dōu yuēmǎn le, shéi jiào wǒ shì rénqìwáng ne?
  나 이번 주 약속 다 찼어. 나 인싸잖아?

단어 **性格** 성격 | **活泼** 활발하다 | **约** 약속/약속 잡다 | **满** 차다, 가득하다

요즘 한국에서 '인싸'라는 말 참 많이 쓰지요? '인싸'는 영어 단어 '인사이더(insider)'의 줄임말로, 각종 행사나 모임에 적극적으로 참여하면서 사람들과 잘 어울려 지내는, 주변 사람들에게 인기가 많은 사람을 이르는 말이에요. 중국어로 '인싸'는 '人气王 rénqìwáng', 즉 '인기왕'이라고 표현돼요.
참고로 반대말인 '아싸(아웃사이더 outsider)'는 중국어로 '孤独狗 gūdúgǒu'라고 한다니 같이 알아두세요!

A 你微博的关注人数快破万了，果然是人气王！
Nǐ Wēibó de guānzhù rénshù kuài pò wàn le, guǒrán shì rénqìwáng!

B 哪里哪里，是我上传的照片太逗了吧。
Nǎli nǎil, shì wǒ shàngchuán de zhàopiàn tài dòu le ba.

A 你就少谦虚了，我都快眼红了。
Nǐ jiù shǎo qiānxū le, wǒ dōu kuài yǎnhóng le.

A 너 웨이보 팔로워 수가 곧 1만이 넘겠던데. 역시 인싸네!
B 과찬이야. 내가 올린 사진들이 너무 웃겨서 그런 거지.
A 겸손 그만 떨고, 나 곧 질투 나겠음.

단어 **微博** 웨이보(중국의 대표 SNS) | **关注** (SNS에서) 팔로잉하다 | **人数** 인원수 | **快…了** 곧 ~될 것이다 | **破** 돌파하다 | **万** 만, 10,000 | **上传** ~에 올리다 | **逗** 웃기다 | **少** 그만 ~하다, ~하지 마 | **谦虚** 겸손하다 | **眼红** 질투 나다

PART

07

오락, 취미에 대해 중국어로 리얼 토킹!

01 肥皂剧

féizàojù

킬링 타임 드라마

리얼 예문

- 我还是喜欢肥皂剧，不烧脑。

  Wǒ háishi xǐhuan féizàojù, bù shāonǎo.

  난 여전히 킬링 타임 드라마가 더 좋더라. 머리 안 써도 되잖아.

'烧脑 shāonǎo'는 머리를 너무 많이 써서 탄 것처럼 느껴지는 것을 말해요!

- 肥皂剧根本没什么看点，怎么还这么多人追？

  Féizàojù gēnběn méi shénme kàndiǎn, zěnme hái zhème duō rén zhuī?

  킬링 타임 드라마는 전혀 볼거리가 없는데 어째서 여전히 이렇게나 많은 사람들이 계속 본방사수를 할까?

'追 zhuī'는 '쫓다, 뒤따르다'라는 뜻의 단어로 '드라마를 쫓는다', 즉 '꼬박꼬박 본방사수를 한다'는 말로 써요.

단어 **肥皂** 비누 | **剧** 극, 드라마 | **烧脑** 머리를 쓰다 | **根本** 전혀 ~하지 않다, ~하지 못하다 | **没什么** 별거 없다 | **看点** 볼 포인트, 볼거리 | **追** 쫓다, 뒤따르다/본방사수하다

여러분은 시간을 죽이기 위해 현실감이 전혀 없는 드라마를 넋놓고 본 적이 있나요? 비누의 거품처럼 아무런 의미가 없고, 현실과 거리감이 있는 드라마를 중국어로 '肥皂剧 féizàojù'라고 해요. 여기서 '肥皂 féizào'는 우리가 흔히 쓰는 '비누'란 뜻의 단어지요.
한동안 중국에서 '肥皂剧'가 큰 인기였는데, 최근 들어서는 '肥皂剧'가 아닌 오히려 지극히 현실적이고 시청자가 크게 공감할 수 있는 드라마가 인기를 끌고 있다고 하네요.

리얼 회화

A 你看了前段时间很火爆的那部剧吗?
Nǐ kàn le qiánduàn shíjiān hěn huǒbào de nà bù jù ma?

B 我不喜欢看肥皂剧，浪费时间。
Wǒ bù xǐhuan kàn féizàojù, làngfèi shíjiān.

A 谁说是肥皂剧了？那部剧可现实了，你不看小心后悔！
Shéi shuō shì féizàojù le? Nà bù jù kě xiànshí le, nǐ bú kàn xiǎoxīn hòuhuǐ!

A 너 얼마 전에 엄청 핫했던 그 드라마 봤어?
B 난 킬링 타임 드라마 싫어해. 시간 낭비야.
A 누가 킬링 타임용이래? 그 드라마 완전 현실적이거든. 너 안 보면 후회할 걸!

단어 **前段时间** 얼마 전 | **火爆** 핫하다 | **部** 편[드라마·영화 등을 세는 양사] | **浪费** 낭비하다 | **时间** 시간 | **现实** 현실적이다 | **小心** 주의하다, 조심하다 | **后悔** 후회하다

狗血剧

gǒuxiějù

막장 드라마

리얼 예문

- 最近特别狗血，啥事儿都不顺。

  Zuìjìn tèbié gǒuxiě, sháshìr dōu bú shùn.

  요즘 너무 막장이야. 되는 일이 하나도 없어.

- 妈妈每天守着电视机等那部狗血剧。

  Māma měitiān shǒuzhe diànshìjī děng nà bù gǒuxiějù.

  엄마는 매일 TV 앞에서 그 막장 드라마를 사수하고 계신다.

단어 **狗血** 매우 어이없고 황당하다 | **狗血剧** 막장 드라마 | **最近** 요즘 | **啥事儿** 무슨 일 | **顺** 순조롭다 | **守** 지키다 | **电视机** TV, 텔레비전

요새 황당하면서도 자극적인 '막장 드라마'가 참 많죠? 막장 드라마는 항상 '너무 막장 아니야?'라며 부정적인 이슈가 되지만, 자극적인 만큼 몰입도가 높아 대체로 인기가 많죠. '막장 드라마'는 중국어로 '狗血剧 gǒuxiějù'라고 표현해요. 여기서 '狗血 gǒuxiě'는 매우 어이없고 황당함을 나타내는 형용사랍니다. 기가 막힌 일이나 황당한 상황에 부딪히면 '很狗血 hěn gǒuxiě' 또는 '像狗血剧一样 xiàng gǒuxiějù yíyàng (막장 드라마 같다)'이라고 하면서 당황한 심정을 드러낼 수 있어요.

'过瘾 guòyǐn'은 '인이 박이다, 중독되다'의 뜻도 있지만 '만족하다, 유감없다'의 뜻으로도 쓰여 '太过瘾了'라고 하면 '너무 재미있어!', '정말 짱이야!'의 표현이에요!

리얼 회화

A 我最近在追一部狗血剧，太过瘾了！
Wǒ zuìjìn zài zhuī yí bù gǒuxiějù, tài guòyǐn le!

B 你咋跟我妈爱好一样，对狗血剧走火入魔。
Nǐ zǎ gēn wǒmā àihào yíyàng, duì gǒuxiějù zǒuhuǒ rùmó.

A 那是你不知道它的魅力，越看越来劲！
Nà shì nǐ bù zhīdào tā de mèilì, yuè kàn yuè láijìn!

'지나치게 열중하다'의 뜻으로 어떤 것에 중독되어 헤어 나오지 못하는 경우에 써요!

A 나 요즘 막장 드라마 하나를 본방사수하고 있어. 너무 재미있더라고!
B 너 어떻게 우리 엄마랑 취향이 똑같냐? 우리 엄마도 막장 드라마에 엄청 빠져 계신데.
A 너는 그런 드라마의 매력을 몰라서 그래. 보면 볼수록 재미있거든!

단어 **追剧** (드라마를) 본방사수(하다) | **过瘾** 재미있다 | **咋** 왜 | **跟…一样** ~와 같다 | **爱好** 취향, 취미 | **对…走火入魔** ~에 깊이 중독되다 | **魅力** 매력 | **来劲** 재미있다

烂尾

lànwěi

(드라마·영화 등의)
결말이 망가졌다, 결말이 이상하다

리얼 예문

- 你强推的电视剧结果烂尾了。
  Nǐ qiángtuī de diànshìjù jiéguǒ lànwěi le.
  네가 강추한 드라마 결국 이상하게 끝났어.

'强烈推荐 qiángliè tuījiàn (강력 추천)'을 줄여 '强推 qiángtuī'라고 표현할 수 있어요!

- 我感觉这部剧会烂尾，还是别看了吧。
  Wǒ gǎnjué zhè bù jù huì lànwěi, háishi bié kàn le ba.
  내 느낌으로 이 드라마 결말이 이상할 것 같아. 그만 보는 것이 낫겠어.

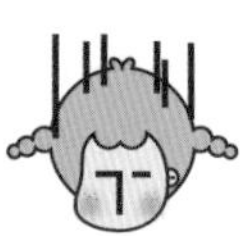

단어 **强推** 강력히 추천하다, 강추하다 | **结果** 결국, 결과 | **感觉** ~라고 느끼다

시작은 참 좋았는데 결말에 실망했던 드라마나 영화 많이 있었죠? 그런 '불만스러운 결말'이나 '결말이 망가졌다'는 표현을 중국어로 하고 싶을 때에는 '烂尾 lànwěi'라고 말해요. '烂 làn'의 원래 뜻은 '썩다, 상하다'로, 음식이 상했을 때에도 '烂了 làn le'라고 표현할 수 있어요. '썩다'라는 의미의 단어에 '꼬리'의 뜻을 가진 단어를 합해 '썩은 꼬리', 즉 망가진 결말이라는 뜻이 됐어요. 참고로 '烂'은 또 엉망진창인 상황에서도 사용되는데, '乱七八糟 luànqī bāzāo'와 비슷한 표현으로도 쓰인다고 보면 돼요.

A 那部剧刚开播，收视率就超高。

Nà bù jù gāng kāibō, shōushìlǜ jiù chāogāo.

B 有好多剧都是开头精彩，结果烂尾。

Yǒu hǎoduō jù dōushì kāitóu jīngcǎi, jiéguǒ lànwěi.

A 别太认真嘛！电视剧只是用来打发时间的呀。

Bié tài rènzhēn ma! Diànshìjù zhǐshì yònglái dǎfa shíjiān de ya.

A 그 드라마 막 시작했는데 시청률이 꽤 높더라.

B 시작은 좋았다가 결말이 완전 이상한 드라마들 많이 있잖아.

A 너무 진지해지지 마! 드라마는 그냥 시간 보내기용이잖아.

단어 **开播** 방영하기 시작하다 | **收视率** 시청률 | **超** 매우 | **开头** 시작 | **精彩** 뛰어나다 | **认真** 진지하다 | **用来** ~로 사용되다 | **打发时间** 시간을 때우다

04 剧透

jùtòu

스포하다

7-04

리얼 예문

- 这是悬疑剧，当然不能剧透。

  Zhè shì xuányíjù, dāngrán bùnéng jùtòu.

  이 극은 스릴러라 당연히 스포하면 안 되지.

- 千万别剧透，结局我要自己看。

  Qiānwàn bié jùtòu, jiéjú wǒ yào zìjǐ kàn.

  제발 스포하지 마. 결말은 내가 알아서 볼게.

단어 **剧透** (영화·드라마 등의 내용을) 스포하다 | **悬疑剧** 스릴러 | **当然** 당연히 | **千万** 제발 | **结局** 결말

'剧透 jùtòu'는 '剧情透露 jùqíng tòulù', 즉 '스포일러(spoiler)'의 줄임말이에요. '剧情'은 '줄거리'이고, '透露'는 '정보를 누설하다, 흘리다'라는 뜻이지요. 그래서 '스포'를 중국어로 '剧透'라고 해요. 내가 스포하는 것은 '剧透', 친구가 스포해서 내가 스포를 당한 것이면 '被剧透了'라고 표현하면 된답니다.

리얼 회화

A 我看你更新了微博，去看了新上映的那部电影？

Wǒ kàn nǐ gēngxīn le Wēibó, qù kàn le xīn shàngyìng de nà bù diànyǐng?

B 对呀，我想强推，特别有看点，尤其是…

Duì ya, wǒ xiǎng qiángtuī, tèbié yǒu kàndiǎn, yóuqí shì…

[强烈(강력히) + 推荐(추천하다)]의 줄임말이에요. '강추'라는 뜻!

A 打住！敢剧透，跟你没完啊！我自己看去。

Dǎzhù! Gǎn jùtòu, gēn nǐ méi wán a! Wǒ zìjǐ kàn qù.

A 네가 웨이보에서 새로 올린 걸 봤는데 새로 나온 그 영화 보러 갔었어?

B 맞아. 완전 강추야. 볼 만한 장면이 꽤 있었어. 특히…

A 그만! 스포하면 가만 안 둔다! 내가 직접 보러 갈 거야.

단어 **更新** 업데이트하다 | **微博** 웨이보(중국판 트위터) | **上映** 상영하다 | **强推** 강추하다 | **看点** 볼 만한 점 | **尤其** 특히 | **打住** (말을) 자르다 | **敢** 감히 | **跟…没完** ~를 가만히 안 두다

05 植入广告

zhírù guǎnggào

PPL

7-05

리얼 예문

- 植入广告如果太生硬，会引起观众反感。

  Zhírù guǎnggào rúguǒ tài shēngyìng, huì yǐnqǐ guānzhòng fǎngǎn.

  PPL이 너무 딱딱하고 어색하면 시청자의 반감을 일으킬 수 있어.

- 不能小看植入广告的宣传效果。

  Bùnéng xiǎokàn zhírù guǎnggào de xuānchuán xiàoguǒ.

  PPL의 홍보 효과를 무시할 수는 없지.

단어 植入 삽입하다 | 广告 광고 | 生硬 딱딱하고 어색하다 | 引起 ~를 일으키다 | 观众 시청자 | 反感 반감 | 小看 무시하다, 얏보다 | 宣传 홍보하다 | 效果 효과

TV 프로그램이나 드라마, 영화 등에서 홍보용으로 등장하는 제품 광고를 PPL이라고 하죠? PPL은 영어로 'product placement', 즉 '제품 간접 광고' 또는 '끼워넣기 마케팅', '은폐광고'라는 뜻이에요. '植入广告 zhírù guǎnggào'가 바로 PPL을 가리키는 중국어 표현으로 '삽입하다'는 뜻을 가진 '植入'와 '광고'를 뜻하는 '广告'의 합성어지요.

리얼 회화

A 这电视剧实在看不下去了…

Zhè diànshìjù shízài kàn bu xiàqù le…

B 为啥呀？不是听说演员阵容强大么？

Wèishá ya? Búshì tīngshuō yǎnyuán zhènróng qiángdà me?

A 一半都是植入广告，太没劲了！

Yíbàn dōushì zhírù guǎnggào, tài méijìn le!

A 이 드라마 도무지 못 보겠어…

B 왜? 출연진이 엄청나게 화려하다던데?

A PPL이 반이야. 너무 재미없어!

단어 **电视剧** 드라마 | **实在** 정말로 | **为啥** 왜 | **不是…么?** ~하지 않았어? | **演员** 배우 | **阵容** 멤버 구성, 라인업 | **强大** 막강하다 | **一半** 절반 | **没劲** 재미없다

06 水军

shuǐjūn

댓글 부대/댓글 부대를 고용하다

리얼 예문

- 一夜之间，网上都是恶评，总感觉是对手故意雇佣了“水军”。
  Yíyè zhījiān, wǎngshàng dōushì è'píng, zǒng gǎnjué shì duìshǒu gùyì gùyōng le “shuǐjūn”.
  하룻밤 사이에 인터넷에 악플로 도배가 됐는데, 상대가 일부러 댓글 부대를 고용한 것 같은 느낌이 드네.

- 听说他们雇佣“水军”提高了网上评分。
  Tīngshuō tāmen gùyōng “shuǐjūn” tígāo le wǎngshàng píngfēn.
  그들이 댓글 알바를 고용해서 인터넷 평점을 올린 거래.

단어 水军 댓글 부대/댓글 부대를 고용하다 | 一夜之间 하룻밤 사이 | 网上 인터넷 | 恶评 악플 | 对手 라이벌 | 故意 일부러 | 雇佣 고용하다 | 提高 높이다 | 评分 평점

요즘은 인터넷에서 댓글을 조작하는 일이 비일비재 하죠? 특히 제품 홍보 차원에서의 후기 조작이 점점 많아지고 있어서 돈을 받고 좋은 후기나 심지어는 악플까지 써주는 신종 직종까지 생겨났어요. 이러한 네티즌 알바생 집단, 즉 '댓글 부대'를 중국어로는 바로 '水军 shuǐjūn'이라고 불러요. 군대처럼 방대한 규모라 그런지 단어 속에 '군대'를 의미하는 '军 jūn'이라는 글자가 포함되어 있네요. 이러한 알바를 고용하여 후기나 댓글을 달게 하는 행위나 그러한 일을 하는 사람 자체도 '水军'이라고 부른다는 것 기억하세요!

'炒 chǎo'는 원래 '음식을 볶다'라는 뜻인데 최근에는 '홍보하다'라는 뜻으로 많이 쓰여요. 또한 '炒鱿鱼'를 줄여 '炒'가 '해고하다'의 의미로도 잘 쓰이니 어떤 의미로 쓰였는지 문맥 속에서 잘 파악해서 써야 해요!

리얼 회화

A 你觉得最近炒得很热的那部电影，会有意思吗？

Nǐ juéde zuìjìn chǎo de hěn rè de nà bù diànyǐng, huì yǒuyìsi ma?

B 谁知道呢！现在不都是雇佣"水军"刷评论啊。

Shéi zhīdào ne! Xiànzài bù dōushì gùyōng "shuǐjūn", shuā pínglùn a.

A 连网友评论都不可信了，到底还有什么不能造假?!

Lián wǎngyǒu pínglùn dōu bù kěxìn le, dàodǐ háiyǒu shénme bùnéng zàojiǎ?!

A 네 생각에 요즘 엄청 홍보되고 있는 그 영화 재미있을 것 같아?

B 누가 알아! 요즘은 다 댓글 알바를 고용해서 가짜 리뷰로 도배하잖아.

A 네티즌이 쓴 리뷰조차도 믿을 수 없다니, 도대체 조작되지 않는 것이 있을까?!

단어 炒 홍보하다 | 热 핫하다, 열렬하다 | 刷 (인터넷에) 도배하다 | 评论 후기, 리뷰 | 网友 네티즌 | 可信 믿음직하다, 믿을 만하다 | 到底 도대체 | 造假 조작하다

穿帮镜头

chuānbāng jìngtóu

옥의 티

- 网友们找出了各种穿帮镜头。

  Wǎngyǒumen zhǎochū le gèzhǒng chuānbāng jìngtóu.

  네티즌들이 각종 옥의 티를 찾아냈어.

- 穿帮镜头比电影内容还搞笑。

  Chuānbāng jìngtóu bǐ diànyǐng nèiróng hái gǎoxiào.

  옥의 티가 영화보다 더 웃겨.

단어 穿帮 들통나다 | 镜头 커트 신, 신 | 网友 네티즌 | 找出 찾아내다 | 各种 각종 | 搞笑 웃기다

TV나 영화를 볼 때 가끔 눈에 확 띄는 '옥의 티' 때문에 실망도 많이 하지만 재미있을 때도 많이 있죠? '옥의 티'는 중국어로 '穿帮镜头 chuānbāng jìngtóu'라고 하는데 '들통나다'라는 의미를 가진 '穿帮'과 영어 단어 '커트 신(cut scene)'의 뜻을 가진 '镜头'가 합쳐진 단어예요.

리얼 회화

A 我刚才看电影时，差点儿笑死了。

Wǒ gāngcái kàn diànyǐng shí, chàdiǎnr xiàosǐ le.

B 你是不是也发现了穿帮镜头？

Nǐ shìbushì yě fāxiàn le chuānbāng jìngtóu?

A 太明显了呀！明明是古代，竟然还有空调，真的快被雷死。

Tài míngxiǎn le ya! Míngmíng shì gǔdài, jìngrán háiyǒu kōngtiáo, zhēnde kuài bèi léisǐ.

A 나 방금 영화 볼 때 하마터면 웃겨 죽을 뻔했어.

B 너도 옥의 티 발견한 거야?

A 너무 티 났잖아! 분명 고대가 배경인데 뜻밖에 에어컨이 있다니 진짜 어이없었어.

단어 **差点儿** ~할 뻔했다 | **死** ~해 죽겠다 | **发现** 발견하다 | **明显** 뚜렷하다 | **明明** 뻔히 | **竟然** 뜻밖에 | **空调** 에어컨 | **雷** 어이없다

崇洋媚外

chóngyáng mèiwài

외국 것만 따라 해

리얼 예문

- 崇洋媚外容易让我们忘记传统。
  Chóngyáng mèiwài róngyì ràng wǒmen wàngjì chuántǒng.
  외국 것만 따르면 우리의 전통은 잊혀지기 쉽지.
- 不要只崇洋媚外，也要支持国货。
  Búyào zhǐ chóngyáng mèiwài, yě yào zhīchí guóhuò.
  외국 것만 따르지 말고 국산 제품도 지지해야 돼.

단어 忘记 잊다 | 传统 전통 | 不要 ~하지 마라 | 支持 지지하다 | 国货 국산 제품

'崇洋媚外 chóngyáng mèiwài'에서 '崇 chóng'과 '媚 mèi'는 '숭배하다'라는 뜻이고, '洋 yáng'과 '外 wài'는 '서양'을 가리키는 단어예요. 그래서 서양의 모든 것을 숭배하고 따르는 행동을 '崇洋媚外'라고 표현한답니다. 특히 요즘 자기 나라의 전통은 모른 채 외국의 명절을 비롯해 서양 문화만을 선호하는 젊은이들이 많아져 '崇洋媚外' 현상이 더욱 심각해지고 있어요.

리얼 회화

A 今天是啥节？街上好多人。

Jīntiān shì shá jié? Jiēshang hǎoduō rén.

B 万圣节啊，就是西方的"鬼节"，每年10月最后一天。

Wànshèngjié a, jiùshì xīfāng de "guǐjié", měinián shíyuè zuìhòu yì tiān.

A 现在的年轻人就知道崇洋媚外！

Xiànzài de niánqīngrén jiù zhīdào chóngyáng mèiwài!

A 오늘 무슨 날이야? 길거리에 사람이 엄청 많네.

B 핼러윈 데이잖아. 서양의 '귀신의 날'. 매년 10월의 마지막 날이지.

B 요즘 젊은이들은 외국 것만 엄청 따라 하네!

단어 啥 무슨 | 节 명절 | 街上 길가 | 万圣节 핼러윈 데이 | 鬼 귀신 | 最后 마지막 | 年轻人 젊은이

踩景点

cǎi jǐngdiǎn

관광지에서 발자국만 찍다

리얼 예문

- 这次跟团光顾着踩景点，去了哪儿都不记得了。
  Zhècì gēntuán guāng gùzhe cǎi jǐngdiǎn, qù le nǎr dōu bú jìde le.
  이번 패키지 여행에서는 발자국만 찍느라고 바빴지 어디를 갔었는지 기억도 안 나.

- 时间来不及了，快去踩个景点就走吧。
  Shíjiān láibují le, kuài qù cǎi ge jǐngdiǎn jiù zǒu ba.
  시간이 부족하니 얼른 가서 발자국만 찍고 바로 가시죠.

단어 踩 밟다 | 景点 관광지 | 跟团 단체여행, 패키지 여행 | 光 오직, ~만 | 顾着 ~하기에 바빠하다 | 记得 기억하다 | 来不及 시간이 부족하다, 빠듯하다

'패키지 여행'을 중국어로 '跟团旅行 gēntuán lǚxíng'이라고 하는데, '跟团 gēntuán'은 '단체를 따라간다'는 의미예요. 그럼 반대로 '자유여행'은 한국어와 같아 그대로 한자로 옮겨서 '自由行 zìyóuxíng'이라고 해요. '跟团旅行'을 가게 되면 일정이 빠듯해 관광지마다 거의 발자국 한 번 찍고, 사진 한 번 겨우 찍고 오는 경우가 많죠? 이처럼 중국어로도 비슷한 맥락의 표현이 있는데 바로 '踩景点 cǎi jǐngdiǎn'이라고 해요. 각각 '踩'는 '밟다', '景点'은 '관광 명소'란 뜻이랍니다!

리얼 회화

A 我不想跟团，我们自由行吧。
Wǒ bùxiǎng gēntuán, wǒmen zìyóuxíng ba.

B 那你来做攻略啊，我不想做。
Nà nǐ lái zuò gōnglüè a, wǒ bùxiǎng zuò.

A 我做就我做！我可不想跟团着急踩景点。
Wǒ zuò jiù wǒ zuò! Wǒ kě bùxiǎng gēntuán zháojí cǎi jǐngdiǎn.

A 난 패키지로 가기 싫어. 우리 자유여행 가자.

B 그러면 네가 계획을 세워. 난 안 하고 싶어.

A 내가 하면 되지! 난 패키지 여행 가서 급히 발자국만 찍는 거 싫거든.

단어 **自由行** 자유여행 | **攻略** 계획/공략 | **着急** (마음이) 조급하다

穷游

qióngyóu

돈을 아끼면서 하는 여행

리얼 예문

- 要是有钱，我也不想穷游啊。
  Yàoshi yǒu qián, wǒ yě bùxiǎng qióngyóu a.
  돈이 있으면 나도 엄청 아끼면서 여행하고 싶지 않아.

- 像我这样的穷游族，当然住青年旅社。
  Xiàng wǒ zhèyàng de qióngyóuzú, dāngrán zhù qīngnián lǚshè.
  나같이 이렇게 허리띠를 졸라매고 여행하는 사람들은 당연히 게스트 하우스에서 머무르지.

단어 **穷** 가난하다 | **要是** 만약에 | **像…这样** ~와 같이 | **住** 머무르다 | **青年旅社** 게스트 하우스

특히 경제적인 여유가 많지 않은 대학생들 사이에서 최근 아끼면서 하는 여행, 즉 돈이 많이 없는 상태로 가는 여행이 여행 트랜드로 자리잡았는데요, 이러한 여행 형태를 중국어로 '穷游 qióngyóu'라고 해요. 여기에서 '穷'은 '가난하다'라는 뜻이에요.
최근에는 이러한 트랜드에 발 맞춰 저렴하게 여행을 즐길 수 있는 정보들을 서로 공유하는 사이트인 '穷游网 Qióngyóu Wǎng'까지 생겨났고, 이런 여행을 하는 사람들을 지칭하는 '穷游族 qióngyóuzú'라는 말도 생겼답니다.

A 你这次去欧洲，是不是花了不少?
Nǐ zhècì qù Ōuzhōu, shìbushì huā le bùshǎo?

B 哪有…我完全是穷游了一圈，没花多少。
Nǎ yǒu… wǒ wánquán shì qióngyóu le yìquān, méi huā duōshǎo.

A 原来穷游真的成了一种时尚啊。
Yuánlái qióngyóu zhēnde chéng le yì zhǒng shíshàng a.

A 너 이번에 유럽 갔을 때 돈 많이 썼어?
B 무슨… 나 엄청나게 돈 아끼면서 한 바퀴 돌고 와서 얼마 안 썼더라.
A 돈을 아끼면서 하는 여행이 진짜 트랜드가 되었네.

단어 欧洲 유럽 | 花 (시간·돈을) 쓰다 | 完全 완전히 | 圈 바퀴[양사] | 原来 알고 보니 | 成 ~가 되다 | 时尚 트랜드, 유행

人生照

réntshēngzhào

인생 사진, 인생 샷

- 我刚才给你拍出了一张人生照，要怎么感谢我？
  Wǒ gāngcái gěi nǐ pāichū le yìzhāng rénshēngzhào, yào zěnme gǎnxiè wǒ?
  내가 방금 네 인생 샷을 찍어줬잖아. 어떻게 감사를 표할 거야?

- 要赶快把这张人生照传到朋友圈。
  Yào gǎnkuài bǎ zhè zhāng rénshēngzhào chuándào péngyouquān.
  빨리 이 인생 샷을 모멘트에 올려야지.

'朋友圈 Péngyouquān'은 중국 최대 SNS인 위챗 타임라인의 명칭이에요.

단어 人生 인생 | 照 사진 | 拍 찍다 | 感谢 감사하다 | 赶快 빨리 | 传到 ~에 올리다 | 朋友圈 모멘트

인생 샷 한 컷 찍기 참 쉽지 않지요? 일생에 한 번 나올까 말까 하게 정말 잘 나온 사진을 요즘 '인생 샷' 또는 '인생 사진'이라고 해요. '인생 샷'은 중국어로 '人生照 rénshēngzhào'라고 표현하는데, '人生'은 '인생', '照'는 '照片', 즉 말 그대로 '인생 사진'이란 뜻이에요.

A 这次去巴黎，一定得带上我新买的单反。

Zhècì qù Bālí, yídìng děi dàishang wǒ xīn mǎi de dānfǎn.

B 当然，还有三脚架，这样才能拍出人生照。

Dāngrán, háiyǒu sānjiǎojià, zhèyàng cái néng pāichū rénshēngzhào.

A 对，为了一张人生照，我都下血本了。

Duì, wèile yì zhāng rénshēngzhào, wǒ dōu xià xuèběn le.

A 이번에 파리 갈 때 새로 산 DSLR 꼭 가지고 가야지.

B 당연하지. 그리고 삼각대도 챙겨 그래야 인생 사진을 찍을 수 있지.

A 맞아. 인생 샷 한 장 찍으려고 나 진짜 많이 투자했어.

단어 巴黎 파리 | 带 가지다, 지니다 | 单反 DSLR 카메라 | 三脚架 삼각대 | 下血本 많은 투자를 하다

12 街拍

jiēpāi

길거리 화보를 찍다

7-12

리얼 예문

- 街拍最重要的是自然。

  Jiēpāi zuì zhòngyào de shì zìrán.

  길거리 화보를 찍을 때 가장 중요한 것은 자연스러움이야.

- 这个女团最新的街拍照太惊艳了。

  Zhège nǚtuán zuìxīn de jiēpāi zhào tài jīngyàn le.

  이 걸그룹의 최신 길거리 화보가 너무 예뻐서 눈부셔.

EXO나 방탄소년단을 비롯한 남자 아이돌 그룹은 '男团 nántuán'이라고 해요.

단어 街 길가 | 拍 찍다 | 重要 중요하다 | 自然 자연스럽다 | 女团 걸그룹 | 照 사진(= 照片) | 惊艳 눈부시게 예쁘다

요즘은 연예인이든 일반인이든 틀에 박힌 스튜디오보다는 개방적인 느낌을 주는 야외공간이나 길거리에서 사진 촬영을 하는 것이 새로운 트랜드예요. 이처럼 외부에서 기념 사진 또는 화보를 촬영하는 것을 중국어로 '街拍 jiēpāi', 즉 '길거리에서 찍다'라고 해요.

리얼 회화

A 祝贺你成年！有什么特别想做的吗？
Zhùhè nǐ chéngnián! Yǒu shénme tèbié xiǎng zuò de ma?

B 想去摄影棚拍一组照片，留作纪念。
Xiǎng qù shèyǐngpéng pāi yì zǔ zhàopiàn, liúzuò jìniàn.

A 你可以尝试街拍呀，那是最近的新潮流。
Nǐ kěyǐ chángshì jiēpāi ya, nà shì zuìjìn de xīn cháoliú.

A 성인이 된 걸 축하해! 뭐 특별히 해보고 싶은 거 있어?
B 스튜디오에서 사진 한 세트 찍고 싶어요. 기념으로 남기게요.
A 길거리 화보 한번 찍어 봐. 그게 요즘 최신 유행이야.

단어 **祝贺** 축하하다 | **成年** 성인이 되다 | **摄影棚** 스튜디오 | **组** 세트[양사] | **留作** ~로 남기다 | **纪念** 기념 | **尝试** 시도하다 | **潮流** 유행

13 格格不入

gégébúrù

전혀 어울리지 않아

7-13

리얼 예문

- 我不喜欢会餐，那种气氛跟我格格不入。
  Wǒ bù xǐhuan huìcān, nàzhǒng qìfēn gēn wǒ gégébúrù.
  난 회식을 안 좋아해. 그런 분위기랑 나는 너무 안 어울리거든.

- 今天这双鞋子和衣服完全格格不入。
  Jīntiān zhè shuāng xiézi hé yīfu wánquán gégébúrù.
  오늘 이 신발과 옷이 너무 안 어울리잖아.

단어 **格** 칸, 틈 | **入** 들어가다 | **会餐** 회식 | **气氛** 분위기 | **双** 쌍, 켤레[쌍으로 되어 있는 것을 세는 양사] | **鞋子** 신발 | **完全** 완전히

'格格不入 gégébúrù'의 '格'는 '칸'이란 뜻이에요. '格格不入'를 직역하자면 '들어갈 수 있는 칸이 전혀 없다'는 것인데, 바로 '전혀 어울리지 않고 조합도 완전히 안 맞다'라는 의미를 나타내요.

리얼 회화

A 这台摩托车和这个背景真的格格不入。
Zhè tái mótuōchē hé zhège bèijǐng zhēnde gégébúrù.

B 少操心了，我到时候帮你P掉就好了嘛！
Shǎo cāoxīn le, wǒ dàoshíhou bāng nǐ P diào jiù hǎo le ma!

A 这年头，要是少了P图和滤镜，都不敢拍照了。
Zhè niántóu, yàoshi shǎo le P tú hé lǜjìng, dōu bùgǎn pāizhào le.

'P图和滤镜(포토샵 보정과 필터)'은 '사진의 생명'으로 불리는 만큼 잘 나온 사진이 되려면 꼭 필요한 것이니 알아두면 두루 쓸 데가 있겠지요?

A 이 오토바이가 이 배경이랑 전혀 안 맞네.
B 신경 쓰지 마. 내가 나중에 포샵으로 없애주면 되잖아!
A 요즘 시대에 포샵이랑 필터 없이는 사진도 못 찍지.

단어 **摩托车** 오토바이 | **背景** 배경 | **少** ~하지 마라 | **操心** 신경 쓰다 | **到时候** 때가 되면, 나중에 | **P掉** 포토샵으로 없애버리다 | **这年头** 요즘 시대 | **要是** 만약 | **P图** 사진을 포토샵 보정하다 | **滤镜** 필터 | **敢** 감히 | **拍照** 사진을 찍다

凑热闹

còu rènao

떠들썩한 판에 끼어들다

리얼 예문

- 只要看见别人在路上打架，他就喜欢去凑热闹。
  Zhǐyào kànjiàn biérén zài lùshang dǎjià, tā jiù xǐhuan qù còu rènao.
  다른 사람이 길에서 싸우는 걸 보기만 하면 그는 꼭 끼어들기를 좋아하더라.

- 听说今天放烟花，我们也去凑凑热闹吧。
  Tīngshuō jīntiān fàng yānhuā, wǒmen yě qù còucou rènao ba.
  오늘 불꽃놀이 한다던데, 우리도 가서 구경 좀 하자.

단어 凑 끼어들어 함께 하다 | 热闹 떠들썩하다 | 看见 보게 되다, 보이다 | 别人 다른 사람 | 路上 길에서 | 打架 (몸)싸움(하다) | 放烟花 불꽃놀이를 하다

현대인들이 시간이 나면 가장 하고 싶은 건 바로 여행을 떠나는 것이라고 하지요? 하지만 어딜 가든 사람 구경만 하고 올까봐 갈까말까 망설이는 사람도 많다고 하는데요. 이처럼 많은 사람들이 모여있는 곳에 끼어든다는 것을 중국어로 '凑热闹 còu rènao'라고 표현해요. '凑 còu'는 '가까이 끼어들다'라는 뜻이고 '热闹 rènao'는 '떠들썩한 상황'을 가리켜요. 특히 '热闹'는 형용사로 '떠들썩하다'라고 쓰이기도 합니다.

리얼 회화

A 过年去哪儿旅游不?
Guònián qù nǎr lǚyóu bù?

B 像这样的旺季，我才不去凑热闹呢!
Xiàng zhèyàng de wàngjì, wǒ cái búqù còu rènao ne!

A 说的也是，各个景点都是人挤人。
Shuō de yěshì, gège jǐngdiǎn dōushì rén jǐ rén.

A 설에 어디 여행 가?
B 이런 성수기에 그 떠들썩한 판에 끼어드느니 안 가는게 낫지!
A 하긴. 관광지마다 사람들이 엄청 붐비긴 하지.

단어 过年 설을 쇠다 | 旅游 여행 | 旺季 성수기 | 说的也是 하긴, 그렇긴 하다 | 各个 각각 | 景点 관광지 | 挤 붐비다

尝甜头

chánɡ tiántou

이득을 보다

리얼 예문

- 他刚开始创业，就尝到了甜头。
  Tā gāng kāishǐ chuàngyè, jiù chángdào le tiántou.
  그가 막 창업을 했는데 바로 이득을 보게 되었다.

- 赌博是先让你尝点儿甜头，再吃苦头。
  Dǔbó shì xiān ràng nǐ cháng diǎnr tiántou, zài chī kǔtou.
  도박은 먼저 이득을 좀 보게 하고 나서 다시 쓴맛을 보게 한다.

단어 尝 맛보다 | 甜头 조금의 단맛 | 开始 처음에/시작하다 | 创业 창업하다 | 赌博 도박 | 吃苦头 쓴맛을 보다, 고생하다

좋은 일에든 나쁜 일에든 조금이라도 이익을 볼 수 있다면 마다할 사람은 없겠죠? 이처럼 '단맛을 보다' 또는 '작은 이득이라도 보다'라는 표현은 중국어로 '尝甜头 cháng tiántou'라고 해요. '尝'은 '맛보다'라는 뜻이고, '甜头'는 '조금의 단맛'이란 뜻이에요. 반대로 '쓴맛을 보다'는 '吃苦头 chī kǔtou'라고 해요!

리얼 회화

A 我最近开始了普拉提，现在感觉身体柔韧性越来越好了。

Wǒ zuìjìn kāishǐ le pǔlātí, xiànzài gǎnjué shēntǐ róurènxìng yuèláiyuè hǎo le.

B 看来你已经尝到了甜头。

Kànlái nǐ yǐjīng chángdào le tiántou.

A 不过…我担心自己三分钟热度。

Búguò… Wǒ dānxīn zìjǐ sān fēnzhōng rèdù.

'작심삼일'이라는 뜻으로, 속담 '三天打鱼，两天晒网'과 같은 표현이에요!

A 나 요즘 필라테스 시작했는데 지금 몸의 유연성이 점점 좋아지는 게 느껴져.

B 벌써 이득을 보기 시작했나보네.

A 그런데… 나 작심삼일될까 걱정이 돼.

단어 **普拉提** 필라테스 | **感觉** 느끼다 | **柔韧性** 유연성 | **看来** 보아하니 | **担心** 걱정되다 | **三分钟热度** 작심삼일이다

16 择日不如撞日

zérì bùrú zhuàngrì

따로 날을 잡는 것보다 (차라리) 오늘 하는 것이 낫다

7-16

리얼 예문

- 择日不如撞日，我们就今天不醉不归吧。
  Zérì bùrú zhuàngrì, wǒmen jiù jīntiān búzuìbùguī ba.
  따로 날을 잡지 말고 우리 오늘 그냥 죽도록 마시자.
- 择日不如撞日，干脆今天去郊游吧。
  Zérì bùrú zhuàngrì, gāncuì jīntiān qù jiāoyóu ba.
  다른 날로 미루지 말고 아예 오늘 소풍 가자.

단어 择 선택하다 | 不如 ~보다 못하다 | 撞 부딪히다 | 不醉不归 술에 취할 때까지 마시다 | 干脆 아예 | 郊游 소풍

중국에 '择日不如撞日 zérì bùrú zhuàngrì'라는 속담이 있는데, 이 속담을 쪼개서 보면 '择日 zérì'는 '날짜를 선택하다', '撞日 zhuàngrì'의 '撞 zhuàng'은 '부딪히다'는 뜻이고, 이 두 단어 사이에 있는 '不如 bùrú'는 '~보다 못하다'는 접속사예요. 그래서 '择日不如撞日'란 어떤 일을 언제 할지에 대해서 계속 날짜를 고민하는 것보다 즉흥적으로 갑자기 하게 될 때가 어쩌면 가장 적기일지도 모른다는 뜻으로 '따로 날을 잡는 것보다 오늘 하는 것이 낫다'는 표현이에요.

리얼 회화

A 今天我去迪士尼，人可少了，该玩儿的都玩儿了。
Jīntiān wǒ qù Díshìní, rén kě shǎo le, gāi wánr de dōu wánr le.

B 真的是择日不如撞日，运气特别赞。
Zhēnde shì zérì bùrú zhuàngrì, yùnqì tèbié zàn.

A 我也觉得，估计以后都没这么好运气了。
Wǒ yě juéde, gūjì yǐhòu dōu méi zhème hǎo yùnqì le.

A 오늘 나 디즈니랜드에 갔었는데 사람이 완전 적어서, 놀거리를 거의 다 놀았어.

B 오늘 날을 잘 잡았네. 운이 터졌어.

A 나도 인정. 앞으로도 아마 이렇게나 운이 좋지 않을 것 같아.

단어 迪士尼 디즈니랜드 | 运气 운 | 赞 대단하다, 좋다 | 估计 아마도, 예측하다 | 以后 앞으로 | 这么 이렇게나

迷上嘻哈

míshang xīhā

힙합에 빠졌어

7-17

- 听嘻哈音乐，可以缓解压力。
  Tīng xīhā yīnyuè, kěyǐ huǎnjiě yālì.
  힙합 음악을 들으면 스트레스를 풀 수 있어.

- 越来越多的年轻人迷上嘻哈音乐。
  Yuèláiyuè duō de niánqīngrén míshang xīhā yīnyuè.
  점점 더 많은 젊은이들이 힙합 음악에 빠졌다.

단어 **迷** ~에 빠지다 | **嘻哈** 힙합 | **缓解** 풀다, 해소하다 | **压力** 스트레스 | **年轻人** 젊은이 | **音乐** 음악, 노래

중국어는 성조와 발음 때문에 힙합이나 랩을 하기 매우 어렵다고 하지요. 그럼에도 불구하고 작년에 《中国有嘻哈 Zhōngguó yǒu xīhā (중국에도 힙합이 있다)》란 예능 프로그램이 뜨거운 인기를 끌었어요. 이 프로그램은 한국의 힙합 경연 프로그램인 《쇼미더머니》의 중국 버전이라고 생각하면 돼요. 프로그램 이름에도 나와있듯이 '힙합'은 중국어로 '嘻哈 xīhā'라고 하는데, 외래어라 비슷한 소리가 나는 한자를 조합해 만든 단어랍니다.

리얼 회화

A 她最近的穿衣风格180度大转变呀。
Tā zuìjìn de chuānyī fēnggé yìbǎi bāshí dù dà zhuǎnbiàn ya.

B 她最近疯狂迷上嘻哈，所以衣服也都是嘻哈风。
Tā zuìjìn fēngkuáng míshang xīhā, suǒyǐ yīfu yě dōushì xīhāfēng.

A 难怪…不过我觉得她更适合以前的淑女风。
Nánguài… búguò wǒ juéde tā gèng shìhé yǐqián de shūnǚfēng.

A 요즘 그녀의 옷 스타일이 180도 달라졌더라.
B 요즘 미친듯이 힙합에 빠져서 옷 스타일도 엄청 힙합스럽잖아.
A 어쩐지… 그런데 내가 보기엔 예전의 여성스러운 게 더 어울리는 것 같아.

단어 **穿衣** 옷을 입다 | **风格** 스타일 | **180度** 180도 | **转变** 전환하다, 바꾸다 | **疯狂** 미치다, 열광하다 | **…风** ~풍, ~스타일 | **难怪** 어쩐지 | **不过** 그러나 | **适合** 어울리다 | **淑女** 숙녀 | **淑女风** 여성스러운 스타일

复仇者联盟

Fùchóuzhě liánméng

어벤져스

7-18

마블은 중국어로 '漫威 Mànwēi'라고 함

리얼 예문

- 我现在才知道"复仇者联盟"是啥意思。
  Wǒ xiànzài cái zhīdào "Fùchóuzhě liánméng" shì shá yìsi.
  난 이제서야 "复仇者联盟"이 무슨 뜻인지 알게 되었어.

- 我觉得这次的《复仇者联盟》最精彩。
  Wǒ juéde zhècì de《Fùchóuzhě liánméng》zuì jīngcǎi.
  난 이번《어벤져스》가 가장 재미있었어.

단어 **复仇者** 복수자 | **联盟** 연맹 | **啥** 무슨(= 什么) | **意思** 뜻, 의미 | **这次** 이번 | **精彩** 뛰어나다

마블 영화팬에게 《어벤져스》의 상영은 축제이지요. 중국에서도 역시 《어벤져스》가 개봉하면 극장에 빈 자리가 없을 만큼 팬들이 많아요. 중국인은 평소 외래어를 그대로 사용하지 않고 의미나 발음에 따라 중국어로 바꾸어 표기하는데 《어벤져스》는 《复仇者联盟 Fùchóuzhě liánméng》이라는 제목으로 부릅니다. '复仇者 fùchóuzhě'는 '복수하는 사람'이란 뜻이고, '联盟 liánméng'은 '연맹', 그래서 《어벤져스》를 의미대로 《복수자의 연맹》, 즉 《复仇者联盟》이라고 부른답니다.

리얼 회화

A 《复仇者联盟》一上映，票就被预订空了。

《Fùchóuzhě liánméng》 yí shàngyìng, piào jiù bèi yùdìng kōng le.

B 还好我手快，已经抢到票了。

Háihǎo wǒ shǒukuài, yǐjīng qiǎngdào piào le.

A 果然厉害！我刚还在愁苦呢。

Guǒrán lìhài! Wǒ gāng hái zài chóukǔ ne.

A 《어벤져스》가 상영하자마자 표가 바로 다 매진이더라.

B 다행히 내가 손이 빨라서 이미 표를 구했지.

A 역시 대단해! 난 아까까지도 걱정하고 있었는데.

단어 一…就 ~하자마자 | 上映 상영하다 | 票 표 | 预订 예약하다 | 空 (예약이) 차다, 팔리다 | 还好 다행히 | 抢 급히 하다, 서두르다 | 果然 역시 | 厉害 대단하다 | 愁苦 고민하다, 걱정하다

19 五音不全

wǔyīn bùquán

음치

7-19

리얼 예문

- 最害怕的就是五音不全的“麦霸”。
  Zuì hàipà de jiùshì wǔyīn bùquán de “màibà”.
  가장 무서운 것은 마이크를 붙잡고 놓지 않는 음치이지.

마이크를 ‘麦克 màikè’ 또는 ‘麦 mài’라고 불러요!

- 唱歌是她的软肋，因为五音不全。
  Chànggē shì tā de ruǎnlèi, yīnwèi wǔyīn bùquán.
  노래는 그녀의 약점이야. 그녀는 음치거든.

‘霸 bà’를 명사 뒤에 붙이면 그 분야에 뛰어나고 잘하는 사람 또는 한 곳만 파는 사람을 뜻해요. ‘学霸 xuébà’는 ‘공부왕’, ‘麦霸 màibà’는 마이크를 붙잡고 놓지 않는 사람을 가리키지요.

단어 **音** 음절 | **全** 온전하다 | **害怕** 두렵다, 무서워하다 | **麦霸** 마이크를 붙잡고 놓지 않는 사람 | **软肋** 약점

'五音不全 wǔyīn bùquán'은 '오음이 완전치 않다'는 의미로 음치에게 사용하는 표현이에요. 여기서의 '五音 wǔyīn'은 '도, 레, 미, 파, 솔' 다섯 음계를 가리킵니다.

리얼 회화

A 你能别唱了吗？求你了！
Nǐ néng bié chàng le ma? Qiú nǐ le!

B 你还不让我放松压力了么？
Nǐ hái bú ràng wǒ fàngsōng yālì le me?

스트레스가 산더미처럼 쌓인다는 뜻이에요!

A 你不知道自己五音不全吗?！我听着压力山大呀。
Nǐ bù zhīdào zìjǐ wǔyīn bùquán ma?! Wǒ tīngzhe yālì shāndà ya.

A 너 제발 노래 좀 그만 부를래? 부탁 좀 하자!
B 넌 스트레스도 못 풀게 하냐?
A 너 음치인 거 모르는 거야?! 난 듣고 있으면 스트레스가 쌓인다고.

단어 **求** 부탁하다 | **放松** 풀다 | **压力** 스트레스 | **压力山大** 스트레스가 태산 같다

20 魔性

móxìng

중독성

- 这只“丑萌”的狗，越看越喜欢，太有魔性了。
  Zhè zhī “chǒuméng” de gǒu, yuè kàn yuè xǐhuan, tài yǒu móxìng le.
  이 강아지는 못생겼지만 귀여워서 볼수록 좋아져. 중독성이 너무 강해.

- 她颜值虽然不高，不过性格很有魅力，有魔性。
  Tā yánzhí suīrán bù gāo, búguò xìnggé hěn yǒu mèilì, yǒu móxìng.
  그녀는 많이 예쁘지는 않지만 성격이 아주 매력적이고 중독성이 강해.

단어 魔性 중독성 | 丑萌 못생겼지만 귀엽다 | 狗 강아지 | 颜值 외모 | 虽然 비록 ~지만 | 性格 성격 | 魅力 매력적이다

한국 노래 중에 수능 금지곡들이 있죠? 수능 금지곡? 바로 공부에 집중하기 어렵게 만드는 강력한 중독성 때문인데요. 노래뿐만 아니라 다른 것에도 중독성이 있다고 말할 때에는 중국어로 '魔性 móxìng', 즉 '마법처럼 묘한 특징'이 있다고 표현해요.
따라서 '**가 중독성이 강하다'는 말은 중국어로 '**太有魔性了 ** tài yǒu móxìng le'라고 하면 돼요!

리얼 회화

A 你咋一直在哼那首歌?
Nǐ zǎ yìzhí zài hēng nà shǒu gē?

B 就是啊…我昨天只听了一遍，然后就停不下来了。
Jiùshì a… wǒ zuótiān zhǐ tīng le yí biàn, ránhòu jiù tíng bu xiàlái le.

A 看来是歌太有魔性了。
Kànlái shì gē tài yǒu móxìng le.

A 너 왜 계속 그 노래를 흥얼거려?
B 그러게… 어제 한 번 들었을 뿐인데 그 후로 멈춰지지가 않네.
A 노래가 중독성이 강한가 보네.

단어 咋 왜, 어찌 | 哼 흥얼거리다 | 首 곡[노래나 시 등을 세는 양사] | 昨天 어제 | 然后 그러고 나서 | 停 멈추다 | 看来 보아하니

PART 08

인터넷, SNS, 앱에 대해 중국어로 리얼 토킹!

网红

wǎnghóng

인기 BJ/핫한 **

리얼 예문

- 淘宝上卖各种网红同款。

  Táobǎo shang mài gèzhǒng wǎnghóng tóngkuǎn.

  타오바오에서 인기 BJ가 쓰는 각종 동일 상품들을 판매하고 있어.

- 这家网红餐厅至少要提前一周预约。

  Zhè jiā wǎnghóng cāntīng zhìshǎo yào tíqián yìzhōu yùyuē.

  이 핫한 식당은 적어도 일주일 전에 예약해야 해.

단어 **网红** 유명한 BJ/핫하다, 대세이다 | **卖** 판매하다, 팔다 | **同款** 동일 상품 | **家** 집[가게를 세는 양사] | **餐厅** 식당 | **至少** 적어도 | **提前** 미리 | **预约** 예약하다

요즘 인터넷에서 직접 방송을 하는 BJ들이 사람들의 관심을 모으고 있고, 이런 BJ들이 직접 사용하거나 추천하는 제품들도 덩달아 인기지요. 인터넷에서 유명한 BJ를 중국어로는 '인터넷에서 핫하다'는 뜻으로 '网红 wǎnghóng'이라고 표현하고, '网红'으로 인해 인기가 생긴 제품들을 '网红+제품명'으로 부르기도 해요. 또한 최근에는 '网红'이 '핫하다, 대세이다'라는 뜻으로도 변화하여 사용되고 있으니 다양하게 활용할 수 있을 것 같네요!

리얼 회화

A 楼下"一点点"排好长的队呢！
Lóuxià "Yìdiǎndiǎn" pái hǎocháng de duì ne!

B "一点点"？卖什么的呀?
"Yìdiǎndiǎn"? Mài shénme de ya?

A 你连那么火的网红奶茶都不知道吗?
Nǐ lián nàme huǒ de wǎnghóng nǎichá dōu bù zhīdào ma?

'一点点'은 한국에도 문을 연 버블티 체인 '공차(贡茶 Gòngchá)'를 제치고 대륙에서 1위를 하고 있는 버블티 브랜드예요!

A 아래층 '一点点'에 줄 엄청 서있던데!
B '一点点'? 뭘 파는 가게인데?
A 요즘 대세인 핫한 버블티를 모른다고?

단어 楼下 아래층 | 排队 줄 서다 | 连…都 ~조차도 | 火 핫하다 | 奶茶 버블티

咋不上天?

Zǎ bú shàngtiān?

참 노답이야, 어이없어

8-02

- 喝到大半夜回家，你咋不上天呢?
  Hēdào dàbànyè huíjiā, nǐ zǎ bú shàngtiān ne?
  늦은 밤까지 (술을) 마시고 집에 들어오다니 넌 참 노답이야.

- 你丢的雨伞都够开店了，咋不上天?
  Nǐ diū de yǔsǎn dōu gòu kāidiàn le, zǎ bú shàngtiān?
  네가 잃어버린 우산으로 가게 차리고도 남겠다. 참 답 없네.

단어 咋 왜, 어쩜 | 到 ~까지 | 大半夜 늦은 밤 | 丢 잃어버리다 | 雨伞 우산 | 够 충분하다 | 开店 가게를 열다

중국 동북지역 방언의 영향으로 요즘 표준어 '为什么 wèishénme'를 '咋 zǎ'로 바꿔 말하는 사람이 많아졌어요. '上天 shàngtiān'을 직역하자면 '하늘로 올라간다'는 것인데 인간 세상에서 받아들이지 못할 정도로 괴상하거나 기가 막히는 행동 또는 말을 뜻해요. 그래서 '咋不上天? Zǎ bú shàngtiān?'이라는 표현은 상대방의 행동이나 말에 매우 당황스러워 할 때 쓰여요. 다만 친구끼리만 즐겨 쓰는 표현이란 것은 꼭 알아두어야 하겠죠? 참, PART 03 124쪽에서 배웠던 '也是醉了'도 '어이없다, 노답이다'라는 뜻의 표현이었어요! 기억나시죠?

인기BJ를 뜻하는 단어인데 '网红 + 장소/상품'으로 쓰여 '핫플레이스' 또는 '핫 아이템'을 지칭해요. 356쪽 확인!

리얼 회화

A 我们去试试楼下新开的**网红**餐厅吧。
Wǒmen qù shìshi lóuxià xīn kāi de wǎnghóng cāntīng ba.

B 你先去排队，大概两个小时后，我下去。
Nǐ xiān qù páiduì, dàgài liǎng ge xiǎoshí hòu, wǒ xiàqù.

A 你咋不上天呢？**想得倒美**！
Nǐ zǎ bú shàngtiān ne? Xiǎng de dàoměi!

'想得倒美'는 '꿈도 야무지지', '생각이야 좋지'의 뜻이에요!

A 우리 1층에 새로 생긴 핫한 맛집에 가보자.
B 너 먼저 가서 줄 서. 대략 2시간 후에 내가 내려갈게.
A 참 어이없네? 꿈도 정말 야무지다!

단어 **试试** 시도하다, 테스트하다 | **楼下** 아래층, 1층 | **开** 오픈하다 | **餐厅** 식당 | **排队** 줄 서다 | **大概** 대략 | **小时** 시간[시간을 세는 단위] | **下去** 내려가다 | **想得倒美** 꿈이 야무지다, 생각이야 좋다

点赞之交

diǎnzàn zhījiāo

서로 '좋아요'로만 맺은 친구

8-03

리얼 예문

- 朋友圈里好多都只是"点赞之交"。
  Péngyouquān li hǎoduō dōu zhǐshì "diǎnzàn zhījiāo".
  모멘트에는 서로 '좋아요'만 눌러주는 친구만 많을 뿐이야.

- 我和他只是"点赞之交"，互相从不留言。
  Wǒ hé tā zhǐshì "diǎnzàn zhījiāo", hùxiāng cóngbù liúyán.
  나는 그와 오직 '좋아요'로만 맺은 친구일 뿐이라 서로 절대 댓글은 달지 않아.

단어 **点赞** SNS에서 '좋아요'를 누르다 | **好多** 아주 많다 | **互相** 서로 | **从不** 전혀 ~하지 않다(= 从来不) | **留言** 댓글(을 달다)

SNS에서 '좋아요'를 누르는 것을 중국어로 '点赞 diǎnzàn'이라고 하고, '…之交 …zhījiāo'는 '~한 친구'란 뜻이지요. 그래서 '点赞之交 diǎnzàn zhījiāo'는 SNS에서 서로에게 '좋아요'를 눌러주는 친구 관계, '좋아요'로만 맺은 친구 관계를 일컫는 말이에요. 그러니 '点赞之交'라고 해도 실제로는 그다지 친하지 않거나 심지어 전혀 모르는 사이일 수도 있겠지요?

A 为什么每次你一发朋友圈，他就秒赞？
Wèishénme měicì nǐ yì fā péngyouquān, tā jiù miǎozàn?

B 什么为什么？我们是"点赞之交"呀！
Shénme wèishénme? Wǒmen shì "diǎnzàn zhījiāo" ya!

A 点赞之交?！不是他对你有意思？
Diǎnzàn zhījiāo?! Búshì tā duì nǐ yǒuyìsi?

A 왜 매번 네가 모먼트에다 뭘 올리기만 하면 걔가 바로 '좋아요'를 눌러?
B 뭐가 왜야? 우리는 서로 '좋아요'만 눌러주는 친구니까 그렇지!
A '좋아요'만 눌러주는 친구라고?! 걔가 너한테 관심 있는 거 아니고?

단어 **一…就** ~하자마자 바로 | **发朋友圈** 모멘트에 게시물을 올리다 | **秒赞** 바로 '좋아요'를 누르다 | **对…有意思** ~에게 호감을 갖다

大众点评

Dàzhòng Diǎnpíng

대중의 평가

'大众点评'은 중국 대표 리뷰 전문 어플임

리얼 예문

- 这家店在大众点评上评分太低了，换一家吧。
  Zhè jiā diàn zài Dàzhòng Diǎnpíng shang píngfēn tài dī le, huàn yìjiā ba.
  이 집은 대중의 평가에서의 평점이 너무 낮아. 다른 데로 바꾸자.

- 在大众点评上还能预订呢。
  Zài Dàzhòng Diǎnpíng shang hái néng yùdìng ne.
  대중의 평가에서 예약도 할 수 있네.

단어 **大众点评** 대중의 평가(중국 대표 리뷰 전문 어플) | **评分** 평점 | **低** 낮다 | **换** 바꾸다 | **预订** 예약하다

최근 중국에서는 맛집이나 관광지 등의 핫한 정보를 찾으려면 무조건 '大众点评 Dàzhòng Diǎnpíng'이란 어플을 이용해요. '大众点评'이란 '대중의 평가'란 의미로, 이 어플에 달린 댓글은 대부분 이용한 사람들이 직접 남긴 솔직한 후기라서 신뢰도가 매우 높은 편이지요.

리얼 회화

A 点菜点菜，肚子都快瘪了…

Diǎn cài diǎn cài, dùzi dōu kuài biě le…

B 等等，我先上大众点评看看大家的推荐。

Děng děng, wǒ xiān shàng Dàzhòng Diǎnpíng kànkàn dàjiā de tuījiàn.

A 能随便点点儿不？我的胃都快“罢工”了！

Néng suíbiàn diǎn diǎnr bù? Wǒ de wèi dōu kuài “bàgōng” le!

A 주문 좀 하자. 내 배가 등에 붙겠다…

B 기다려봐. 내가 먼저 대중의 평가에 접속해서 사람들이 추천한 요리를 좀 볼게.

A 그냥 대충 좀 시키면 안 될까? 내 위가 곧 파업하려고 해!

단어 **点菜** 주문하다 | **肚子** 배 | **瘪** 꺼지다 | **上** 접속하다, 로그인하다 | **推荐** 추천/추천하다 | **随便** 마음대로, 편한 대로 | **胃** 위 | **罢工** 파업하다

陈独秀

chéndúxiù

엘리트

리얼 예문

- 我闺蜜是“陈独秀”，我特别膜拜她。
  Wǒ guīmì shì “chéndúxiù”, wǒ tèbié móbài tā.
  내 절친은 엘리트야. 나는 그녀를 아주 존경하지.

인터넷 용어로 매우 존경한다는 표현!

- 他是我们部门公认的“陈独秀”。
  Tā shì wǒmen bùmén gōngrèn de “chéndúxiù”.
  그는 우리 팀에서 인정받은 엘리트야.

여자끼리의 절친 사이에만 쓰는 말인데, 최근에는 남사친을 ‘男闺蜜 nánguīmì’, 여사친을 ‘女闺蜜 nǚguīmì’라고도 불러요. 296쪽을 참고하세요!

단어 闺蜜 (여자끼리의) 절친 | 膜拜 존경하다 | 部门 부서, 팀 | 公认 공인하다, 공개적으로 인정하다

'陈独秀 chéndúxiù'는 온라인 게임에서 생겨난 유행어인데요, '陈独秀 Chén Dúxiù (진독수)'는 원래 중국의 혁명가이자 정치가의 이름이에요. 이름을 해석해보자면, '陈'은 성씨이고, '独秀'는 '유일하게 우수하다'는 의미가 되지요. 그래서 '独秀'의 의미를 빌려 한 분야에서 매우 뛰어난 사람을 '陈独秀'라고 부르게 되었다고 하네요.

리얼 회화

A 听说他同时被几家大公司录取了。

Tīngshuō tā tóngshí bèi jǐ jiā dàgōngsī lùqǔ le.

B 那有什么好奇怪的，他是"陈独秀"啊。

Nà yǒu shénme hǎo qíguài de, tā shì "chéndúxiù" a.

A 要是分我一个公司就好了…

Yàoshi fēn wǒ yí ge gōngsī jiù hǎo le…

A 그가 동시에 여러 대기업에 합격했대.

B 그게 뭐가 이상해? 그는 엘리트잖아.

A 나한테 회사 하나만 나눠주면 좋겠네…

단어 听说 ~라고 말하다 | 同时 동시에 | 大公司 대기업 | 录取 채용하다 | 奇怪 이상하다 | 要是…就好了 ~했으면 좋겠다 | 分 나눠주다

老司机，带带我

lǎo sījī, dàidai wǒ

고수님, 노하우 좀 알려줘

리얼 예문

- 我刚开始玩儿"吃鸡游戏"，老司机，带带我呗。

  Wǒ gāng kāishǐ wánr "chījī yóuxì", lǎo sījī, dàidai wǒ bei.

  나 '배틀그라운드' 게임을 막 시작했는데, 고수님, 노하우 좀 가르쳐줘.

'배틀그라운드'라는 컴퓨터 게임에서는 1등을 하면 '오늘 저녁은 치킨이닭!'이라는 축하 문구가 떠요. 그래서 중국에서는 이 게임을 '치킨 먹는 게임', 즉 '吃鸡游戏 chījī yóuxì'라고 불러요.

- 背包旅行，我完全是外行。老司机，带带我呗。

  Bēibāo lǚxíng, wǒ wánquán shì wàiháng. Lǎo sījī, dàidai wǒ bei.

  배낭여행에 나는 완전 문외한이야. 고수님, 노하우 좀 알려줘.

단어 **老** 오래되다, 경험이 풍부하다 | **司机** 운전기사 | **带** 데리고 가다, 지도하다 | **开始** 시작하다 | **玩儿** 놀다 | **…呗** 어떤 행동을 하기 쉽다는 뜻을 나타내는 어미 | **背包** 백팩, 배낭 | **背包旅行** 배낭여행 | **外行** 문외한

'老司机 lǎo sījī'는 원래 '경험이 풍부한 기사님'이란 뜻인데, 여기서 '老'는 '오래되다, 경험이 풍부하다'는 의미를 가지고 있어요. 하지만 요즘 중국 네티즌들이 말하는 '老司机'는 더 이상 '운전기사'란 뜻이 아닌 한 분야의 베테랑을 가리키는 표현입니다. PART 04에서 배운 적 있지요? 게임이나 블로그, SNS 등에서 '**를 가르쳐주세요!'라는 말로 많이 쓰는 표현이 있는데 바로 '带带我 dàidai wǒ'로, 이 표현 중의 '带 dài'는 '가르치다'는 뜻이에요. 즉 '带带我'는 '나 좀 가르쳐줘'의 의미지요!

리얼 회화

A 你做淘宝怎么样啊?
Nǐ zuò Táobǎo zěnmeyàng a?

B 最近生意挺好的。
Zuìjìn shēngyì tǐng hǎo de.

A 我也想开个网店试试。老司机，带带我呗。
Wǒ yě xiǎng kāi ge wǎngdiàn shìshi. Lǎo sījī, dàidai wǒ bei.

A 요즘 네 타오바오 샵 사업은 어때?
B 요즘 사업이 꽤 잘 돼.
A 나도 온라인 가게 하나 운영해보려고 하는데, 너는 베테랑이잖아. 노하우 좀 알려줘.

단어 **淘宝** 타오바오(중국 최대 온라인 쇼핑몰) | **生意** 장사, 사업 | **挺…的** 꽤 ~하다 | **开网店** 온라인 가게를 오픈하다 | **试试** 시도해보다

07 扫码点菜

sǎomǎ diǎncài

QR코드를 찍어서 주문하세요

8-07

- 这里是扫码点菜，所以没有纸质菜单。
  Zhèli shì sǎomǎ diǎncài, suǒyǐ méiyǒu zhǐzhì càidān.
  여기는 QR코드를 인식하여 주문하는 데라 종이 메뉴판이 없어.

- 连点菜都可以扫码，那是不是很多餐厅会裁员呢?
  Lián diǎncài dōu kěyǐ sǎomǎ, nà shìbushì hěn duō cāntīng huì cáiyuán ne?
  주문까지 QR코드로 가능한데 그러면 많은 식당들이 직원을 자르지 않을까?

단어 **码** QR코드(= 二维码) | **扫码** QR코드를 스캔하다 | **点菜** 주문하다(= 点餐) | **纸质** 종이 | **菜单** 메뉴판 | **餐厅** 식당 | **裁员** 정리해고하다

중국에서는 휴대전화로 결제 및 예약뿐 아니라 이제는 주문도 가능해요. 식당마다 메뉴를 '微信(위챗)'에 올려놓고 있어 고객들이 해당 QR코드를 인식하기만 하면 전체 메뉴를 다 볼 수 있지요. 여기에는 요리명, 가격 등의 자세한 정보가 사진과 함께 있어 매우 편리해요. 그리고 메뉴를 보고 바로 휴대전화로 간편하게 주문까지 가능하답니다. 중국에 가게 되면 꼭 위챗에 가입하여 식당 예약 및 주문, 결제까지 한번 해보세요! 중국에서 인싸되기 어렵지 않을 거예요!

리얼 회화

A 服务员，这边点餐。

Fúwùyuán, zhèbiān diǎncān.

B 桌上有二维码，可以扫码点菜。

Zhuōshàng yǒu èrwéimǎ, kěyǐ sǎomǎ diǎncài.

A 最近是离了手机活不了了呀！

Zuìjìn shì lí le shǒujī huóbuliǎo le ya!

A 종업원(저기요), 여기 주문할게요.

B 테이블에 QR코드가 있으니 그걸 찍어서 주문하시면 돼요.

A 요즘에는 휴대전화 없으면 못 살겠네요!

단어 服务员 종업원 | 点菜 주문하다(= 点餐) | 这边 이쪽 | 桌 테이블 | 二维码 QR코드 | 离 떠나다 | 手机 휴대전화 | 活 살다, 생활하다 | …不了 ~하지 못한다

奋战“双11”

fènzhàn “shuāng shíyī”

'11월 11일'에 전투를 치르다

리얼 예문

- 每年“双11”，淘宝都会赚翻。
  Měinián “shuāng shíyī”, Táobǎo dōu huì zhuànfān.
  매년 11월 11일이면 타오바오는 돈을 엄청나게 번다.

- “双11”过后，很多人又该“吃土”了。
  “Shuāng shíyī” guò hòu, hěn duō rén yòu gāi “chītǔ” le.
  11월 11일을 지낸 후 많은 사람들이 또 손가락을 빨아야겠네.

단어 **奋战** 최선을 다해 전투하다 | **双11** 중국판 블랙 프라이데이 겸 중국의 싱글 데이 | **赚翻** 돈을 엄청나게 벌다 | **过后** ~를 지낸 후 | **该…了** ~해야겠다

한국에서 '빼빼로 데이'라고 불리는 '11월 11일'을 중국에서는 '싱글의 날'로 정해, '싱글'을 의미하는 '光棍 guānggùn'이라는 단어를 이용해 '光棍节(광군절)'라고 불러 왔어요. 그러다 중국의 가장 큰 온라인 쇼핑몰 '淘宝 Táobǎo (타오바오)'가 싱글의 외로움을 달래주려는 취지로 11월 11일에 빅세일 행사를 진행하기 시작했는데, 2009년 점점 그 규모가 커져서 중국판 블랙 프라이데이가 되었어요. 이날에는 각양각색의 물건을 파격적인 가격으로 판매하니 수많은 네티즌들이 그날만을 손꼽아 기다렸다가 실컷 쇼핑을 하지요. 최근에는 중국 내에서뿐만 아니라 전세계의 네티즌들이 11월 11일에 '淘宝'에서 온라인 쇼핑을 한다고 하니, 그 규모가 정말 대단하겠지요?

리얼 회화

A 你这个"网购狂"，最近怎么不收快递了?

Nǐ zhège "wǎnggòukuáng", zuìjìn zěnme bù shōu kuàidì le?

B 我已经把东西选好，就等着"双11"了。

Wǒ yǐjīng bǎ dōngxi xuǎnhǎo, jiù děngzhe "shuāng shíyī" le.

A 对哦！成群的网友又要奋战一年一度的"双11"了。

Duì o! Chéngqún de wǎngyǒu yòu yào fènzhàn yìnián yídù de "shuāng shíyī" le.

A 너는 '인터넷 쇼핑 마니아'잖아. 요즘은 어째서 택배가 안 와?

B 이미 물건은 다 골랐고, 이제 11월 11일만 기다리고 있지.

A 맞다! 수많은 네티즌들이 또 해마다 있는 '11월 11일(빅세일 날)'에 전투를 치르겠군.

단어 **网购** 인터넷 쇼핑 | **狂** ~광, 마니아 | **快递** 택배 | **选** 고르다 | **成群** 수많다 | **网友** 네티즌 | **一年一度** 해마다 한 번씩 (진행하다)

取关(取消关注)

qǔguān (qǔxiāo guānzhù)

언팔하다 (팔로잉을 취소하다)

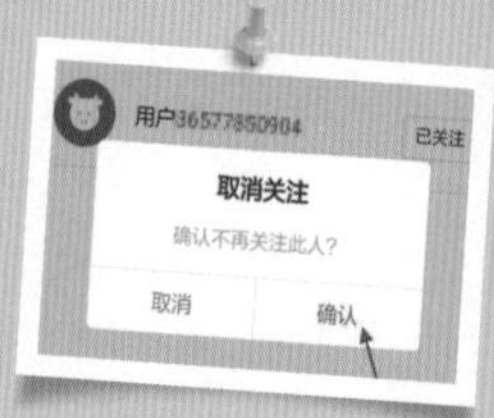

리얼 예문

- 既然分手了，就应该取关呀。
  Jìrán fēnshǒu le, jiù yīnggāi qǔguān ya.
  헤어졌으면 바로 언팔해야지.

- 她突然对我取关了，莫名其妙。
  Tā tūrán duì wǒ qǔguān le, mòmíng qímiào.
  그녀가 갑자기 나를 언팔했더라. 도무지 이해가 안 되네.

단어 **取消** 취소하다 | **关注** 팔로우 | **既然…就** 기왕 ~이면 | **分手** 헤어지다 | **莫名其妙** 두서를 잡을 수 없다, 이해가 안 되다

SNS에서 서로 팔로잉 하는 것을 중국어로 '关注 guānzhù'라고 해요. 또한, '~를 팔로잉하다'를 나타낼 때는 중국어로 '关注+대상'으로 말하면 됩니다. 그러면 반대로 팔로잉을 취소한다는 의미인 '언팔하다'는? 바로 '취소하다'의 의미인 '取消 qǔxiāo'를 붙여 '取消关注 qǔxiāo guānzhù'라고 표현하며 줄여서 '取关 qǔguān'이라고 해요.

중국판 트위터

리얼 회화

A 你是不是跟她闹矛盾了？我看你微博对她取关了。

Nǐ shìbushì gēn tā nào máodùn le? Wǒ kàn nǐ Wēibó duì tā qǔguān le.

B 别提了，我跟她友尽了。

Bié tí le, wǒ gēn tā yǒujìn le.

A 你们不是好闺蜜吗？别太冲动了！

Nǐmen búshì hǎo guīmì ma? Bié tài chōngdòng le!

A 너 걔랑 무슨 문제 있어? 네가 웨이보에서 걔를 언팔한 거 봤어.

B 말도 마. 걔와의 우정은 이제 끝이야.

A 너희 절친 아니었어? 너무 충동적으로 행동하지 마!

단어 **闹矛盾** 갈등이 생기다, 싸우다 | **微博** 웨이보(중국판 트위터) | **提** 언급하다, 말을 꺼내다 | **友尽** 우정이 끝나다 | **闺蜜** (여자끼리의) 절친 | **冲动** 충동적이다

10 仅好友可见

jǐn hǎoyǒu kějiàn

(계정이나 게시물의) 비공개 설정

리얼 예문

- 我不想让太多人看我的朋友圈，所以设置了仅好友可见。

  Wǒ bù xiǎng ràng tài duō rén kàn wǒ de péngyouquān, suǒyǐ shèzhì le jǐn hǎoyǒu kějiàn.

  너무 많은 사람이 내 위챗 모멘트를 보는 게 싫어서 비공개로 설정했어.

- 他担心网友们乱留言，所以把帐号设成了仅好友可见。

  Tā dānxīn wǎngyǒumen luàn liúyán, suǒyǐ bǎ zhànghào shèchéng le jǐn hǎoyǒu kějiàn.

  그는 네티즌들이 함부로 댓글을 달까 걱정이 되어 계정을 비공개로 설정했다.

단어 **仅** 오직 | **好友** 친한 친구/인터넷 상의 친구 | **可见** 볼 수 있다 | **朋友圈** 위챗 모멘트 | **设置** 설정하다(= 设成) | **担心** 걱정이 되다 | **网友** 네티즌 | **乱** 함부로, 마구 | **留言** 댓글을 달다 | **帐号** 계정

자신의 SNS에 올린 게시물들을 친구가 아닌 사람에게는 공개하고 싶지 않을 때가 있지요? 이럴 때는 '비공개'로 설정해두면 되는데, 그러면 친구로 추가되어 있는 사람에게만 게시물이 공개되지요. 여기서 말하는 '비공개'를 중국어로는 '仅好友可见 jǐn hǎoyǒu kějiàn'이라고 표현하는데 바로 '친구에게만 보인다'는 의미예요! '好友'는 인터넷 상에서의 친구 또는 나이 상관없이 친한 사이를 가리켜요!

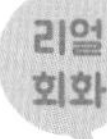

A 为啥我看不了他的朋友圈?
Wéishá wǒ kànbuliǎo tā de péngyouquān?

B 他应该设置了仅好友可见，你先申请加好友吧。
Tā yīnggāi shèzhì le jǐn hǎoyǒu kějiàn, nǐ xiān shēnqǐng jiā hǎoyǒu ba.

A 他该不会不接受申请吧?!
Tā gāi búhuì bù jiēshòu shēnqǐng ba?!

A 왜 나는 그의 모멘트를 볼 수가 없지?
B 그가 아마도 (계정을) 비공개로 설정한 것 같은데, 네가 먼저 친구 신청을 해봐.
A 그가 친구 신청을 안 받아주지는 않겠지?!

단어 **为啥** 왜 | **…不了** ~할 수 없다 | **申请** 신청하다 | **接受** 받아주다

11 深夜放毒

shēnyè fàngdú

심야에 (SNS에) 야식 사진이나 영상을 올리다

8-11

리얼 예문

- 最近外卖太发达，所以越来越多的人喜欢深夜放毒。
  Zuìjìn wàimài tài fādá, suǒyǐ yuèláiyuè duō de rén xǐhuan shēnyè fàngdú.
  요즘 배달 서비스가 너무 발달돼서 점점 더 많은 사람들이 심야에 야식 사진이나 영상을 SNS에 올리기 좋아한다.

- 朋友圈好多人深夜放毒，搞得我半夜嘴馋。
  Péngyouquān hǎoduō rén shēnyè fàngdú, gǎo de wǒ bànyè zuǐchán.
  위챗 모멘트의 많은 사람들이 심야에 야식 사진이나 영상을 올려서 한밤중에 군침이 돌게 해.

단어 深夜 심야 | 外卖 배달 | 发达 발달되다 | 搞 ~하게 하다 | 半夜 한밤중 | 嘴馋 군침 돌다, 식탐이 나다

야식은 '독약'! '독약'은 중국어로 '毒药 dúyào'라고 해요. SNS가 활성화되면서 한밤중에 야식 사진이나 야식을 먹는 영상을 올리는 사람이 많은데요, 이런 행동을 '深夜放毒 shēnyè fàngdú', 즉 '심야에 독약을 놓는다'로 직역되는 표현을 써요. 누군가 올린 야식 사진을 보면서 배고픔을 참는 것은 매우 힘든 일이에요. 특히 다이어터들에게 '深夜放毒'는 정말 독약 같겠지요?

리얼 회화

(凌晨1点半)
(língchén yī diǎn bàn)

A 朋友圈又有人深夜放毒了，本来我就饿…
Péngyouquān yòu yǒu rén shēnyè fàngdú le, běnlái wǒ jiù è…

B 我特别羡慕他们，天天吃宵夜，还怎么都不胖。
Wǒ tèbié xiànmù tāmen, tiāntiān chī xiāoyè, hái zěnme dōu bú pàng.

A 就是，不像我，喝水都会胖。
Jiùshì, bú xiàng wǒ, hēshuǐ dōu huì pàng.

'吃宵夜'는 '야식을 먹다' 라는 표현이에요!

(새벽 1시 반)

A 위챗 모멘트에 또 누군가가 야식 사진을 올렸어. 안 그래도 나 배고픈데…

B 그 사람들 되게 부럽다. 맨날 야식을 먹는데도 어떻게 살도 안 찌냐.

A 그러니까. 나같지 않네. 나는 물만 마셔도 살찌는데.

단어 **凌晨** 새벽 | **饿** 배고프다 | **羡慕** 부럽다 | **天天** 매일 | **吃宵夜** 야식을 하다, 밤참을 먹다 | **胖** 뚱뚱하다

12 分个热点

fēn ge rèdiǎn

핫스팟을 공유하다

8-12

리얼 예문

- 你千万别看视频，否则我马上关热点。
  Nǐ qiānwàn bié kàn shìpín, fǒuzé wǒ mǎshàng guān rèdiǎn.
  너 제발 동영상 좀 보지 마. 안 그러면 바로 핫스팟 꺼버릴 거야.
- 我流量用完了，你分个热点给我呗。
  Wǒ liúliàng yòngwán le, nǐ fēn ge rèdiǎn gěi wǒ bei.
  나 데이터 다 썼어. 네 핫스팟 좀 공유해주라.

단어 分 나누다 | 热点 핫스팟 | 千万 제발 | 视频 동영상 | 否则 (부정적인 상황에서) 그렇지 않으면 | 马上 곧장 | 关 끄다 | 流量 데이터 | 用完 다 써버리다

인터넷 시대라고 불러도 과언이 아닌 오늘날, 인터넷이 없다면 참 답답하겠죠? 하지만 데이터 요금도 만만치 않아 어디를 가든 자리를 잡자마자 와이파이부터 찾는 것이 일상이고, 와이파이가 안 될 때에는 주변 친구한테 데이터를 빌려 쓰기도 하잖아요. 이것을 '핫스팟(hot spot)'이라 하는데 이 영어 단어의 의미 그대로 중국어로 옮겨 '热点 rèdiǎn'이라고 해요.
참고로 와이파이는 중국어로 '无线 wúxiàn', 데이터는 '流量 liúliàng'이라고 한답니다.

리얼 회화

A 这里没有无线，我上不去网呀。
Zhèli méiyǒu wúxiàn, wǒ shàngbuqù wǎng ya.

B 等会儿，我分个热点给你，我流量多，你随便用。
Děng huìr, wǒ fēn ge rèdiǎn gěi nǐ, wǒ liúliàng duō, nǐ suíbiàn yòng.

A 哇，谢谢土豪！
Wà, xièxie tǔháo!

'갑부, 벼락부자'를 뜻하는 말!

A 여기 와이파이 없어서 난 인터넷 연결이 안 돼.
B 기다려 봐. 내가 핫스팟 공유해줄게. 나 데이터 많으니까 마음껏 써.
A 와우. 고마워 부자!

단어 无线 와이파이 | 上网 인터넷 하다 | 随便 마음대로 | 用 사용하다

PART 09

교육에 대해 중국어로 리얼 토킹!

01 大雁爸爸

dàyàn bàba

기러기 아빠

리얼 예문

- 儿子终于要毕业回国了，我也可以摆脱当“大雁爸爸”了。

  Érzi zhōngyú yào bìyè huíguó le, wǒ yě kěyǐ bǎituō dāng “dàyàn bàba” le.

  아들이 드디어 곧 졸업하고 귀국할 거라 나도 기러기 아빠에서 벗어날 수 있겠어.

- 要是条件允许，谁愿意做“大雁爸爸”啊?

  Yàoshi tiáojiàn yǔnxǔ, shéi yuànyì zuò “dàyàn bàba” a?

  만약 조건이 허락하면 누군들 기러기 아빠가 되고 싶겠어?

단어 **大雁** 기러기 | **儿子** 아들 | **毕业** 졸업하다 | **回国** 귀국하다 | **摆脱** 벗어나다 | **当** ~이 되다 | **要是** 만약 | **条件** 조건 | **允许** 허락하다

한국은 물론 중국에서도 자신의 아이에게 더 좋은 교육을 받게 하고자 엄마가 아이를 데리고 외국으로 떠나 생활하는 가정 수가 많아졌고 또 지속적으로 증가하고 있어요. 그러면 아빠들은 만만치 않은 교육비를 벌기 위해 혼자 자국에 남아 직장생활을 할 수밖에 없는 현실에 놓이게 되지요. 이러한 아빠들에게 '**大雁爸爸** dàyàn bàba (기러기 아빠)'라는 별명을 붙였네요. '기러기'를 중국어로 '**大雁** dàyàn'이라고 하는데, 기러기는 먼 거리를 날아가 새끼의 먹이를 구해오는 습성이 있는 새라 자녀 교육을 위해 자신을 희생하는 아버지를 이 새에 비유하게 됐다고 해요.

리얼 회화

A 终于熬到周末了！要不要去喝一杯？
Zhōngyú áodào zhōumò le! Yàobuyào qù hē yìbēi?

B 我可没你自由！我得回家陪老婆孩子。
Wǒ kě méi nǐ zìyóu! Wǒ děi huíjiā péi lǎopo háizi.

A 自由什么呀？你不懂"大雁爸爸"的孤独啊！
Zìyóu shénme ya? Nǐ bù dǒng "dàyàn bàba" de gūdú a!

A 드디어 주말이다! 한잔 하러 갈래?
B 난 너처럼 자유롭지 않아! 집에 가서 와이프와 아이들이랑 있어야 되거든.
A 자유는 무슨. 너는 기러기 아빠의 외로움을 몰라!

단어 **终于** 드디어 | **熬** (통증·생활고·어려움 등을) 인내하다 | **自由** 자유/자유롭다 | **陪** 곁에 있어주다 | **老婆** 아내 | **孤独** 고독하다, 외롭다

02 学区房

xuéqūfáng

학세권 집

9-02

'…上天'은 직역하면 하늘로 올라간다는 것으로 '말도 안 되게, 지나치게 ~하다'란 뉘앙스로 쓰이는 인터넷 용어예요!

리얼 예문

- 学区房的价格简直贵上天了。
  Xuéqūfáng de jiàgé jiǎnzhí guì shàngtiān le.
  학세권 집의 집값은 진짜 말도 안 되게 비싸다.

- 学区房太抢手，就算有钱也不一定买得到。
  Xuéqūfáng tài qiǎngshǒu, jiùsuàn yǒuqián yě bùyídìng mǎidedào.
  학세권 집은 너무 핫해서 돈이 있다고 반드시 살 수 있는 것이 아니다.

단어 **学区房** 학세권 집 | **价格** 가격 | **简直** 그야말로, 정말로 | **贵** 비싸다 | **…上天** 지나치게, 너무나 ~하다 | **抢手** 인기가 많다, 핫하다

부모에게 자녀의 교육은 한국에서든 중국에서든 매우 중요한 문제이지요. 자녀의 명문대학 진학을 위해 비싼 집값을 감수하고서라도 좋은 학교 근처의 이른바 '学区房 xuéqūfáng'을 마련하려고 무척 애를 쓰고는 있으나, 돈도 돈이지만 수요가 너무 많아 학부모 사이에서 치열한 '学区房' 경쟁을 벌이고 있다고 해요. '学区房'은 바로 '학세권 집', 즉 '좋은 학군 가까이에 있는 집'을 말해요!
비슷한 말로 '역세권'이란 말도 있지요? 역에서 가깝다는 말인데 중국어로 '临站地角 línzhàn dìjiǎo'라고 합니다~!

리얼 회화

A 听说你买到了学区房?
Tīngshuō nǐ mǎidào le xuéqūfáng?

B 我哪买得起? 还不都是银行贷的。
Wǒ nǎ mǎideqǐ? Hái bù dōushì yínháng dài de.

A 那每个月还要付利息，承受得起吗?
Nà měi ge yuè hái yào fù lìxī, chéngshòu deqǐ ma?

A 학세권에 집을 샀다며?
B 내가 어디 살 수 있겠어? 다 은행의 대출이지.
A 그러면 월마다 이자까지 내야 하는데 감당할 수 있겠어?

단어 买得起 (돈이 있어) 살 수 있다 | 银行 은행 | 贷 대출 받다 | 付 지불하다 | 利息 이자 | 承受 감당하다

03 孟母三迁

mèngmǔ sānqiān

맹모삼천

리얼 예문

- 我也想学孟母三迁，不过买不起房啊…

  Wǒ yě xiǎng xué mèngmǔ sānqiān, búguò mǎibuqǐ fáng a…

  나도 맹모삼천을 따라 하고 싶은데 집 살 돈이 없네…

- 从古代就有“孟母三迁”的故事，看来教育永远是父母的头等大事。

  Cóng gǔdài jiùyǒu “mèngmǔ sānqiān” de gùshi, kànlái jiàoyù yǒngyuǎn shì fùmǔ de tóuděng dàshì.

  고대부터 ‘맹모삼천’이란 이야기가 있어왔듯이 교육은 항상 부모에게 가장 중요한 일인 거 같네.

단어 …**不起** (돈이 없어서) ~할 수 없다 | **古代** 고대 | **故事** 이야기 | **教育** 교육 | **永远** 영원히 | **父母** 부모 | **头等大事** 최우선적인 일, 가장 중요한 일

'孟母三迁 mèngmǔ sānqiān (맹모삼천)'은 맹자의 어머니가 아들의 교육을 위하여 환경이 좋은 곳을 찾아 세 번이나 이사했다는 이야기에서 유래한 사자성어예요. 자녀들에게 최적화된 교육 환경을 애써 찾아주려는 부모의 마음이 담겨 있는 표현이라고 할 수 있어요!

'학세권의 집'이라는 말로, 좋은 학교 근처의 집 또는 학부모들에게 인기 많은 집을 말해요!

리얼 회화

A 这次终于让我抢到学区房了，可费劲儿了！
Zhècì zhōngyú ràng wǒ qiǎngdào xuéqūfáng le, kě fèijìnr le!

B 你这是学孟母三迁，又要搬家了啊？
Nǐ zhè shì xué mèngmǔ sānqiān, yòu yào bānjiā le a?

A 还不都是为了猴孩子们！
Hái bù dōushì wèile hóu háizimen!

한국어에서도 에너지가 넘치고 장난끼가 심한 아이들을 부를 때 낮은 말로 '녀석들~'과 같은 말 쓰지요? 중국어에서는 장난끼 많은 아이들을 '원숭이'라고 표현해요.

A 이번에 내가 드디어 학세권 집을 구하게 됐어. 진짜 힘드네!
B 너 이거 맹모삼천 따라 한 거야? 또 이사 가시게?
A 다 녀석들 때문이지 뭐!

단어 终于 드디어 | 抢 빼앗다 | 学区房 학세권 집 | 费劲儿 힘들다 | 搬家 이사하다 | 猴孩子 골치 아픈 자신의 자녀

04 拼爹时代

pīndiē shídài

수저론 시대

9-04

리얼 예문

- 以前拼能力，现在拼爹。

  Yǐqián pīn nénglì, xiànzài pīndiē.

  예전에는 능력으로 경쟁했는데 지금은 태어날 때부터 갈린다.

- 虽然是拼爹时代，不过也有很多人在自食其力。

  Suīrán shì pīndiē shídài, búguò yě yǒu hěn duō rén zài zì shí qí lì.

  비록 '수저론' 시대지만 많은 사람들이 자신의 힘으로 먹고 살고 있다.

단어 **拼** 경쟁하다, 승부하다 | **爹** 아버지 | **时代** 시대 | **以前** 이전에 | **能力** 능력 | **虽然…不过** 비록 ~지만, 그러나 | **自食其力** 자기 힘으로 생활하다, 스스로 먹여 살리다

'금수저', '흙수저'를 비롯한 이른바 '수저론'이 한국사회에서 큰 논란이 되고 있는데요, 이와 같은 '수저론' 현상이 중국사회에서도 심각해요. 단, 표현함에 있어 한국과 다른 점은 '수저' 대신 '아버지'의 옛말인 '爹 diē'를 사용한다는 것인데요, 아버지의 재력과 사회적 지위에 따라 자녀의 인생이 결정된다는 의미로 '拼爹 pīndiē'란 표현이 만들어졌어요. '拼 pīn'은 '경쟁하다, 승부하다'라는 뜻으로 즉 '아버지의 재력이나 지위를 경쟁한다'는 말이에요.
중국어로 '금수저'는 '金汤匙 jīn tāngchí', '흙수저'는 '土汤匙 tǔ tāngchí'라고도 표현할 수 있으니 같이 기억해두세요! 여기서 '汤匙'는 중국식 국 숟가락을 의미하는 단어예요!

리얼 회화

A 看他朋友圈，好像去欧洲旅行了。
Kàn tā péngyouquān, hǎoxiàng qù Ōuzhōu lǚxíng le.

B 谁让人家是富二代呢，我们只有羡慕的份儿。
Shéi ràng rénjiā shì fù'èrdài ne, Wǒmen zhǐyǒu xiànmù de fènr.

A 拼爹时代，我们拼不过呀。
Pīndiē shídài, wǒmen pīnbúguò ya.

A 그의 모멘트를 보니까 유럽 여행 간 것 같던데.
B 걔는 재벌 2세잖아, 우리는 그저 부러워할 뿐이지.
A 우리는 그와 같은 금수저랑은 비교할 수가 없네.

단어 朋友圈 위챗의 타임라인 | 好像 ~인 것 같다 | 欧洲 유럽 | 富二代 재벌2세 | 羡慕 부러워하다 | …的份儿 ~의 몫 | …不过 ~하여 이겨 내지 못하다

学霸

xuébà

공부의 신

리얼 예문

- 太膜拜你了，学霸！
  Tài móbài nǐ le, xuébà!
  공부의 신님! 너무 존경스럽습니다!

인터넷에서 유행하기 시작한 '膜拜 móbài'는 누군가를 매우 존경하고 숭배한다는 뜻이에요!

- 他从小到大一直都是学霸。
  Tā cóngxiǎo dàodà yìzhí dōushì xuébà.
  그는 어릴 때부터 지금까지 늘 공부를 잘했다.

단어 学霸 공부의 신 | 膜拜 매우 존경하다, 숭배하다 | 从小到大 어릴 때부터 다 클 때까지

‘압도적이다’라는 뜻의 한자 ‘霸 bà (으뜸 패)’를 사용해 ‘공부의 신’에게 ‘学霸 xuébà’란 이름을 붙였네요. 즉, 학교 성적이 매우 뛰어난 학생을 ‘学霸’라고 불러요. ‘명사+霸’의 형태로 ‘**에 뛰어난 사람’을 가리킬 수 있어요!
반대로 공부를 싫어하거나 성적이 그다지 우수하지 않은 학생은 ‘学渣 xuézhā’라고 하는데 여기서 ‘渣 zhā’는 ‘보잘것없다’는 뜻이에요. 주의할 것은 ‘学渣’는 주로 공부를 잘 못하는 자기자신을 비꼬는 경우에 쓰는 말이므로 만약 다른 사람을 ‘学渣’라고 부르거나 누군가 자신을 ‘学渣’라고 하면 매우 기분이 나쁘겠지요?

리얼 회화

A 听说你得全额奖学金了?
Tīngshuō nǐ dé quán'é jiǎngxuéjīn le?

B 嗯，这次运气好了点儿。
Ǹg, zhècì yùnqi hǎo le diǎnr.

A 学霸，你就少谦虚了!
Xuébà, nǐ jiù shǎo qiānxū le!

A 너 전액 장학금 받았다며?
B 응, 이번에 운이 좀 좋았어.
A 공부의 신이 너무 겸손한 거 아냐!

단어 得 획득하다, 받다 | 全额 전액 | 奖学金 장학금 | 运气 운 | 谦虚 겸손하다

虎父无犬子

hǔfù wú quǎnzǐ

호랑이는 강아지를 낳을 수 없다

'훌륭한 아버지 밑에 평범한 아이가 있을 수 없다'는 뜻

- 看来他遗传了他爸爸精湛的演技，果然是虎父无犬子。
  Kànlái tā yíchuán le tā bàba jīngzhàn de yǎnjì, guǒrán shì hǔfù wú quǎnzǐ.
  보니까 그는 아버지한테서 훌륭한 연기력을 물려받은 거 같아. 역시 훌륭한 아버지 밑에 평범한 아이가 있을 수 없는 법이지.

- 估计他也会像他爸爸一样，成为世界冠军，毕竟虎父无犬子。
  Gūjì tā yě huì xiàng tā bàba yíyàng, chéngwéi shìjiè guànjūn, bìjìng hǔfù wú quǎnzǐ.
  그도 아마 그의 아버지처럼 세계챔피언이 될 거야. 아무래도 호랑이는 강아지를 낳을 수 없는 법이니까.

단어 虎 호랑이 | 犬 개 | 遗传 유전 | 精湛 뛰어나다, 훌륭하다 | 演技 연기력 | 估计 아마도 | 成为 ~가 되다 | 冠军 챔피언 | 毕竟 아무래도

다른 사람의 훌륭한 자녀를 칭찬할 때 쓰는 중국 속담이 있어요. 바로 '虎父无犬子 hǔfù wú quǎnzǐ'라는 속담인데, 직역하자면 '호랑이는 강아지를 낳을 수 없다'는 것으로 '훌륭한 아버지 밑에 평범한 아이가 있을 수 없다'는 뜻으로 해석돼요. '虎 hǔ'는 '호랑이'이고, '犬 quǎn'은 '개'입니다.

리얼 회화

A 听说他考上了哈佛。

Tīngshuō tā kǎoshàng le Hāfó.

B 他爸爸就是名校出身，对他教育也相当严格。

Tā bàba jiùshì míngxiào chūshēn, duì tā jiàoyù yě xiāngdāng yángé.

A 果然虎父无犬子。

Guǒrán hǔfù wú quǎnzǐ.

A 그가 하버드에 합격했다며?

B 그의 아버지도 명문대 출신이셔서 자식의 교육에 엄청 엄하시거든.

A 역시 호랑이는 강아지를 낳을 수 없는 법이지.

단어 考上 (시험에) 합격하다 | 哈佛 하버드대학 | 名校 명문대 | 出身 출신 | 教育 교육 | 相当 상당히 | 严格 엄격하다 | 果然 역시

临阵磨枪

línzhèn móqiāng

벼락치기

고대에는 전쟁에서 무기로 쓰이는 뾰족한 칼을 '枪 qiāng'이라고 했는데 현대에는 총을 '枪'이라고 해요.

리얼 예문

- 明天就是决赛了，临阵磨枪也来不及了呀。
  Míngtiān jiùshì juésài le, línzhèn móqiāng yě láibují le ya.
  내일이 바로 결승전인데, 지금 벼락치기를 한다 해도 시간이 촉박하지.

- 临阵磨枪，不快也光。
  Línzhèn móqiāng, búkuài yě guāng.
  [속담] 전쟁을 앞두고 칼을 갈면 무뎌도 빛은 난다. (벼락치기라도 안 하는 것보다는 낫다.)

단어 临 임박하다/~직전 | 阵 전쟁 | 磨 갈다 | 枪 고대 전쟁에서 사용하던 뾰족한 칼 | 决赛 결승전 | 来不及 시간이 촉박하다, 부족하다 | 快 (연장 등이) 예리하다, 날카롭다 | 光 빛나다

'临阵磨枪 línzhèn móqiāng'이란 표현에서 '临 lín'은 '임박하다, ~하기 직전이다', '阵 zhèn'은 '전쟁', '磨枪 móqiāng'은 '칼을 갈다'라는 뜻이에요. 그래서 '临阵磨枪'을 직역하자면 '전쟁을 앞두고 칼을 갈다'라는 뜻인데, 현대에 와서는 '벼락치기'란 의미로 쓰이게 되었어요.
또한 '临阵磨枪'과 비슷한 '临时抱佛脚 línshí bào fójiǎo'라는 속담이 있는데, 이는 '임시로 부처님 발이라도 안아본다'는 뜻으로 직역돼요. 이는 급한 상황에 부딪히면 뭐라도 해야 한다는 것을 의미하지요!

리얼 회화

A 你都没怎么学习，怎么考得还不差呢！
Nǐ dōu méi zěnme xuéxí, zěnme kǎo de hái búchà ne!

B 临阵磨枪是我的"必杀技"。
Línzhèn móqiāng shì wǒ de "bìshājì".

'필살기'라는 뜻으로 게임에서 자주 쓰이는 표현이에요!

A 你真棒！
Nǐ zhēn bàng!

'참 대단하다'라는 뜻인데, 비꼬는 뉘앙스로도 잘 쓰여요! 여기에서는 비꼬는 말투로 쓰였겠죠?

A 너 별로 공부도 안 한 것 같은데 시험은 또 괜찮게 봤네?
B 벼락치기는 내 주특기거든.
A 넌 참 대단해!

단어 没怎么 별로 ~하지 않았다 | 怎么 어찌 | 考 시험(을 보다) | 差 나쁘다 | 必杀技 필살기 | 棒 대단하다

08 瓶颈期

píngjǐngqī

슬럼프

리얼 예문

- 我觉得到了瓶颈期，最近对工作毫无热情。

  Wǒ juéde dào le píngjǐngqī, zuìjìn duì gōngzuò háowú rèqíng.

  나 슬럼프에 빠진 것 같아. 요즘 일에 전혀 열정이 없어.

- 瓶颈期时最容易感到迷茫。

  Píngjǐngqī shí zuì róngyì gǎndào mímáng.

  슬럼프에 빠졌을 때에는 막연함을 느끼기 쉽지.

단어 瓶颈 꽃병의 목 | 期 기간, 시기 | 毫无 전혀 ~없다 | 热情 열정 | 容易 ~하기 쉽다 | 迷茫 막연하다, 멍하다

중국에서는 '슬럼프'라는 표현을 꽃병에 비유해 표현해요. 꽃병은 윗부분은 가늘고 아랫부분은 통이 넓죠. 가느다란 위쪽 부분을 '瓶颈 píngjǐng'이라고 하는데, 바로 '병의 목'을 뜻해요. 꽃병의 '瓶颈' 부분이 가늘어서 크거나 두꺼운 것은 잘 안 들어가지만 아래 부분은 상대적으로 넓어 들어가기만 하면 여유 있고 편안한 느낌을 주기 때문에 '瓶颈'에 '기간, 시기'를 나타내는 단어 '期 qī'를 붙여 '瓶颈期 píngjǐngqī'라는 단어로 슬럼프를 표현합니다.
누구나 지내다 보면 뭔가 잘 뚫리지 않고 꽉 막힌 듯한 슬럼프 시기에 부딪히기 마련이지요. 그래서 우리도 꽃병의 '瓶颈'처럼 '瓶颈期'를 잘 극복해내야 더 넓은 세상을 볼 수 있을 거예요!

리얼 회화

A 学了这么久汉语，怎么觉得还是原地踏步呢？
Xué le zhème jiǔ Hànyǔ, zěnme juéde háishi yuándì tàbù ne?

B 你是到了瓶颈期吧…越是这样的时候，越不能放弃呀！
Nǐ shì dào le píngjǐngqī ba… yuè shì zhèyàng de shíhou, yuè bùnéng fàngqì ya!

A 唉…学语言真是一条苦逼的路啊。
Āi… xué yǔyán zhēnshì yìtiáo kǔbī de lù a.

'매우 고생스럽다'는 뜻으로 자주 쓰이는 비속어예요! 단, 방송에서 쓰면 '삐~' 처리가 될 정도로 강도가 살짝 높은 비속어에 속하므로 알아두되, 실제 생활에서의 사용은 자제해주세요~ ㅋ

A 이렇게 오랫동안 중국어를 공부해왔는데 왜 여전히 제자리인 것 같지?

B 너 슬럼프에 빠진 것 같아… 이럴 때일수록 포기하면 안 돼!

A 아이고… 언어 공부는 정말 고난의 길이야.

단어 原地踏步 제자리를 빙빙 돌다 | 放弃 포기하다 | 语言 언어 | 苦逼 고생스럽다

独木桥

dúmùqiáo

외나무다리/치열한 경쟁

리얼 예문

- 进大企业，就像挤独木桥。

  Jìn dàqǐyè, jiù xiàng jǐ dúmùqiáo.

  대기업에 입사하는 것은 외나무다리를 건너는 것과 같아.

- 很多人想挤过"公务员考试"这座独木桥，拿到铁饭碗。

  Hěn duō rén xiǎng jǐguò "gōngwùyuán kǎoshì" zhè zuò dúmùqiáo, nádào tiěfànwǎn.

  많은 사람들이 '공무원 시험'이란 외나무다리를 앞다투어 건너 철밥통을 가지고 싶어 한다.

단어 **过** 건너다, 지나가다 | **独木桥** 외나무다리 | **大企业** 대기업 | **挤过** 밀고 지나가다 | **公务员** 공무원 | **考试** 시험(을 치르다) | **铁饭碗** 철밥통

한국에서 11월에 치르는 '대학수학능력시험(수능)'을 중국에서는 6월에 치르며 중국어로는 '高考 gāokǎo'라고 해요. 모든 수험생들이 원하는 대학에 진학하려고 치열한 경쟁터에서 열심히 싸우지요. '외나무다리'는 한 명씩 밖에 못 지나가고, 지나가려면 남을 밀어내야 되기 때문에 중국어에서 '치열한 경쟁'을 '외나무다리', 즉 '独木桥 dúmùqiáo'에 비유하곤 해요.

리얼 회화

A 一年一度的高考就在眼前了。

Yìnián yídù de gāokǎo jiù zài yǎnqián le.

B 对呀，希望所有考生都能过"高考"这座独木桥。

Duì ya, xīwàng suǒyǒu kǎoshēng dōu néng guò "gāokǎo" zhè zuò dúmùqiáo.

A 但愿如此吧！

Dànyuàn rúcǐ ba!

A 1년에 한 번 치르는 수능이 바로 코앞이야.

B 그러네. 모든 수험생이 '수능'이란 이 '외나무다리'를 잘 건너면 좋겠다.

A 그렇길 바라자!

단어 **一年一度** 1년에 1번 | **高考** 수능 | **眼前** 눈앞, 코앞 | **所有** 모든 | **考生** 수험생 | **但愿如此** ~되기를 바라다

枪手

qiāngshǒu

대리로 시험을 치르는 사람, 대리 시험자

9-10

리얼 예문

- 要是高考找枪手，就会被取消考试资格。
  Yàoshi gāokǎo zhǎo qiāngshǒu, jiù huì bèi qǔxiāo kǎoshì zīgé.
  만약 수능에서 대리 시험자를 구하면 바로 시험 자격이 취소되고 말 거야.
- 不要想着找枪手代考，要凭自己的实力。
  Búyào xiǎngzhe zhǎo qiāngshǒu dàikǎo, yào píng zìjǐ de shílì.
  대리 시험자를 구해 대리 시험 칠 생각은 아예 하지 마. 본인 실력으로 해야지.

단어 **枪手** 사격수/시험을 대신 봐주는 사람 | **要是** 만약 | **高考** 수능 | **取消** 취소하다 | **资格** 자격 | **代考** 시험을 대신 보다 | **凭** ~에 의하다, ~에 의지하다 | **实力** 실력

'枪手 qiāngshǒu'의 원래 뜻은 '사격수'이지만 지금은 시험을 대신 쳐주거나 본인이 해야 하는 일을 몰래 대신 해주는 사람을 가리켜요. '枪手'뿐만 아니라 '枪手'를 구하는 것 또한 비도덕적인 일이고 심지어 불법 행위에 속하는 것 모두 아시지요? 생각조차도 절대 금지!

'逆袭 nìxí'는 원래 '역습'이란 의미인데, 현재는 '인생 역전'이란 뜻으로 주로 '(외모, 재능 등이) 역전했다'라고 할 때 쓰여요!

리얼 회화

A 这次期中考试，听说他完全逆袭了！
Zhècì qīzhōng kǎoshì, tīngshuō tā wánquán nìxí le!

B 你觉得一夜之间从"学渣"变"学霸"，可能吗？
Nǐ juéde yíyè zhījiān cóng "xuézhā" biàn "xuébà", kěnéng ma?

A 是挺意外的，他不会找了枪手吧？
Shì tǐng yìwài de, tā búhuì zhǎo le qiāngshǒu ba?

'学霸'의 반댓말로 공부를 매우 어려워하거나 실력이 뛰어나지 못한 본인을 가리킬 때 쓰는 말이에요. 남에게 쓴다면 기분 나쁠 수 있어요!

A 이번 중간고사에 그가 완전 역전했다면서!
B 하룻밤 사이에 공부에 전혀 관심 없던 사람이 '공부의 신'으로 변했다는 게 말이 된다고 생각해?
A 진짜 의외다. 설마 그가 대리 시험자를 구한 건 아니겠지?

단어 **期中考试** 중간고사 | **完全** 완전히 | **逆袭** 역전하다 | **一夜之间** 하룻밤 사이에 | **学渣** 공부에 전혀 관심 없는 사람 | **学霸** 공부의 신 | **可能** 가능하다 | **意外** 의외이다 | **不会…吧** 설마 ~는 아니겠지?

拿钱打水漂

náqián dǎ shuǐpiāo

괜한 돈 낭비를 하다, 돈을 날리다

리얼 예문

- （朋友之间开玩笑）就算整容了，也不一定有效果，还是别拿钱打水漂了！
  (Péngyou zhījiān kāi wánxiào) Jiù suàn zhěngróng le, yě bùyídìng yǒu xiàoguǒ, háishi bié náqián dǎ shuǐpiāo le!
  (친구끼리 농담으로) 성형을 하더라도 반드시 효과가 있지는 않을 테니 괜히 돈 낭비하지 마!

- 你又抓不到娃娃，就别拿钱打水漂了。
  Nǐ yòu zhuābúdào wáwa, jiù bié náqián dǎ shuǐpiāo le.
  너는 또 인형 뽑기도 못 하면서 괜히 돈 낭비하지 마.

단어 **打水漂** 물수제비를 뜨다 | **开玩笑** 농담하다 | **就算…也** ~하더라도 | **整容** 성형하다 | **不一定** 꼭 ~이 아니다 | **有效果** 효과가 있다 | **抓** 잡다 | **…不到** ~하지 못하다[결과보어로 술어 뒤에서 쓰임] | **娃娃** 인형

강이나 바다에 가서 옆으로 비스듬하게 돌을 던지는 놀이인 물수제비뜨기 다 해보셨죠? 이것을 중국어로 '打水漂 dǎ shuǐpiāo'라고 하는데요, '打水漂'할 때 돌이 지나간 자리에 물결이 치다가 금방 아무 일이 없었던 것처럼 원상복구가 되지요? 그래서 중국어에서는 '打水漂'를 '헛일을 하다, 괜한 일을 하다'라는 의미로 쓰고 있어요. 그렇기 때문에 '拿钱打水漂'는 '돈으로 괜한 일을 하다', '돈을 날리다'라는 뜻이랍니다.

A 你是不是又给孩子报了个英语补习班?
Nǐ shìbushì yòu gěi háizi bào le ge yīngyǔ bǔxíbān?

B 对呀，不能让我们孩子输在起跑线上啊!
Duì ya, bùnéng ràng wǒmen háizi shūzài qǐpǎoxiàn shang a!

A 她才5岁…我看你就是拿钱打水漂。
Tā cái wǔ suì… wǒ kàn nǐ jiùshì náqián dǎ shuǐpiāo.

A 당신 또 애한테 영어학원 등록해줬지?

B 맞아. 우리 애가 시작부터 남보다 뒤처지면 안 되잖아!

A 겨우 5살인데… 내가 보기에는 괜한 돈 낭비 같네.

단어 报 등록하다 | 英语 영어 | 补习班 학원 | 输 지다 | 起跑线 출발선

12 杞人忧天

qǐrényōutiān

쓸데없는 걱정을 하다

9-12

- 你家闺女那么优秀，还怕嫁不出去？简直是杞人忧天。
  Nǐ jiā guīnü nàme yōuxiù, hái pà jià bu chūqù? Jiǎnzhí shì qǐrényōutiān.
  너희 집 딸은 그렇게나 훌륭한데 왜 시집을 못 갈까 걱정하고 그래? 진짜 쓸데없는 걱정이네.
- 这次自由行，我都做好攻略了，就别杞人忧天了。
  Zhècì zìyóuxíng, wǒ dōu zuòhǎo gōnglüè le, jiù bié qǐrényōutiān le.
  이번 자유여행의 계획을 내가 다 제대로 짰으니, 괜한 걱정 안 해도 돼.

단어 家 집, ~네 | 闺女 딸 | 优秀 우수하다 | 怕 걱정하다 | 自由行 자유여행 | 做攻略 공략·계획을 세우다

'杞人忧天 qǐrényōutiān'은 사자성어로, 옛날 기(杞)나라의 어떤 사람이 하늘이 무너질까 늘 걱정한다는 이야기에서 유래했어요. 하늘이 무너질 일은 전혀 없듯이 쓸데없는 괜한 걱정을 하거나 걱정이 지나치게 많은 사람에게 '杞人忧天'이라고 말할 수 있어요. 한국에서도 주로 쓰는 '기우'가 바로 이 성어에서 온 것이랍니다.

리얼 회화

A 要是我吃不惯当地食物，交不到朋友…怎么办呢？
Yàoshi wǒ chībuguàn dāngdì shíwù, jiāobudào péngyou… zěnme bàn ne?

B 你都还没去，就少杞人忧天了！
Nǐ dōu háiméi qù, jiù shǎo qǐrényōutiān le!

A 我得做好心理准备呀，留学又不是儿戏。
Wǒ děi zuòhǎo xīnli zhǔnbèi ya, liúxué yòu búshì érxì.

A 만약 나 현지 음식이 입에 안 맞고, 친구도 못 사귀면… 어쩌지?
B 너 아직 가지도 않았거든. 쓸데없는 걱정은 하지도 마!
A 마음의 준비도 잘 해야지. 유학이 또 무슨 장난도 아닌데.

단어 要是 만약 | 吃不惯 입에 안 맞다 | 当地 현지 | 食物 요리 | 交 사귀다 | 少 ~하지 마라 | 心理 심리적 | 准备 준비/준비하다 | 留学 유학 | 儿戏 (아이들 간의) 장난

memo

memo

memo